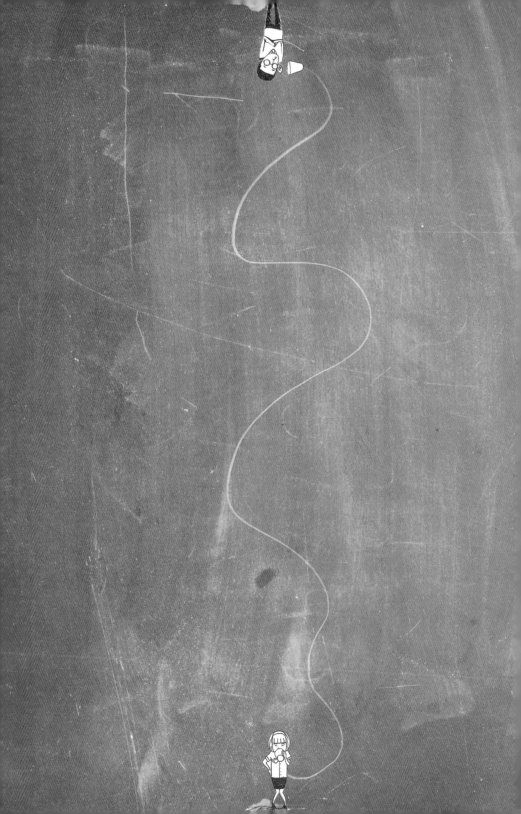

질문하는
십대,
대답하는
인문학

질문하는 십대, 대답하는 인문학

정창우 박영하 김선희 홍석영 송재범 조수형 하승우
이진희 마현준 진현종 허우성 정순미 민경민 강방식 최송일 지음

'낮은 곳에서 일구는 희망의 숲'

지난 15년 동안 관악에서 조용히 터를 잡고 지역주민운동의 가능성과 비전을 제시해 온 (사)관악사회복지의 또 다른 이름입니다. (사)관악사회복지 덕분에 저는 1998년부터 지금까지 순차적으로 활동가, 지도교사, 운영위원, 이사로서 참 좋은 분들과 그 인연의 끈을 이어 왔습니다. (사)관악사회복지는 '주민 스스로, 함께 실천, 행복한 관악'이라는 모토로 청소년을 비롯하여 초등학생, 성인이 연령별로 자발적인 모임을 만들고 지역사회 발전을 위해 참여하고 움직이는 운동을 해 왔습니다. 이들이 스스로 폭넓게 공부하고 배움의 의미를 나누는 활동을 지원하는 과정에서, 인문학이라는 주제를 가지고 공개 교양 강좌를 만들어 보면 좋겠다는 생각을 하였습니다. 그렇게 기획된 것이 지난 2013년 6월부터 10월까지 총 16회에 걸쳐 진행된 〈꿈과 행복을 찾아가는 청소년 인문학 여행〉이었습니다.

〈꿈과 행복을 찾아가는 청소년 인문학 여행〉은, 풀빛에서 기획되어 시리즈로 계속 출간된 〈청소년 철학창고〉의 10개의 인문학 타이틀이 강의의 주요 내용이 되었습니다. 그 내용을 들어가기에 앞서 왜 인문 고전을 읽어야 하는지, 청소년이 무엇을 위해 살아야 하는지에 대한 강의가 먼저 있었고, 인문 고전 강의가 끝난 뒤에는 청소년이 소통할 수 있는 여러 실천의 방식들을 소개하는 강의가 이어졌습니다.

이번에 진행한 〈꿈과 행복을 찾아가는 청소년 인문학 여행〉의 기획 의도는 청소년들에게 생각하고 성찰하는 힘을 길러 주자! 그리고, 청소년들이 나와 우리를 돌아보고 함께 어울려 사는 연대의 기쁨을 누리게 하자는 것이었습니다. 즉, 우리 청소년들이 사회가 강요하는 공부의 틀, 학력의 틀, 직업의 틀 속에 자신을 가두지 말고, 소중한 인생을 스스로 만들고 꿈과 행복을 찾아가도록 안내해 주자는 것이 이 인문학 여행의 취지였습니다.

서른 명이 들어가면 꽉 차는 작은 카페에서 이루어졌고, 그나마 강의를 듣는 학생들이 학교 수업을 듣는 시기에는 그 작은 공간조차 다 채우지 못한 채 강의가 진행되기도 했습니다. 하지만 중고생은 물론 초등학생과 대학생 그리고 아들의 손을 잡고 온 학부모와 연로한 일반인까지 이번 강연에 귀를 기울였습니다. 이번 강연의 가치는 듣는 이의 수가 아니라 이런 강연을 기획하고 실험해 본 데에 있다고 할 것입니다.

이번 강연을 책으로 엮는 것은 이렇게 시작되었습니다. 청소년이 던지는 질문, 내가 누구이고 무엇을 위해 살고 어떻게 살아야 하는지에 대한 답을 선배 학자들과 고전에서 하나씩하나씩 찾아갈 수 있도록 이번 강연은 힌트를 주었습니다. 그 힌트는 한 분 한 분 이번 강연에 참여해 주신 여러 선생님들께서 제공해 주었다고 생각합니다. 그 내용을 이번 기회에 글로 정리하고, 강연에서 제한된 시간과 공간으로 인해 다하지 못했던 내용과 의도를 차근히 새롭게 풀어 본다면, 강연에 참석한 사람은 그 의미를 되새기게 되고, 참석하지 못한 미지의 청소년은 그것만으로도 자신을 되돌아보고 인생을 설계하는 데 좋은 자료로 활용할 수 있을 것이라 생각합니다. 이제 강연은 끝났지만 그 내용은 이 책《질문하는 십대, 대답하는 인문학》으로 이어지게 되었습니다.

관악에서 출발한 〈꿈과 행복을 찾아가는 청소년 인문학 여행〉이《질문하는 십대, 대답하는 인문학》을 통해 앞으로 우리나라 전역으로 그 발길이 이어지길 소망합니다. 무엇보다도 강의가 이뤄지고, 그 강의를 엮은 이 책이 나올 수 있었던 데에는 저를 포함한 15분 선생님들의 청소년에 대한 애정과 뜻이 있었기에 가능했습니다. 강연료는 물론 이 책의 판매 인세를 모두 청소년의 인문학 배움에 활용할 것에 선생님들께서 흔쾌히 동의했습니다. 이 자리를 빌려 다시 한 번 감사의 마음을 전합니다. 그리고 모든 강의가 성공적으로 이루어지도록 장소를 제공해 주신 (사)관악사회복지 조흥식 이사장님, 박승한 이사님께도 감사의 마음을 전합니다. 강의 진행을 도맡아 준 '햇살' 청소년들과 이수민 선생님, 묵묵히 행사를 뒷바라지해 주신 '해오름' 소속 활동가님들, 강의에 참석하신 지역 주민들께도 머리 숙여 감사드립니다. 끝으로 〈꿈과 행복을 찾아가는 청소년 인문학 여행〉이 《질문하는 십대, 대답하는 인문학》으로 엮여 세상에 그 뜻을 펼칠 수 있게 해 주신 풀빛출판사 홍석 사장님과 김재실 팀장님께도 감사의 말씀을 전합니다. 이분들의 노고는 앞으로 이 책을 토대로 전국적으로 청소년 대상 인문학 공개 강좌를 열고, 학교 너머 청소년들의 올바른 교육에 앞장섬으로써 차근차근 갚아 가려고 합니다.

아무쪼록 이 책이 우리나라 청소년들이 자신의 행복한 미래를 설계하고, 꿈의 바다를 항해하는 데 좋은 나침반 역할을 하기를 기대합니다. 고맙습니다.

2014년 4월
〈꿈과 행복을 찾아가는 청소년 인문학 여행〉 강사,
《질문하는 십대, 대답하는 인문학》 필자를 대표하여

박영하 Dream

차례

3부 십대, 지금 여기에 모여 이렇게

1부

십대,
무엇을 위해
살 것인가?

1장

나는 누구인가요, 무엇을 위해 살아야 하나요?

내가 내 인생의 항로를 결정할 때
진정한 변화의 여행이 시작된다

●

정창우

정창우

어떻게 하면 청소년들이 부와 명예, 권력 등 짧은 시야로 자신을 바라보지 않고, 어떤 사람이 되고 싶은지, 인생을 통해 무엇을 성취하고 싶은지 등 장기적인 시야로 자신을 바라보게 할 수 있을까? 어떻게 하면 청소년들의 상상에 불을 붙이는 기회를 제공하고, 삶의 목적에 이르는 길을 찾도록 도울 수 있을까? 이러한 물음에 답하는 것은 윤리교육학자이자 교육자인 나의 의무이며, 내 삶에 지속적으로 동기를 부여하는 원천이다.

"너 자신을 알라."(소크라테스)

"밖으로 향하지 말고, 너 자신 안으로 돌아가라.
진리는 바깥이 아니라 내 안에 있다."(아우구스티누스)

"나는 누구인가. 스스로 물으라. 자신의 속 얼굴이
드러나 보일 때까지 묻고 묻고 물어야 한다."(법정 스님)

"거짓된 나에 가려서 있는 '나는 누구인가'를 찾는 일.
그리고 신과 진정한 힘이 존재하는 유일한 장소인
'지금 이 순간'으로 돌아오는 일.
그러한 일 없이는 행복은 불가능하다."(에크하르트 톨레)

위에서 언급한 모든 명언들은 공통적으로 '나는 누구인가?'라는 물음의 중요성을 각성시키거나, 이 물음에 대한 해답을 어디에서 구해야 하는가를 우리에게 일러 주고 있습니다. 이들의 가르침은 '나 자신이 진정 누구인가'에 대한 깨달음이 소수의 탁월한 사상가라든가 위대성의 씨앗을 지닌 일부 인물들에게만 필요한 것이 아니라, 보다 나은 삶과 보다 나은 세상을 만드는 데 관심을 가진 사람이라면 누구나 관심을 가져야 한다는 것입니다.

　사실 '나는 누구인가?'라는 물음은 인간에 대한 학문인 '인문학적 사유와 성찰'의 대상이기도 하지만, 인간이라면 누구나 자신의 내면에 진정한 자기 자신을 알아 나갈 수 있는 가능성을 지니고 있기 때문에, 일상적인 삶에서 자연스럽게 생겨나는 것이기도 합니다. 예를 들어, 고즈넉한 바닷가나 고요한 숲 속에서 혼자만의 시간을 가지며 자신의 내면을 온전히 바라보게 될 때, 비참한 운명 앞에서 더 이상 희망의 빛이 보이지 않을 때, 치열한 경쟁과 과중한 업무 속에서 혹독한 스트레스를 경험할 때, 가깝게 지내던 사람이 한 줌의 재가 되어 사라지는 모습을 바라볼 때, 재해가 휩쓸고 간 현장의 참혹함, 그 앞에 살아남은 사람들의 망연자실한 모습을 보게 될 때, 우리 안에 '나는 누구이고 어떻게 살아야 하는가?' 하는 물음이 자연스럽게 생겨납니다. 또한 무고한 사람이 장발장이라 오해를 받고 법정에 잡혀 있다는 소식을 접한 후 진짜 장발장이 고뇌하면서 "나는 누구인가(Who am I)?"라고 독백하듯이, 생의 어느 시점에서 우리는 스스로에게 '나는 누구인가?' 하는 물음을 무겁게 던지기도 합니다. 이러한 물음들은 손님처럼 내게 갑자기 찾아왔다가 홀연히 떠나가기도 하고, 뭔가 원하는 해답을 얻었다고 생각하지만 곧 다시 원점으로 돌아오기도 하며, 답변을 추구하면서 얻은 성찰의 결실을 바탕으로 영혼의 성장이 가능해지기도 합니다.

저는 이 글을 통해 여러분들이 '나는 누구이고, 무엇을 위해 살 것인가?'라는 물음이 묻는 바가 무엇이고, 왜 우리가 이 물음에 관심을 가지고 끊임없이 고민해야 하며, 자신에 대한 진정한 이해와 삶의 목적과 방향을 어떻게 찾아 나갈 것인가에 대해 깊이 생각해 볼 수 있는 기회를 갖기 바랍니다.

'나는 누구인가?'라는 물음의 의미는 무엇일까요?

자신이 누구인지 깨닫기 위해서는 우선 '나는 누구인가?'라는 물음이 묻고 있는 바가 무엇인지 제대로 이해해야 합니다. 물음이 모호하면 답도 모호해질 수밖에 없기 때문입니다. 〈그림〉을 보면서 '나는 누구인가?'라는 물음의 의미를 알아보도록 합시다.

자기 자신 혹은 자아를 〈그림〉

What you see in my life...

The rest of the story!

의 빙하에 비유할 때, 수면 위쪽과 아랫부분이 상징하는 바는 각각 무엇일까요? 그리고 우리는 왜 수면 아랫부분에 주목해야 할까요?

수면 윗부분은 나 자신이 어떤 존재인지에 대한 질문에 직면했을 때, 비교적 쉽게 떠올릴 수 있는 것들입니다. 여러분들에게 누군가가 "너는 누구인가?"에 대해 물으면, 어떻게 답변하겠습니까? 만약 자신의 인적사항(이름, 성별, 고향, 출신 학교, 가정환경 등), 신체적 특징(키, 몸무게, 몸매 등), 소유물(휴대폰, 집, 자동차 등), 개인적인 능력(운동 실력, 노래 실력, 학업 능력 등), 직업이나 직장, 성격(온순한 성격, 외향적인 성격, 쉽게 흥분하고 화를 잘 내는 성격 등), 장래 희망(의사, 교수, 요리사 등) 등을 중심으로 답변을 했다면, 빙하의 수면 윗부분과 관련하여 답변한 것이라고 볼 수 있습니다. 이런 측면들은 분명 나를 이루고 있고 나를 설명할 수 있는 중요한 것들이기는 하지만, 진정한 자기 자신 혹은 참된 자아라고 보기 어려운 한계가 있습니다. 왜 그럴까요?

이런 것들도 우리 자신에게 분명 소중하지만, 대체로 내게 우연히 주어진 것이거나 내가 살아온 배경에 의해 결정된 것이므로, 내 자신의 깊은 곳에 있는 진정한 자기 자신이라고 보기 어렵습니다. 대체로 수면 윗부분을 중심으로 자신을 생각하는 사람이면, 혹은 자신을 이런 것들과 동일시하는 사람이면, 자신의 내면을 아름답게 가꾸기보다는 자신의 삶의 조건을 충족시키고 개선시키는 데 몰두하게 됩니다. 하지만 이것들은 결국 진정한 자기 자신이 아니기 때문에 무엇과 동일시되든 결코 만족할 수가 없고,

영혼에 구멍이 난 것처럼, 결국에는 공허감에 시달리게 됩니다. 따라서 자신의 내부가 아닌 자신 밖에 있는 무언가에 휘둘리지 않고 자신의 삶을 자율적으로 살고 싶다면, 깊은 성찰과 반성을 통해 자기가 누구인지 다시 스스로에게 물어야 하고, 이를 통해 진정한 의미의 자아를 찾아야만 합니다. 그래야만 이런 것들에 휘둘리거나 종속되지 않으면서, 보다 나은 삶을 위한 수단이나 도구로 활용할 수 있다는 것입니다. 높은 지위와 명예, 고급 브랜드와 상품, 외모 등은 주체적으로 소유했을 때 의미가 있는 것이지, 이것들을 통해 '나'를 말하고 싶어 하거나 인생의 의미를 찾게 되면, 결국 자신이 소유물의 노예로 전락하게 됩니다.

한편, 수면 아랫부분은 진정한 자기 자신 혹은 자아를 나타내고 있는데, 이를 제대로 인식하기란 결코 쉽지 않습니다. 어떻게 보면 삶이 다하는 날까지 고뇌해야 하는 화두로서 내게 던져진 것인지도 모릅니다. 진정한 자아를 발견한다는 것을 쉽게 말하자면, 자신의 깊은 내면에 위치하고 있는 진정한 열망(바람), 잠재성이나 가능성, 자신의 존재 의미와 책임을 발견하는 것을 의미합니다. 내가 진정으로 하고 싶은 것이 무엇인가?(내가 진정으로 바라는 삶은 어떤 삶인가?) 나는 어떤 가능성과 잠재성을 가지고 있는가? 내가 보다 의미 있는 삶을 살아간다는 것 혹은 보다 의미 있는 존재가 된다는 것은 무엇이며 이를 위해 어떻게 살아야 하는가? 등이 자기가 누구인지를 자각하기 위한 기본적이고 필수적인 물음들에 해당합니다. 이러한 물음은 소크라테스가 "너 자신을 알라!"고 했을 때 자신을 안다는 것의 의미와도 연결됩니다. 그리스의 역사가로서 소크라테스의 제자이자 플라톤의 경쟁자였던 크세노폰은《소크라테스의 추억》에서 다음과 같이 소크라테스의 말을 전하고 있습니다.

> "자신을 아는 사람은 무엇이 적합한지 스스로 알며, 무엇을 할 수 있고 무엇을 할 수 없는지를 분별하며, 또한 어떻게 할 것인지 아는 바를 해냄으로써 필요한 것을 얻고, 그리고는 모르는 것을 삼감으로써 비난받지 않고 살아가며 또 불운을 피하게 된다네."[1]

여기서 우리는 소크라테스가 "너 자신을 알라."고 했을 때, 이 말을 통해 자신의 진정한 바람과 능력과 의무가 무엇인지 알고, 동시에 그 아는 바를 실천에 옮길 것을 요구하고 있음을 짐작할 수 있습니다. 이는 달리 표현하면, 자신을 안다는 것은 "나는 무엇을 원하는가?" "나는 무엇을 할 수 있는가?" "나는 어떤 삶을 살아야 하는가?"라는 물음에 대한 답변을 스스로 마련하고, 이를 실천할 수 있어야 함을 의미하는 것입니다.

---

1)《소크라테스, 인생에 답하다》(엄정식 지음, 소울메이트, 2012)에서 재인용.

'나는 누구인가?'에 대해 왜 고민해야 할까요?

내면 깊은 곳에 있는 진정한 자기 자신에 눈뜨지 않고 순간순간 떠오르는 생각과 감정에 지배당한다면, 결코 마음이 고요한 상태에 머물러 있을 수 없으며, 좋은 삶을 살아갈 수가 없습니다. 또한 우리 내면 깊숙이 숨겨진 특별한 선물에 주목하지 않고, 자기 자신에 대한 무지와 아무 생각 없이 지내는 것에 취하여 살거나 가치 있는 것을 얻기 위한 최상의 길이 무엇인지에 대해 무지하다면, 인간다움 혹은 인간 본연의 모습에 등을 돌리는 것입니다. 즉 그것은 인간 존엄을 훼손하는 것과 다름없으며, 인간을 인간답게 해 주는 경계선 안으로 들어오기를 스스로 포기하는 것입니다. 따라서 우리가 보다 인간다운 삶, 보다 좋은 삶을 살아가려면 우선 내가 누구인지에 대한 각성으로 충만해져야 합니다.

또한, 자신을 아는 것의 중요성은 오늘날 우리나라 학교에서 강조되고 있는 행복 교육, 진로 교육, 인성 교육과의 관계를 통해서도 알 수 있습니다. 이런 교육들은 모두 진정한 자기 자신에 대한 탐색 없이는 사실상 불가능합니다. 즉 자기를 안다는 것은 진정한 행복의 추구, 후회 없는 진로 선택, 좋은 인성의 함양에 논리적으로 선행합니다.

우선 행복 추구의 측면에서 볼 때, '나는 누구인가?'라는 물음에 대해 끊임없이 고민하지 않으면 삶의 의미를 향유하는 기쁨도 없습니다. 자신이 누구인지에 대한 진정한 이해를 내면 깊은 곳에서 구하지 않고, 부와 권력, 명예 등 사람을 평가하는 세속적인 기준에 자기 자신을 가두거나, 빙하의 수면 윗부분을 진정한 자아로 간주하는 것이 고통과 불행의 시작입니다. 자신의 삶을 보다 행복한 상태로 이끄느냐 아니냐는 결국 자신이 누구인지에 대한 잘못된 인식과 환상을 걷어 내고, 진정한 자아를 찾을 수 있느냐에 의해 결정됩니다.

진로 선택의 측면에서도, 자신이 될 수 있는 최선의 상태에 도달하기 위해서는 자신이 어떤 씨앗을 가지고 있는지 먼저 물어야 합니다. 내가 가지고 있는 씨앗, 즉 잠재성은 무엇일까요? 나 자신과 이 세상을 위해 펼쳐 보여야 할 나의 잠재성은 무엇일까요? 여러분들이 개인과 사회의 삶의 질을 높이기 위해서는 바로 이 물음에 대한 해답을 지녀야 합니다. 또한 내가 무엇을 잘할 수 있는지에 대한 물음과 함께, 내가 진정으로 바라는 삶은 어떤 삶인지에 대한 물음에 대한 해답을 찾아 나가야 합니다. 자신의 소망, 능력, 의무를 명료하게 짚어 내고 이를 통해 자신의 인생 항로를 설정하여 자신만의 여행을 떠나야만 나의 삶이 개선되고 우리 공동체의 삶도 보다 풍요로워질 수 있습니다.

또한, 자기 자신을 진실로 아는 것은 좋은 사람이 되기 위한 변화의 출발점이기도 합니다. 좋은 사람이 되기 위해 사회규범을 잘 따르는 것은 물론 칭찬받을 만한 일이지만, 그렇게 한다고 해서 좋은 인성을 가진 사람이 되는 것은 아닙니다. 좋은 사람이 되기 위해서는 자기 자신을 바라보는 시각의 근본적인 변화가 필요합니다. 이런 이유에서 달라이 라마, 틱낫한과 함께 21세기를 대표하는 영적 교사 중 한 사람인 에크하르트 톨레는 "좋은 사람이 되고자 노력한다고 해서 좋은 사람이 되는 것이 아니다. 이미 자신에게 있는 좋은 것을 발견하고, 그 좋은 것이 밖으로 나오게 함으로써만 좋은 인간이 될 수 있다."고 말한 바 있습니다.

이렇게 볼 때, 우리의 마음을 괴롭히는 고통으로부터 해방되면서 마음의 평화와 행복을 갖기 위해, 자신이 진정으로 원하는 그 무엇을 선택하여 후회 없는 삶을 살아가기 위해, 그리고 인성이 자신뿐만 아니라 공동체의 운명을 좌우할 만큼 그 중요성이 점차 커지고 있는 시대에 바람직한 인성 함양을 위해, '나 자신이 누구인가'에 대한 탐색은 반드시 선행되어야 합니다.

왜 특히 청소년기에 '나는 누구인가'에 대해 고민해야 할까요?

인생이라는 긴 여행에서 특히 '청춘' 혹은 '청소년기'에 '나는 누구인가?'라는 물음을 붙들고 고민해야 하는 이유는 무엇일까요? 많은 문학가들은 청소년기가 삶에 대한 끝없는 물음표와 미래에 대한 불확실성 속에서 아파하는 시기이고, 이를 통해 내적 성숙이 이루어지는 시기라고 말합니다. 예를 들어, 장영희는 〈아프게 짝사랑하라〉는 글에서 "삶에 대한 끝없는 물음표를 들고 방황하며 탐색하는 모습이 있어 아름다운 시기가 청춘이고, 미래에 대한 희망과 두려움이 공존하기 때문에 더욱 극적이고 신비스러운 시기가 청춘"이라고 말했습니다. 김난도는 《아프니까 청춘이다》라는 책에서 "청춘은 '불확실성 속에서 미래를 준비하는 시기'다. 찬란한 미래를 그리므로 가장 화려하지만, 불확실성 속에 있으므로 버겁고 어둡다. 그러므로 너무 혼자 아파하지 말 것. 불안하니까, 막막하니까, 흔들리니까, 외로우니까, 아프니까, 그러니까 청춘이라고 받아들여라."라고 말했습니다. 이와 같이 청소년기의 방황과 열병은 미래에 대한 불확실성에서 연유하기도 하지만, 보다 근본적으로는, 자신이 누구인지에 대한, 즉 자기 존재에 대한 불확실성으로 인해 발생하는 것이고, 이는 청소년들이 반드시 짊어져야 할 숙명 같은 것인지 모릅니다. "삶에 대한 끝없는 물음표"의 중심에는 '나는 누구인가?'라는 물음이 놓여 있고, 이

물음을 통해 인간의 진정한 영혼은 잉태되고 차츰 성장해 갑니다.

또한 인간 발달을 연구하는 심리학자들은 청소년기가 정체성 (자신이 누구인지를 아는 것) 형성의 과업을 수행해야 하는 시기라고 주장해 왔습니다. 저명한 심리학자인 에릭슨은 청소년기를 정체성 발달 과업을 지닌 시기로 규정했는데, 청소년기에는 자기 존재와 삶에 대해 궁극적인 질문을 던지고 해답을 찾기 위해 방황하면서 차츰 자아의 일관성을 지니게 된다고 말합니다. 만약 이 시기에 자아정체성을 형성하지 못할 경우에는 직업 선택이나 성역할 등에 혼란을 가져오고 인생관과 가치관의 확립에 심한 갈등을 일으킨다고 주장합니다.

보다 최근에 급속도로 발달하고 있는 뇌과학 분야의 연구자들 (대표적으로 로널드 달)에 따르면, 사춘기를 전후해 일어나는 뇌와 신경능력의 폭발적인 발달은 청소년의 인지와 정서 시스템 능력을 극대화시킨다고 합니다. 그 결과 에너지는 청소년의 주의를 끌만한 것으로 흘러들어 가게 됩니다. 바로 이러한 작용이 극단적이고 때로는 위험한 행동에 일조하게 되고(예를 들어 미국의 경우, 음주운전이 십대 사망 원인 중 3위), 이와는 정반대로 신념과 이상을 위한 열정, 도전을 향한 열정, 인간에 대한 열정, 공동체에 대한 열정, 미를 위한 열정을 보일 수도 있습니다. 예를 들어, 잔 다르크가 프랑스군을 이끌고 오를레앙 성을 되찾는 나이가 17세였고, 3.1 만세운동 정신의 상징이며 겨레의 꽃이라 불리는 유관순 열사가 순국한 나이가 18세였습니다. 또한 마르코 폴로는 17세 때 아버지와 함께 베네치아를 떠나 중국으로 향했으며, 알렉산더 대왕이 그리스 연합군과 싸워 승리한 나이가 18세였습니다.

이를 통해 볼 때, 청소년기에 자신이 누구이고 무엇을 위해 살 것인지에 대한 고민은 청소년들의 삶을 잘못된 방향으로 나아가지 않도록 제어해 주면서, 건강한 방향으로, 더 높은 목적을 위한 방향으로 나아가도록 이끌어 줍니다.

나 자신을 탐색할 방법은 무엇일까요?

우리는 자아와 가치 있는 삶에 대한 최소한의 '지식'을 바탕으로 '사유와 성찰'의 마당을 지나 '진정한 자아'의 궁전으로 들어가야 합니다. 최소한의 지식은 로켓에 주입되는 연료이고, 사유와 성찰은 우주선을 지구 궤도로 올리거나 지구 중력장에서 벗어나도록 하는 장치입니다. 나 자신에 대한 발견은 지식과 사유 및 성찰을 통해 가능하다는 것이죠.

그렇다면 진정한 자아 발견을 위한 자양분으로서의 지식을 어떻게 얻을 수 있을까요? 플라톤의 《소크라테스의 변명》(또는 엄정식, 《소크라테스, 인생에 답하다》), 아리스토텔레스의 《니코마코스 윤리학》, 장자의 《장자》, 헤르만 헤세의 《데미안》, 에크하르트 톨레의 《삶으로 다시 떠오르기》, 엘리자베스 퀴블러 로스와 데이비드 케슬러의 《인생수업》 등이 기본적이고 필수적인 책들에 해당합니다. 이런 책에서는 우리가 무엇을 추구해야 하고 어떻게 살아가야 하는지, 진정한 자아를 찾는다는 것이 무엇이고 어떻게 찾아야 하는지에 대해 잘 안내해 주고 있습니다. 이른바 인문 고전들은 자신이 누구이고 어떻게 살아야 하는가에 대한 사유와 성찰을 불러일으킵니다. 이런 고전들은 영원한 시간과 무한한 우주 속에서 나는 시공간의 어디쯤에서 잠깐 이 세상에 등장했다가 사그라지는 존재일 수도 있지만, 이러한 유한성을 지닌 존재에 대한 깨달음을 얻어야만 우리 삶을 더욱 의미 있게 보낼 수 있다는 강렬한 메시지를 전해 줍니다.

이와 같이 인문 고전을 통해 얻은 지식을 바탕으로 '사유와 성찰'의 뜰을 지니기 위해서는 반드시 방해꾼이 없는 고요한 곳에서 자신을 돌아보고 명상에 잠기는 시간을 가져야 합니다. 즉 자기 자신의 내면과 가장 잘 만날 수 있는 공간에서 자기 자신과 만나는 시간을 가져야 합니다. 이와 같이 자기 자신과 온전하게 대면하고 자기를 성숙시키는 기술을 제대로 발휘한 사례는 인디언들(델라웨어 족)에서 발견할 수 있습니다. 그들은 홀로 자기 자신과 만나는 시간을 오랫동안 갖지 못한 사람은 그 영혼이 중심을 잃고 비틀거린다고 믿었습니다. 그래서 인디언들은 아이들을 키울 때 자주 평원이나 삼림 속에 나가 홀로 있는 시간을 갖도록 배려했다고 합니다. 한두 시간이나 하루 이틀이 아니라 적어도 열흘씩 그들은 최소한의 먹을 것을 가지고 사람들과 멀리 떨어진 장소로 가서 자신의 목소리에 귀를 기울였다고 합니다. 그리고 홀연히 깨달았다고 합니다.

혼자만의 시간이란 없다는 것을. 대지는 보이지 않는 혼들로 가득 차 있고, 부지런히 움직이는 곤충들과 명랑한 햇빛이 내는 소리들로 가득 차 있기에, 그 속에서 누구라도 혼자가 아니라는 것을….

이와 더불어, 자신이 진정으로 누구인지 알아 가기 위해서는 자기 자신이라고 쉽게 믿고 있는 모든 것으로부터 자유로워져야 합니다. 예컨대, 에크하르트 톨레는 '무엇이 내가 아닌가?'를 아는 순간 '나는 누구인가?'가 저절로 나타난다고 표현합니다. 양파 껍질을 벗기고 또 벗기듯이, 진정한 자신이 아닌 부분을 한 겹씩 계속해서 벗겨 나간다면 진정한 자아를 만날 수 있다는 것입니다. 물론 양파 껍질을 벗길 때 눈물이 나듯이 거짓된 자아의 껍질을 한 겹씩 벗겨 내는 작업은 결코 쉽지 않을 것입니다. 하지만 이런 아픔과 고통을 참아내야지만 진정한 자기 자신에 눈을 뜰 수 있는 것입니다.

내 삶의 목적은 무엇이고, 그곳에 도달할 길은 어떤 것일가요?

지금 이 순간에도 직장인은 물론 중·고등학생, 초등학생, 심지어는 유치원생까지 다른 사람보다 앞서 나가기 위해 꽉 짜인 시간표에 따라 바쁘게 일하고 공부하고 있습니다. 물론 열심히 일하고 공부해야겠지만, 그러는 동안 우리네 삶은 꿈과 따뜻함을 잃고 점점 삭막해져 가는 것은 아닐까요? 내가 이루고자 하는 삶의 목적은 무엇일까요? 그리고 그 목적에 이르는 길은 어떤 것일까요?

저명한 윤리학자 피터 싱어는 자신의 저서인 《이렇게 살아도 괜찮은가》의 서문에서 독자들에게 "아직도 삶의 목적이란 게 있습니까? 돈, 사랑, 가족 말고 추구할 만한 다른 가치가 있을까요? 있다면 과연 무엇일까요?"라고 묻습니다. 그리고 한때 월 스트리트의 거물이자 미국 부호 명단에 이름을 올렸던 아이번 보스키의 이야기를 소개합니다. 마약 중독과 같이, 부에 대한 중독에 빠진 보스키가 미국 부호 명단의 아랫줄에 자신의 이름이 있다는 것을 받아들이지 못하고, 불법 내부자 거래 등을 통해 부당하게 이익을 취하다 결국 파멸의 길에 들어선다는 내용입니다. 이 사례를 통해 피터 싱어는 목적 없는 삶, 그리고 윤리에 대한 무관심과 무지가 지배하는 삶이 초래하는 불행한 결과를 잘 보여 주고 있습니다. 그러면서 자기 이익 추구라는 편협한 관점에서 벗어나 새로운 이상(이 세상의 온갖 고통에 연민을 느껴 세상을 더 나은 곳으로 바꾸는 일에 참여하는 것)을 품고, 윤리적인 생활 방식을 선택할 수 있어야 한다고 주장합니다.

그렇다면 오늘날 우리 청소년들은 삶의 목적을 얼마나 제대로 지니고 살아가는 것일까요? 스탠퍼드대학교의 윌리엄 데이먼 교수는 '무엇을 위해 살 것인가?'라는 물음은 곧 삶의 목적을 설정하는 것이며, 삶의 목적은 "자신에게 의미 있을 뿐 아니라 자신을 넘어선 세상을 위해 중요한 무언가를 성취하고자 하는 장기적인 의도"라고 정의 내립니다. 그런 다음, 1200여 명을 대상으로 실시한 조사 연구 결과를 바탕으로 청소년들을 네 부류로 나눈 후,

각각 무관심한 자, 꿈만 꾸는 자, 이것저것 찔러 보는 자, 확고한 목적이 있는 자로 이름 붙였습니다.

우선 삶의 목적에 '무관심한 자'들은 데이먼 교수가 수행한 설문조사와 인터뷰에서 어떠한 목적에 대해서도 이야기하지 않은 청소년들입니다. 이들은 대체로 쾌락적이고 자극적인 일에만 관심을 보이고, 자신을 벗어난 세계에 대해서는 거의 관심을 보이지 않았습니다. '꿈만 꾸는 자'들은 자신이 원하는 목적에 대한 생각을 표현했다고 합니다. 하지만 이들이 이야기한 것들은 대개 즉흥적이었고 자신의 생각을 실현하기 위한 적극적인 시도는 전무하다시피 했다고 합니다. 예를 들어 이들은 연예인, 스포츠 스타가 되기를 꿈꾸지만, 해당 분야가 요구하는 실질적인 필요조건을 충족시키기 위해 견뎌야 하는 길고 불확실한 길을 떠날 준비가 되어 있지 않았습니다. '찔러 보는 자'들은 목적적으로 보일 만한 활동들에 참여하고 있긴 하나 이러한 활동이 현재 상황을 넘어서 장차 어떤 의미를 지닐지에 대해 거의 인식하지 못했다고 합니다. 또한 종종 자신이 삶에서 성취하고자 하는 바가 무엇인지에 대한 정확한 인식 없이 이런저런 활동들을 옮겨 다니는 특성이 나타났다고 합니다. '확고한 목적이 있는 자'들은 자신이 헌신할 가치가 있다고 생각되는 것을 발견한 사람입니다. 이들은 성취하려는 것과 성취하려는 이유를 알고, 자신의 야망을 성취하기 위해 계획했던 것들을 실천에 옮겼다고 합니다. 이 글을 읽고 있는 여러분 자신은 과연 어느 부류에 해당되는가요?

월리엄 데이먼의 조사 연구 결과에 따르면, 미국 청소년들의 약 20퍼센트만이 인생의 목적을 가지고 있다고 합니다. 그 밖의 대다수는 허황된 꿈만 꾸고 있거나, 이것저것 취미 삼아 찔러 보거나, 아무것에도 관심 없이 무기력하게 지내고 있다고 합니다.

그렇다면 우리 한국 사회의 실정은 어떨까요? 우리 사회도 미국 사정과 크게 다르지 않거나, 미국보다 더 심각한 상황일지 모릅니다. 우리 사회에서 너무나 많은 청소년들이 "무엇이 나의 심장을 뛰게 만드는가? 세상을 위해 무엇에 공헌해야만 하는가? 내가 이 세상에 존재하는 이유가 무엇인가?"와 같은, 삶에서 가장 중요한 질문들에 대해 고민하는 일을 뒷전으로 미루고 있습니다.

나는 우리 청소년들이 자신과 세계를 위해 무엇을 성취할 수 있는가와 같은 질문에 직면하기를 두려워하거나 회피하지 말고, 정면으로 마주하면서 '인생의 목적'을 찾아 나가기를 희망합니다. 소크라테스의 "반성하지 않은 삶은 살 가치가 없다."는 말이나, 프랑스 작가 폴 부르제가 "생각하는 대로 살지 않으면, 사는 대로 생각하게 된다."고 한 말의 의미를 되새기면서, 나는 누구이고 내가 진정으로 바라는 삶은 어떤 삶일까에 대해 스스로에게 진지하게 그리고 지속적으로 질문을 던져 보기 바랍니다. 자신에게 무슨 이익이 있을지, 타인에게 관심을 끌 만해 보이는지, 부와 명성을 얻을 만한 가능성이 있는지 등 세상 기준으로 나를 보지 말고, 무엇을 진정 성취하고 싶은지, 나의 잠재성이 나 자신을 넘어선 세상을 위해 어떻게 쓰일 수 있는지에 대해 고민해 보기 바랍니다.

2장

꿈이
꼭 있어야 하나요?

청춘이 아름다운 건
꿈꾸기 때문이다

•

박영하

박영하

도덕, 윤리 교사로서 오랫동안 학생들의 '꿈을 키우고 끼를 살리는 행복한 교육'에 관심을 기울여 온 덕분에 학생들과 주변 교사들에게 '꿈샘', '꿈전도사'란 별명을 얻었다. 노래, 시, 영상, 이야기 등 생활 속에서 쉽게 접근할 수 있는 소재를 활용한 도덕 수업과 학생들의 꿈을 키우는 행복한 수업에 남다른 관심과 열정을 갖고 있다. 서울대학교 사범대학 윤리교육과를 졸업(교육학 박사)했다. 신반포중학교, 서울여자상업고등학교에서 도덕, 윤리 교사로 근무했고 서울대, 성신여대, 전남대, 진각대학원, 춘천교대 강사를 역임했다. 서울대학교 교육종합연구원 인성교육연구센터(전 청소년교양교육센터) 선임연구원으로서 청소년들의 행복한 성장을 돕는 다양한 교양 강좌 및 세미나를 열어 우리 시대의 화두인 꿈, 끼, 행복, 나눔, 품격을 주제로 교사, 학부모, 성인 대상 각종 세미나, 연수, 독서프로그램 등도 기획·운영했다. 현재 꿈과 나눔을 주제로 저술활동과 어플리케이션 개발, 여성독립운동가 연구에 힘쓰고 있다.

배운다는 건, 꿈을 꾸는 것

우선 노래부터 하나 소개하면서 여러분과 '꿈'에 관한 이야기를 나누려 합니다. 아래 소개하는 〈꿈꾸지 않으면〉이라는 노래는 우리나라 대안학교들 가운데 하나인 '간디학교'의 교가입니다. 그런데 특이하게도 이 교가 속에는 다른 학교의 교가와는 달리 '꿈'이라는 낱말이 모두 5번이나 나옵니다. 아마 전국의 초·중·고등학교 교가들 가운데 꿈이라는 낱말이 가장 많이 나오는 교가가 아닐까 생각합니다. 어디 한번 이 교가의 노랫말을 처음부터 끝까지 소리 내어 읽어 볼까요?

꿈꾸지 않으면
안희창 작사, 장혜선 작곡

꿈꾸지 않으면 사는 게 아니라고
별 헤는 마음으로 없는 길 가려네
사랑하지 않으면 사는 게 아니라고
설레는 마음으로 낯선 길 가려 하네

아름다운 꿈 꾸며 사랑하는 우리
아무도 가지 않는 길 가는 우리들
누구도 꿈꾸지 못한 우리들의 세상 만들어 가네

배운다는 건 꿈을 꾸는 것
가르친다는 건 희망을 노래하는 것
배운다는 건 꿈을 꾸는 것
가르친다는 건 희망을 노래하는 것

우린 알고 있네 우린 알고 있네
배운다는 건 가르친다는 건
희망을 노래하는 것

자, 여러분! 느낌이 어떤가요? 위 교가에는 '배움'과 '가르침'의 의미와 목적이 잘 나타나 있습니다. 여러분이 학교에 다니고 공부하는 것은 결국 꿈을 찾아 그것을 키우고 이루어 가기 위함이요, 선생님이 여러분에게 무언가를 가르치는 것은 이 세상이 살아 볼 만한 가치와 이유가 있다는 것, 즉 '희망'을 전하기 위해서라는 겁니다. 아마 여러분이 다니고 있는 학교의 교가에도 배움과 가르침의 의미를 나타낸 노랫말이 어딘가에 들어 있을 겁니다.

학교란 말 그대로 '배움터'입니다. 그런데 여러분이 학교를 다니면서 무엇을 왜 배울까를 알고, 그것에 집중한다면 좀 더 의미 있게 학교생활을 하지 않을까 생각합니다.

'꿈'과 '끼' 그리고 '행복'

요즘 들어 부쩍 '꿈'과 '끼'와 '행복'이란 말이 여러분의 눈에 자주 들어올 것입니다. 특히 학교에서 '꿈과 끼를 살리는 행복한 교육'이라는 문구가 담긴 포스터나 현수막을 자주 접하고 있을 겁니다. 그런데 왜 요즘 들어 학교에서 혹은 우리 교육 현장에서 꿈과 끼와 행복을 이토록 강조하고 있을까요? 그리고 왜 이전에는 없던 '자유학기제'나 '진로 탐색 집중학년제' 같은 정책이 2016년부터 우리나라 모든 중학교에서 전면적으로 실시된다고 교육부나 교육청에서 적극 홍보하고 있을까요? 이제 그럼 본격적으로 이에 관한 이야기를 해 볼까요?

사람은 누구나 행복하게 살기를 원합니다. 그런데 사람들은 언제 행복할까요? 대체로 사람은 자신이 간절히 바라는 것(직업, 지위, 소득, 특정한 계획이나 목표 등)을 이루었을 때나, 자신이 원하는 모습(인격, 품위 등)을 갖추었을 때 행복해집니다. '자신이 간절히 바라는 것', '자신이 원하는 모습', 그것을 우리는 '꿈'이라고 부릅니다. 이렇듯 꿈과 행복은 매우 깊은 관련을 지닌 말입니다. 그런데 지금까지의 우리 교육 현실을 보면 학생들 개개인의 꿈과 행복에는 무관심할 뿐만 아니라, 한 개인이 지니고 있는 남다른 재능 즉 끼를 살리는 데도 이렇다 할 관심을 기울여 오지 않았습니다. '끼'는 그 내용과 범위가 다양한데, 현재 우리들이 사용하고 있는 끼라는 말은 TV에 자주 출연하는 인기 연예인들처럼 춤과 노래에 재능이 많다는 의미로 좁게 혹은 왜곡되어 해석되고 있습니다.

이러한 교육 현실과 사회 현실이 더 이상 계속되어서는 안 되겠다는 판단에 따라 현재 교육 정책 담당자들이 내건 정책이 바로 '꿈과 끼를 살리는 행복한 교육'이라고 봅니다. 사실, 그동안의 우리 교육은 교육의 궁극 목적인 '자아실현'과 '홍익인간', 다시 말해 개인에게는 자신의 꿈을 이루도록 하고, 공동체 구성원으로서는 다른 사람들에게 보탬이 되는 사람을 만드는 것을 강조하긴 하였습니다. 그러나 정작 우리 교육의 본모습은 학생들이 꿈과 끼를 살려 행복한 사람이 되는 교육이 아니라, '대학 입시'와 '등수 경쟁'에 몰두하는 이기적인 인간을 기르는 데 더욱 열과 성을 다해 온 것이 사실입니다. 그 결과 경제적으로는 세계 10위권을 넘나들면서도 청소년 자살율과 불행지수는 세계 최고 수준인 나라라는 불명예를 떠안고 있습니다. 참으로 부끄럽고 안타까운 일입니다. 이제 이 부끄러운 현실에서 벗어나야 합니다. 그러면 어떻게 해야 할까요?

남 꿈이 아닌, 내 꿈을 꾸자!

'꿈이 이루어지면 행복하다!' 이것은 참으로 간단한 인생의 진리입니다. 그런데도 정작 우리는 꿈을 잊고 살거나, 아무 꿈도 없이 살아갈 때가 많습니다. 말이나 글로는 '꿈은 이루어진다!'고 하면서 실제로 노력을 게을리하는 경우도 많습니다. 그런데 꿈은 그냥 말이나 글로 표현만 한다고 해서 저절로 이루어지는 것은 아닙니다. 그래서 '꿈을 간직하기만 해도 언젠가는 꿈이 이루어진다.'는 말은 사실은 거짓말입니다. 만일 여러분이 '꿈을 간직하기만 해도 언젠가는 반드시 이루어진다.'는 것을 믿는다면 여러분은 정말 헛된 꿈을 꾸고 있는 것입니다. 그렇다면 과연 어떻게 해야 꿈이 이루어질까요?

무엇보다도 먼저, 간절히 이루고 싶은 꿈이 있어야겠지요. 그다음엔 꿈을 위한 노력이 반드시 뒤따라야 합니다. 물론 자신이 간절히 원하는 것이 무엇인지를 알아내고 또한 그것을 이루어 간다는 것이 그리 쉬운 것만은 아닙니다. 그래서 부모님이나 선생님이 자녀와 제자의 꿈을 대신 설계해 주거나 꿈을 이루는 데 필요한 스펙을 쌓도록 도와주기도 합니다. 그러나 이렇게 다른 사람이 대신 설계해 준 꿈을 꾸거나 남들이 바라는 꿈을 내 꿈인 양 생각하며 살아가는 것은 매우 불행한 일입니다. 그런 사람들은 결국 먼 훗날에는 지나온 삶을 후회하게 됩니다.

우리에게는 단 한 번의 인생이 주어져 있기에 그 한 번의 인생을 제대로 살아가려면 남이 바라는 꿈이 아닌 내가 간절히 바라는 꿈을 꾸고 그것을 이루며 사는 사람이 되어야 하지 않을까요? 혹시 여러분이 지금 꾸고 있는 꿈이 있다면 그 꿈이 과연 여러분 자신의 꿈인지, 아니면 다른 사람이 나에게 기대하고 강요한 꿈인지부터 깊이 성찰해 보아야 할 것입니다.

그런 성찰의 과정을 겪다가 '이런! 나에겐 꿈이 없잖아?' 이런 결론에 도달할지도 모르겠습니다. 하지만 괜찮습니다. 나에게 진정으로 이루고 싶은 꿈이 있는가라는 고민을 하고 그 고민을 통해 꿈이 없다는 결론에 이른 것만으로도 여러분은 꿈을 향해 한 걸음 다가간 것이니까요. 사실 꿈이란 누군가 위대한 사람이 내게 준 것이거나 태어날 때부터 가지고 있었던 것이 아니기 때문에, 내가 누구인지 깊이 고민하고 내가 뭘 잘할 수 있는지 고민하고, 내가 뭘 할 때 가장 즐거운지 되돌아보고, 내 미래가 어떤 모습인지 상상해 보는 과정이 없다면 결코 생길 수가 없습니다. 지금 당장 여러분에게 꿈이 없다고 해서 부끄러워하거나 너무 불안해할 필요는 없습니다. 이제부터 꿈을 제대로 찾고 꿈을 향해 한 걸음 한 걸음 앞으로 나아가면 되는 겁니다. 이쯤에서 여러분에게 꿈을 생각하는 노래 한 곡 더 소개할까 합니다. 한번 읽어 내려가 볼까요?

어떤 이의 꿈

김동진 작사·작곡, 봄여름가을겨울 노래

어떤 이는 꿈을 간직하고 살고
어떤 이는 꿈을 나눠 주고 살며
다른 이는 꿈을 이루려고 사네
어떤 이는 꿈을 잊은 채로 살고
어떤 이는 남의 꿈을 뺏고 살며
다른 이는 꿈은 없는 거라 하네

세상에 이처럼 많은 사람들과
세상에 이처럼 많은 개성들
저마다 자기가 옳다 말을 하고
꿈이란 이런 거라 말하지만

나는 누굴까? 내일을 꿈꾸는가?
나는 누굴까? 아무 꿈 없잖 않나?
나는 누굴까? 내일을 꿈꾸는가?
나는 누굴까? 혹 아무 꿈!(커 가는 꿈)

너는 내 꿈이다.

이 노래는 여러분이 태어나기도 전에 만들어졌습니다. 그런데 몇십 년이 지난 지금도 새로운 가수가 새로운 버전으로 리메이크하여 부르고 있습니다. 왜 그럴까요? 아마도 모두가 고민하는 그 지점, 바로 나는 누구이며, 나는 꿈꾸는가라는 질문을 하고 있기 때문이 아닐까요? 혹시라도 이 노랫말을 처음 들었다면, 혹은 노래로는 들어 봤는데 가사만 이렇게 따로 떼어서 읽어 보았을 때 그 내용을 보며 어떤 생각이 들었나요? 노랫말 속 내용에 공감이 되었나요? 저는 이 짤막한 가사가 수많은 사람들이 일상을 살면서 문득문득 회의를 느끼는 그 지점을 잘 표현하고 있다고 생각합니다.

가만히 자신을 돌아보고 주위 사람들을 둘러보면 참 다양한 모습이 있다는 생각이 들 때가 있지요. 꿈을 대하는 자세만 해도 그렇습니다. 어떤 사람은 소중하게 자신의 꿈을 간직하면서 살고, 어떤 사람은 그 꿈을 이루기 위해서 조금 더 적극적으로 삶을 꾸려 갑니다. 또 어떤 사람은 자기 혼자만 꿈을 갖는 데 그치는 것이 아니라 다른 사람들에게까지 꿈을 전파하고 함께 꿈꾸도록 움직입니다. 이것은 사람의 삶에 미치는 꿈의 긍정적 작용이겠지요? 그런데 또 어떻습니까? 어떤 사람은 꿈이 뭔지도 모른 채 그저 주어진 일상을 살아가고, 어떤 사람은 꿈이 있었어도 먹고사는 데 바빠 자신이 원래 가지고 있던 꿈조차 잊으며 살아갑니다. 또 어떤 사람은 '꿈이 다 뭐야? 그런 게 어딨어? 꿈은 그저 꿈이지. 그런 걸 왜 생각해?' 하며 꿈에 대해 매우 회의적이죠. 위 노래 〈어떤 이의 꿈〉은 바로 이런 다양한 생각과 개성을 가진 사람들에 대해 관찰하고 그 관찰한 바를 적고 있습니다.

맞습니다. 사람들은 이렇듯 꿈에 대해 모두 다르게 생각하죠. 여러분은 어떤가요? 꿈을 어떻게 생각하나요? 꿈은 너무도 소중하고, 이루고 싶은 목표고, 나누고 싶은 그 무엇인가요? 아니면 꿈을 꿀 새도 없이 바쁘게 살고 있나요? 혹은 어차피 이루지 못할 게 꿈이라고 비관적으로 생각하나요?

자, 그런데 꿈을 대하는 태도가 어떤 게 옳은지 말하기보다 노래는 이렇게 질문합니다. "나는 누굴까, 내일을 꿈꾸는가? 나는 누굴까, 아무 꿈 없질 않나?" 내일을 꿈꾸는지 혹은 아무런 꿈이 없는지에 대한 질문을 마치 "나는 누굴까?"에 대한 답처럼 던집니다. 내가 어떤 사람인지를 알려면 내가 어떤 꿈을 꾸고 있는지 알아야 한다는 이야기겠죠.

저는 바로 이 대목에 주목해야 한다고 생각합니다. 그 사람이 어떤 사람인지를 알기 위해서는 먼저 그가 바라는 바가 무엇인지를 알아야 하고, 반대로 그 사람이 꿈꾸는 바, 원하는 바를 알면 그 사람이 어떤 사람인지 알 수 있다는 것이지요. 꿈이란 그 사람이 지향하는 바, 사고방식, 생각을 담고 있어서 그 사람의 내면을 알 수 있게 하는 판단 근거가 된다는 것입니다. 꿈은 그 사람의 존재 이유가 되는 것이니까요. '나는 병들어 고생하는 사람을 돕고 싶다, 그래서 훌륭한 의사가 되어 병든 사람을 돕겠다.'라는 목표가 있는 사람은 그 목표를 향해 나아가기 위해 공부도 하고 연구도 할 겁니다. '나는 쓰레기 더미에 아파하는 지구를 살리기 위해 쓰레기를 0퍼센트로 줄이는 연구를 하는 과학자가 되겠다.'는 꿈을 꾸는 사람은 자신의 안위보다는 인류 전체와 환경 사랑이라는 가치관을 지니고 있는 것입니다.

이제 꿈이 왜 중요한지 느껴지나요? 꿈은 그 사람의 마음과 가치관을 반영하는 거울이기도 하고 그 사람의 삶을 지탱하는 힘이 되기도 합니다. 때문에 그 사람이 어떤 사람인지 알기 위해 그가 꾸는 꿈을 궁금해하는 것입니다. 여러분이 만약 구체적으로 무엇을 원하고 어떤 목표를 세워야 하는지 모른다면, 이제부터 그것을 알기 위해 노력하면 됩니다. 그렇다면 위의 마지막 노랫말처럼 "아무 꿈"이 "커 가는 꿈"으로 바뀔 것입니다. 희미한 내 꿈의 지도를 이제부터 점점 더 선명하게 그려 가면 되는 것입니다.

꿈 너머 꿈을 꾸자!

여러분 혹시 '꿈 너머 꿈'이라는 말을 들어 보셨나요? '꿈을 넘는 꿈'에는 두 개의 꿈이 등장하죠. 전자를 넘어선 후자. 그렇다면 최종적으로 더 좋은 건 후자의 꿈이라고 여겨집니다. '꿈 너머 꿈'이라는 말의 뜻을 알기 전에 먼저 꿈의 사전적 정의부터 알아볼까요?

1. 잠자는 동안에 깨어 있을 때와 마찬가지로
   여러 가지 사물을 보고 듣는 정신현상

2. 실현하고 싶은 희망이나 이상
3. 실현될 가능성이 아주 적거나 전혀 없는 헛된 기대나 생각

우리가 지금 얘기하는 꿈은 바로 두 번째 정의 '실현하고 싶은 희망이나 이상'입니다. 여담입니다만, 가끔 다른 사람의 꿈을 듣고 "야, 꿈 깨!"라고 말하는 경우가 있죠? 하지만 이렇게 상대방의 꿈을 무시하는 것은 바른 태도가 아닙니다. 왜냐하면 꿈이란 그것이 실현되기까지는 누구도 그 결과를 알 수 없기 때문이지요. 그래서 한국의 대표적인 카피라이터인 정철은 꿈을 이렇게 이야기했습니다.

꿈, 몇 안 되는 미래형 명사.
처음엔 '꾸다'라는 동사와 붙어 지내지만
꾸다, 꾸다, 꾸다, 꾸다 반복하여 주문을 외우면
어느새 '이루다'라는 동사와 붙어 있다.
- 정철, 《내 머리 사용법》(리더스북, 2009) 중에서

처음엔 '꾸다'와 이어지지만, 반복해서 '꾸다, 꾸다, 꾸다' 하다 보면 자기도 모르는 새 '이루다'가 되는 것이 꿈이라는 말, 매우 설득력이 있지요? 매일 지각과 결석을 밥 먹듯 하는 어떤 친구가 어느 날 "나 내년에는 꼭 개근상 탈 거야."라고 얘기한다면 여러분은 어떻게 반응하나요? 아마도 대부분은 "니가? 차라리 된장이 고추

장이 된다 그래라." 이런 말을 툭 던질지도 모르겠습니다. 하지만 실제로 그렇게 된 사람이 있지요? 바로 《멈추지 마, 다시 꿈부터 써봐》의 저자 김수영 씨입니다. 김수영 씨는 중학교를 중퇴한 이른바 '문제아'였지만 어느 날 결심을 하고 공부를 시작해서 자신이 꿈꾸던 대학교에 당당히 입학했습니다. 대학에서 영문학과 경영학을 전공한 뒤 졸업을 해서는 세계 최고의 투자 은행 골드만삭스에 입사를 했죠. 어떤가요? '꾸다, 꾸다, 꾸다'가 어느새 '이루다'가 된 살아 있는 예가 아닌가요? 여러분도 예외는 아닙니다. 여러분도 할 수 있습니다. 이제부터 꿈을 갖고 그 꿈을 위해 노력하다 보면 어느새 꿈은 더 이상 꿈이 아닌 현실로 와 있을 겁니다.

자, 이렇게 자꾸 꾸다 보면 이루게 되는 희망적인 것이 꿈이라는 걸 알아보았습니다. 그런데 꿈 너머 꿈이란 어떤 것일까요? 이번엔 꿈에 대한 또 다른 정의를 보겠습니다.

> 이 일이 얼마나 전망이 좋은가. 얼마나 많은 부와 명예를
> 가져다줄 것인가 하는 얕은 생각이 아닌,
> 내 인생을 걸어도 좋을 만큼 행복한 일인가에
> 답할 수 있는 것을 나는 꿈이라고 부르고 싶다.
> -이원익, 《비상》 (넥서스, 2003) 중에서

흔히, 자신이 원하는 일을 하는 사람을 행복하다고 합니다. 바로 위에서도 말하고 있듯 '내 인생을 걸어도 좋을 만큼 행복한 일'

을 찾은 사람은 아마 진정으로 행복할 겁니다. 그런데 이원익은 내 인생을 걸어도 좋을 만큼 행복한 일과, 많은 부와 명예를 가져다주는 얕은 생각을 구분하고 있습니다. 다시 노래 〈어떤 이의 꿈〉으로 되돌아가 보겠습니다.

어떤 이는 꿈을 나눠 주고 살며
...
어떤 이는 남의 꿈을 뺏고 살며

이 부분을 기억하나요? 여러분이 만약 꿈을 꾸고 있는데, 그 꿈이 남의 꿈을 뺏는 거라면 그 꿈은 올바른 꿈이라 말할 수 있을까요? 아니지요? 반대로 내가 어떤 꿈을 이루기 위해 행동을 하는데 그 행동이 다른 사람이 꿈을 꾸게 하는 힘을 갖고 있다면, 그 꿈은 나만을 위한 꿈이 아닐 테지요. 예를 들어 똑같이 부자가 되겠다는 꿈을 가진 두 사람이 있다고 칩시다. 한 사람은 부자가 되는 것이 자신의 최종 목표여서 어떤 부분에서든 1등을 하지 않으면 안 됩니다. 심지어 다른 사람이 다치는 것조차 신경 쓰지 않습니다. 어떤 건설업자가 있는데 대규모 아파트 단지를 지어서 최대한 많은 분양을 하여 큰돈을 벌 생각에 가득 차 있습니다. 그런데 단지를 확보하려면 그곳에 현재 살고 있는 허름한 주택들을 철거해야만 가능합니다. 그 건설업자는 편법을 써서 주택가 사람들을 몰아내고 주택가 단지를 철거합니다. 원래 살고 있던 사람들은 힘없이 쫓겨나 거리로 내몰렸습니다. 하지만 건설업자는 아파트 단지를 세워 목표대로 큰돈을 벌었고 자신의 꿈을 이루었습니다. 그 돈이 또 다른 사업의 종잣돈이 되어 계속 돈을 벌 수 있었기 때문이지요. 그 사람도 꿈을 꾸고, 꾸고, 꾸어서 이루게 된 겁니다.

또 다른 사람은 부자가 되는 것이 꿈이지만, 사실 진짜 꿈은 부자가 되어 가난한 사람을 돕는 것이었습니다. 어렸을 때 철거민으로 고생을 하며 자라고 자신의 부모님이 철거를 반대하다 다리까지 저는 경우를 당하자 결심을 한 거지요. 나는 돈을 많이 벌어 없는 사람을 위해 쓰겠다고요. 그래서 그 사람은 낮에는 아르바이트를 하고 밤에는 공부를 하면서 좋은 대학에 입학했고, 졸업을 한 뒤에는 대기업에 취업을 했고, 나중에는 벤처 기업가가 되어 성공을 거둔 뒤 사업을 계속 확장시켜 나갔습니다. 그리고 자신의 꿈대로 다른 사람을 경제적으로 도울 수 있을 정도의 재력을 쌓았습니다. 꿈이 이루어진 거지요.

어떤가요? 부자가 되겠다는 똑같은 목표를 지녔다 할지라도 그것이 최종 목적이냐 진짜 최종 목적을 위한 수단이냐에 따라서 그 사람의 꿈은 꿈으로서의 가치가 다릅니다. 한 사람의 꿈은 다른 사람의 꿈을 빼앗는 꿈이었지만, 또 다른 사람의 꿈은 다른 사람에게 꿈을 심어 주고 꿈을 키워 주는 정도의 따뜻한 꿈이었습니다. 첫 번째 사람의 꿈은 그야말로 목표에 지나지 않는 매우 이기적이고 자기중심적인 꿈이었다면, 두 번째 사람의 꿈은 그러한 꿈을 넘어선 진정한 꿈이라 말할 수 있겠지요?

백만장자가 되기를 꿈꾸는 사람이라면 백만장자가 된 다음에
무엇을 하겠다는 바로 그 '무엇'이 있어야 한다.
그것이 꿈 너머 꿈이다. 꿈이 있으면 행복해지고,
꿈 너머 꿈이 있으면 위대해진다.
— 고도원,《꿈 너머 꿈》(나무생각, 2007) 중에서

'꿈 너머 꿈'이란 말은 지금까지 '직업'이나 '하고 싶은 일'을 꿈의 전부로 생각해 온 우리들에게 많은 생각을 하도록 합니다. 판·검사나 의사, 변호사를 꿈꾸는 사람은 많지만 어떤 판·검사가 될 것인지, 의사나 변호사가 되어 어떻게 사람들을 대하고 어떻게 일을 해 나갈 것인지를 생각하는 사람들은 그리 많지 않은 것이 우리 현실이 아닌가 합니다. 여러분도 앞으로 꿈을 설계할 때, 관심이 있고 유행하는 직업을 찾거나 '무엇이 되겠다'는 것에서 생각이 멈추지 않기를 바랍니다. 대신 왜 그 직업에 종사하고자 하는지, 그리고 그 직업을 통해 이루고자 하는 궁극적인 삶의 목적이 무엇인지를 깊이 생각한다면 그 꿈을 이루기 위한 과정들이 결코 힘들게만 느껴지지는 않을 것입니다.

무엇이 진정한 성공인가?

이제 꿈에 관한 이야기를 마무리할 시간입니다. 우리는 모두가 성공한 사람으로 기억되기를 꿈꾸며 삽니다. 그런데 과연 무엇이 진정한 성공일까요? 우리 시대의 성공은 무엇보다도 돈 많이 벌어서 부자가 되는 것을 우선순위에 두고 있는 것 같습니다. 그래서 친한 사람들끼리도 '부자 되세요!'를 권하고 외칩니다. 또는 출세와 높은 지위, 명예, 권력에 눈독을 들이고 삽니다. 그런데 이러한 것들은 모두 개인의 이기심을 채우는 물질적이고 외형적인 가치들입니다. 물론 사람이란 물질적 존재이기도 한 까닭에 그러한 가치들에 관심과 열의를 갖는 것은 어쩌면 당연한 일입니다. 하지만 모두가 그런 물질에만 관심을 기울이면서 더 부자가 되려 하고 남을 이기려고만 한다면 이 세상은 어떻게 될까요? 더불어 살고자 하는 사랑과 배려의 마음보다는 악덕 건설업자가 되더라도 부자만 되면 된다는 생각이 우리 모두를 지배한다면 어떻게 될까요? 인간의 욕심이란 이성이라는 제어 장치가 가동을 멈출 때 한없이 커지게 마련입니다. 여러분의 이성이 제대로 가동을 하는지 스스로 늘 점검해야 할 필요가 있습니다. 정신적이고 내면적인 가치에도 관심과 노력을 기울여야 합니다. 물질과 정신, 외형과 내면이 조화를 이룬 사람이 온전히 성공한 사람이니까요. 이제 성공에 대한 우리들의 생각을 새롭게 해 줄 시 한 수를 함께 감상해 보죠.

무엇이 성공인가
랄프 왈도 에머슨

자주 웃고 많이 웃는 것
총명한 사람들에게 존경을 받고
아이들에게 사랑을 받는 것
출중한 비평가에게 호평을 듣고
경솔한 친구의 배신을 참아내는 것
아름다움을 볼 줄 알고
다른 사람 안에 있는 최고의 것을 발견하는 것
건강한 아기를 낳든, 밭 한 고랑을 짓든,
사회 여건을 회복하든
세상을 조금이라도 더 좋게 만들고 떠나는 것
내가 이곳에 살았기에
단 한 사람이라도 더 편안하게 숨 쉴 수 있는 것
이것이 성공이다.

'내가 이곳에 살았기에 단 한 사람이라도 더 편안하게 숨 쉴 수 있는 것.' 이런 삶을 상상하면 행복해지지 않나요? 이런 행복한 성공을 위해, 우리의 이성을 제대로 사용하기 위해 필요한 것이 독서입니다. 그중에서도 고전, 인문학은 여러분이 인생의 중대한 갈림길에서 헤맬 때 배움과 성찰의 기회를 제공해 줄 것입니다. 앞으로 소개할 고전이 행복한 인생, 성공한 인생을 위한 힘찬 행진의 행진가가 될 것이라고 확신합니다. 나보다는 우리를 생각하는 여러분들의 아름다운 '꿈 너머 꿈'을 응원합니다.

2부

질문하는
십대,
대답하는
인문학

3장

어떤 세상을
꿈꾸어야 할까요?

맹자가 제시하는
경쟁 사회의 해법

●

김선희

김선희

여러 해 동안 철학 공부를 하고 있지만 철학이 세상을 바꿀 수 있다거나 한 사람의 삶을 변화시킬 수 있다는 몽상은 하지 않는다. 그럼에도 누군가는 먼저 세상과 사람에 대해 고민한 사람들의 말을 되새기고 의미를 찾고 지금 우리의 모습을 해석하는 자원으로 써야 한다고 믿기에, 여전히 공부를 하고 학생들을 가르친다. 이화여자대학교에서 철학 박사학위를 받았고 지금은 같은 대학교 철학과 교수로 일하고 있다.

이 글은 《맹자》를 풀어쓴 《맹자, 선한 본성을 향한 특별한 열정》(김선희, 2006, 풀빛)을 토대로 하였다.

사람은 정말 이기적일까?

여러분은 어떤 세상에 살고 싶은가요? 어떤 사회, 어떤 세상 속에서 성장하고 자라고 또 꿈을 펼치고 싶은가요? 각자 생각하는 답들이 있을 것 같군요. 그런데 막상 답을 하기가 어렵다고 생각하는 친구들도 있을 것 같습니다. 사실 질문이 좀 막연하거든요. 이 질문에 조금 더 구체적으로 답하기 위해 이야기를 하나 시작해 볼까 합니다.

어떤 마을에 누구나 가축을 방목할 수 있도록 개방되어 있는 공동의 땅이 있었습니다. 이 마을 주민들은 별도로 각자 자신의 땅을 가지고 있었지만 이 공동의 땅에 자기 집 가축들을 가능한 한 많이 풀어 놓으려 합니다. 자기 땅의 풀을 아낄 수 있기 때문이지요. 자신의 비용 부담을 줄이면서 넓은 목초지에서 신선한 풀을 먹일 수 있었기 때문에 사람들은 너도나도 공동의 땅에 가축들을 풀어 놓았습니다. 이 공유지는 곧 여러 집의 가축들로 붐비게 되었고, 이어 아무것도 자라지 않는 황량한 땅으로 변하고 말았습니다.

이른바 '공유지의 비극(The Tragedy of the Commons)'이라고 불리는 이 이야기는 개럿 하딘이라는 미국의 생물학자가 발표한 논문에서 비롯된 것인데요. 공기나 물, 지하자원 등 공동체가 사용해야 할 공동의 자산을 시장에만 맡겨 두면 결국 사적 이익을 추구하는 개인들의 이기심에 의해 자원이 고갈되기 쉽다는 이론입니다. 공유지의 비극은, 개인들은 자기 이익만을 추구하는 경향이 있기 때문에 공동체의 이익이 쉽게 파괴될 수 있음을 보여 주고 있습니다.

비슷한 이론이 또 있는데요. '죄수의 딜레마(prisoner's dilemma)'라는 이야기 들어 본 일 있나요. 이런 설정입니다. 두 사람의 공범이 경찰에 체포되었습니다. 일단 두 사람은 각각 다른 곳에서 심문을 받고 있는데요. 죄를 따져 기소해야 할 검사는 각각 따로 떨어져 있는 두 사람의 공범에게 동일한 제안을 합니다. 만약 한 사람이 죄를 자백하면 자백한 사람은 풀어 주고 나머지 한 사람이 10년을 복역하게 됩니다. 양쪽 모두가 자백하면 각각 5년을 복역하게 됩니다. 그러나 두 사람 모두 자백하지 않으면 증거 불충분으로 둘 다 6개월만 복역하고 나오게 됩니다. 한마디로 말해 상대를 배신하고 죄를 자백하라는 이야기지요. 만일 나는 배신하지 않았는데 상대가 배신해서 자백한다면 내가 다 뒤집어쓸 수밖에 없고, 반대로 상대는 배신하지 않고 침묵했는데 내가 배신해서 자백을 한다면 내 형량은 현격히 줄어들 수 있습니다.

두 사람에게 제일 좋은 결과는 무엇일까요? 당연히 두 사람이 모두 서로 배신하지 않고 침묵하는 것입니다. 이렇게 둘 다 자백하지 않으면 6개월만 복역하면 되지만, 나 혼자 친구를 믿고 자백하지 않았다가 나 혼자 10년 형을 받을 수도 있는 상황입니다. 만약 여러분이라면 어떻게 할까요? 친구를 믿고 자백하지 않은 채 침묵을 지키게 될까요? 아니면 나 혼자 10년 형을 살 수도 있다는 생각에 먼저 자백을 하게 될까요? 사람들은 이 경우 가장 합리적인 대응 방식을 찾고 싶어 합니다. 그래서 이 이론을 만든 사람은 대부분의 사람들이 일단 자백을 하게 된다고 가정합니다. 그것이 가장 합리적인 판단으로 보이기 때문이지요.

죄수의 딜레마 이론에서 이 딜레마 상황에 처한 개인은 상대방의 결과는 고려하지 않고 자신의 이익만을 최대화하는 방향으로 움직이게 됩니다. 다시 말해 서로 침묵함으로써 협동하기보다는 자백이라는 배신을 통해 더 많은 이익을 얻을 수 있다고 생각하는 것이지요. 그렇기 때문에 이 상황에 참여하는 모든 참가자가 나름의 합리적인 판단을 통해 자백이라는 배신의 길을 택하게

되는 것입니다. 그러나 자신의 이익을 위한
최선의 방법을 선택한다고 해도 결과는 최
선이 될 수 없다는 것이 문제입니다. 상대
를 배신하고 자백한 결과 최소 형량인 6개
월이 아니라 결국 5년씩 감옥에서 살아야
하기 때문입니다. 이 이론은 각자 자신의
이익을 위해 최선의 방법을 선택하더라도
서로 협력하지 않는다면 모두에게 이익은커
녕 자신에게도 불리한 결
과가 발생하게 되
는 상황을 보
여 줍니다.

공유지의 비극과 죄수의 딜레마. 이 두 가지 상황에서, 여러분이라면 어떻게 할 것 같나요? 아마 저 이론을 만든 사람들의 생각처럼 많은 사람들이 공유지에 자기 가축을 끌고 가거나, 자신의 형량을 줄이기 위해 자백하는 쪽을 택할지도 모르겠습니다. 두 이론은 각기 다른 맥락에 놓여 있고 주장하고자 하는 바도 다르지만, 이로부터 공통적으로 사람은 누구나 자기의 이익을 최우선으로 여기는 경향이 있다는

저놈때문에 내가 손해 볼 수는 없지!

사실을 확인할 수 있습니다. 한마디로 인간은 자신의 이익을 위한 선택을 가장 합리적이라고 인식하는 존재이고 자신의 이익을 최우선으로 하기 때문에 갈등과 충돌이 발생할 수도 있다는 것을 보여 줍니다.

제도와 법은 갈등을 줄일 수 있을까?

사회계약설로 유명한 영국의 근대 사상가 토마스 홉스(Thomas Hobbes)라면 이런 결론이 당연하다고 생각했을 듯하네요. 토마스 홉스는 자연 상태 즉 국가가 없는 상황에서 인간은 서로 투쟁할 수밖에 없는 일종의 무정부 상태에 놓인다고 주장했습니다. 홉스는 인간의 삶은 자연 상태에서 고독하고 가난하고 불결하고 짧다고 합니다. 인간이 살아남기 위해 서로에 대해 투쟁하기 때문이지요. 만인의 만인에 대한 투쟁이 발생하는 것은 끊임없이 힘을 추구하려는 욕망 때문입니다. 인간은 끝없는 욕망을 가지고 있기 때문에 자연 상태에서 경쟁은 필연적이라고 할 수 있습니다.

그렇다면 평화는 불가능할까요? 홉스는 그렇게 생각하지 않았습니다. 홉스는 인간에게는 죽음에 대한 공포와 편안한 생활에 대한 욕구가 있을 뿐만 아니라 생존권을 확보하기 위해 경쟁과 갈등을 줄이고 서로 합의에 이르도록 해 줄 '이성'이 있다고 생각했습니다. 인간은 이성을 통해 갈등을 줄이고 협력과 합의를 도출하는 존재라는 것이지요. 이때 이성은 자기 생명을 보존하려는 이기심을 충족시키기 위한 도구의 역할을 합니다.

이 이성이 발견한 계율 혹은 일반적 규칙이 바로 자연법인데, 이 자연법을 충실히 준수하기 위해서는 일종의 공동체가 필요합니다. 홉스는 이 공동체를 '리바이어던'이라고 부르는데, 이는 간단히 말하면 국가를 의미합니다. 홉스가 생각한 국가에서 사람들은 일종의 계약 상태에 놓여 있습니다. 하늘로부터 부여받은 권리를 일종의 계약을 통해 국가에 양도한다는 것입니다. 이것이 이른바 '사회계약설'입니다. 다시 말해 계약의 당사자인 공동체의 구성원들이 모두 평등하다는 전제하에 서로 합의하여 자신의 자연권, 즉 개개인이 자신의 생명을 보존하기 위해 언제나 자신의 힘을 사용할 수 있는 자유를 양도한다는 것입니다. 홉스의 사상은 근대적 시민 국가의 필요성과 구조를 설명하는 이론 중 하나로 평가받습니다.

이런 생각은 동양이라고 해서 다르지 않습니다. 중국의 고대 철학자 순자 역시 근대 사상가 홉스와 상당히 유사한 생각을 했습니다. 인간이란 본래 이기적인 존재이기 때문에 이를 규제하고 통제할 외적인 힘이 필요하다는 것이지요. 순자의 생각을 들어 볼까요.

인간은 나면서부터 이익을 좋아하므로 그대로 내버려 두면 서로 쟁탈만 있게 되고 사양(辭讓)은 없게 된다. 나면서부터 미워하고 혐오하므로 그대로 내버려 두면 서로 해치기만 하고 충성과 믿음은 없게 된다. 나면서부터 눈과 귀의 욕망이 있어서 아름다운 색깔과 고운 소리를 좋아하므로 그대로 내버려 두면 음란하게 되고 예의와 법규는 사라진다. 그러므로 인간의 본성을 따르고 감정을 따르면 반드시 서로 쟁탈하게 되고 본분을 위반하며 법규를 문란하게 하여 난폭해지기 때문에 반드시 사법(師法)으로 교화하고 예의를 가르쳐야 한다. 이렇게 볼 때 인간의 본성은 악하다는 것이 분명하며 선한 것은 후천적이고 인위적인 것이다.
– 《순자》, 〈성악〉

순자가 성악설을 주장했다는 이야기는 들어 본 일이 있지요? 윤리 교과서에 등장하는 이야기입니다. 그렇다고 순자가 인간이 본래부터 악마와 같은 존재라고 생각했던 것은 아닙니다. 그러나 재화는 한정되어 있고 사람에게는 욕심이 있어서 어쩔 수 없이 갈등과 분쟁이 발생할 수밖에 없다는 것입니다. 그리고 이 갈등과 분쟁을 조정하기 위해서 순자는 '예(禮)'라고 하는 규준을 제안합니다. 고대의 선왕이 만들어 놓은 제도와 법, 도덕적 가치들을 의미하는 예를 통해 사람들의 욕망을 통제하고 조절할 수 있어야 한다고 보는 것입니다. 욕망에 의한 충돌과 갈등을 피하기 위해 국가라는 공동체를 내세웠던 홉스와 유사하지요.

토마스 홉스나 순자뿐 아니라 여러 사상가들이 비슷한 생각을 했습니다. 유사한 경향에 있는 사상가들은 공통적으로 인간은 본래 각자의 욕망을 추구하는 이기적인 존재이기 때문에 문화와 종교 또는 강력한 정부에 의해서만 삶을 개선할 수 있고 본성을 뛰어넘을 수 있다고 주장합니다. 많은 사람들이 이런 생각에 동조하지요. 그런데 꼭 그렇다고만 볼 수 있을까요? 인간은 이기적이고, 그래서 이를 통제할 강력한 제도나 법, 예가 필요한 것일까요? 어떤 철학자들은 다른 생각을 하기도 했습니다.

맹자, 올바른 세상을 고민하다

대표적인 철학자가 바로 맹자입니다. 맹자의 사상을 모은 책 《맹자》에 나오는 이야기를 하나 들어 볼까요? 옛날 중국 제나라 동남쪽에 '우산(牛山)'이라는 산이 있었다네요. 그 산의 나무숲이 무척 아름다웠다고 합니다. 그런데 이 산은 나라 밖 교외에 있었기 때문에 사람들이 거리낌 없이 도끼로 나무를 마구 잘라 낼 수 있었습니다. 당연히 곧 예전의 아름다움을 찾아볼 수 없게 되었지요. 물론 나무들이 밤낮없이 자라고 비와 이슬이 내려 새싹들도 끊임없이 돋아나긴 하지만 사람들이 소와 양을 끌고 와 풀을 뜯어 먹게 하는 데에는 당할 재간이 없었습니다. 오래지 않아 우산은 민둥산이 되었다고 합니다.

맹자는 이 산에 대해 묻습니다. 헐벗고 흉한 모습이 우산의 본래 모습이었겠느냐고요. 사람들은 민둥산을 보고 그 산에 좋은 나무가 없었다고 생각하기 쉽지만, 헐벗어 흉한 민둥산은 우산의 본래 모습이 아닌 것이지요. 맹자는 민둥산이 된 우산을 통해 사람의 본성을 통찰합니다. 악한 사람이라고 해서 본래 선한 성품이 없었겠느냐는 것입니다. 맹자는 사람의 본성에 도덕성이 갖추어져 있다고 생각합니다. 맹자는 이 도덕성을 '인의(仁義)'라고 부릅니다. 맹자는 사람이라면 누구에게나 인의의 마음이 갖추어져 있다고 여깁니다. 그러나 매일 도끼로 나무를 잘라 내듯 스스로 자기 양심을 잘라 내 버렸기 때문에 더 이상 아름다울 수 없게 되었다는 것입니다. 이처럼 맹자는 사람의 본성이 본래 선하다는 사실을 믿습니다.

사람의 본성이 선하다는 것은 '사실'의 문제라기보다는 일종

저 산도
본디는
아름다웠거늘

의 가치관이자 신념에 가깝습니다. 물론 현대의 뇌과학이나 심리학에서도 인간의 본성에 대해 묻습니다. 많은 학자와 연구자들이 인간의 본성에 대해 연구하지만 아직 확정된 이론이 있는 것 같지는 않습니다. 인간의 본성은 현대 과학으로도 쉽게 풀 수 없는 것이지요. 그런 맥락에서 볼 때 첨단 과학이 발달한 현대사회에서도 여전히 인간의 본성에 대한 입장은 '어떤 가치를 믿는가', '어떤 신념을 통해 인간과 사회를 통찰하는가'의 문제와 관련되어 있다고 할 수 있습니다.

맹자는 인간의 본성이 본래 선하다는 신념에서 출발합니다. 맹자는 세상에는 악인도 있고 불의도 존재하지만, 인간이라는 존재 자체는 본래 선한 본성을 가지고 있다고 여깁니다. 현실에 존재하는 악과 별도로, 모든 인간이 선한 본성을 가지고 태어났다는 사실을 믿는 것입니다. 맹자의 이 믿음 혹은 신념에는 어떤 의미가 있는 것일까요. 맹자의 이야기는 이제부터 시작입니다.

일단 질문으로 시작해 보지요. 맹자는 공자의 제자일까요? 이 질문을 의아하게 생각하실 분들이 있을 것 같습니다. 공자 하면 바로 맹자가 떠오를 정도로 맹자는 공자와 관련 깊다는 것을 아실 테니 말이지요. 답을 말하기 전에 먼저 맹자라는 인물에 대해 알아보겠습니다. 맹자는 고대 중국의 혼란기였던 춘추전국시대에 약소국 추나라에서, 몰락한 귀족의 아들로 태어났습니다. 권력이나 부와는 관계없는 탄생이었을 것입니다. 그러나 맹자는 일찍부터 학문에 뜻을 두었고 자기 삶의 방향을 스스로 결정한 능동적이고 진취적인 젊은이였습니다.

사실 맹자의 어머니가 맹자를 위해 세 번 이사 갔다는 '맹모삼천지교'는 한나라 때 꾸며진 이야기에 불과합니다. 맹자가 열심히 공부했던 것은 사실이겠지만, 교육을 이유로 좋은 학군으로 이사 가는 일을 맹자에 비유한다면 맹자로서는 상당히 불쾌할 것 같군요. 맹자와 그의 어머니의 목표는 성적 향상 정도가 아니었으니 말이지요. 맹자는 공자로부터 시작된 유학에 뜻을 두고 공자의 제자인 자사(子思)의 문인에게서 공자의 가르침을 전수받았습니다. 당시는 공자가 죽은 뒤 공자의 제자들이 곳곳에 흩어져 있었기 때문에 수많은 사람들이 유학을 배우고 있던 시대였습니다. 맹자도 그 당시에 유학을 배웠던 수많은 사람들 중 하나였습니다.

바로 여기에 답이 있습니다. 사람들은 쉽게 공자와 맹자를 스승과 제자로 생각하지만 엄밀히 말하면 그것은 사실이 아닙니다. 공자가 맹자를 자기 학문의 계승자로 택한 것이 아니기 때문입니다. 도리어 맹자가 자신의 진정한 스승은 공자 한 분뿐이라며 스스로 공자를 자기 학문의 근원으로 택한 것입니다. 맹자가 어떤 인물인지 감이 좀 오나요? 맹자는 진정한 학문의 흐름이 고대의 위대한 성인들로부터 공자에게 전해졌고 또 자신에게로 이어졌다고 믿는 강한 신념의 소유자였습니다. 이런 신념으로 그는 공자의 사상과 학문을 계승했을 뿐만 아니라 공자의 실천과 신념까지 이어받았습니다. 정치적 안정으로부터 올바른 사회가 시작된다는 신념도 그중 하나입니다.

맹자 정치사상의 핵심이 바로 '인정(仁政)' 또는 '왕도(王道) 정치'입니다. 왕도 정치란 '인의'를 통해 국가를 운영하는 것, 즉 도덕성을 기반으로 한 정치를 말합니다. 맹자는 당장의 부유함이나 무력적 강함보다 사람들이 서로를 신뢰하며 사랑하고 아끼는 것이 중요하다고 말합니다. 맹자는 인의를 통해서만 강력한 나라를 만들 수 있다고 장담합니다. 전쟁에 대한 생각이 좋은 예입니다. 오직 자기만 살고자 한다면 군사들은 위기 상황에서 상관도 버리고 나라도 쉽게 버릴 것입니다. 그러나 서로 신뢰하고 아끼는 군대에서 군사들은 서로를 위해 자신의 목숨을 걸 것입니다. 이런 군대라면 전쟁에서 백전백승이겠지요. 맹자는 이런 사람의 힘을 믿는 것입니다.

다른 이의 고통에 공감하는 마음

또한 맹자는 충분한 생산이 이루어지고 그것이 공정하게 분배되는 사회라면 도덕성을 기르는 교육만으로도 올바르고 강하며 부유한 나라를 이룰 수 있다고 보았습니다. 그것은 누구나 올바른 도덕적 실천을 할 수 있는 능력이 잠재되어 있기 때문입니다. 이 대목에서 맹자 철학의 다른 주제가 시작됩니다. 그것은 인간의 도덕성에 관한 맹자의 이론입니다. 사람들은 인성에 관한 맹자의 이론을 '성선론(性善論)'이라고 부르지요.

맹자는 인간의 본성 문제를 중요하게 다루었고 다른 사상가와 토론했지요. 그 가운데 가장 중요한 것이 고자(告子)라는 사상가와 벌인 인성에 관한 논쟁입니다. 고자의 주장은 인간의 본성이 선하지도 악하지도 않다는 것입니다. 고자에게 사람의 본성이란 그저 자연적 본성일 뿐입니다. 먹고 마시고 배설하고 편안함을 추구하고 불편한 것을 싫어하는 자연스러운 욕구들이 곧 본성이라는 것입니다. 고자는 본성 안에 본능적 욕구를 넘어서는 도덕적 선이나 악이 존재하지 않는다고 생각한 것이지요.

고자는 버드나무나 물을 예로 듭니다. 버드나무를 잔으로 바꾸려면 버드나무를 인위적으로 구부려야 합니다. 고자는 인의 역시 버드나무를 구부리는 것과 같이 외부에서 주어지는 것이라고 생각합니다. 물도 마찬가지입니다. 물에는 정해진 길이 없으므로 물을 동쪽이나 서쪽으로 흐르게 만드는 것은 물의 본성이 아니라 외부의 힘이라는 것이지요. 이처럼 고자는 인성이 외부의 조건이나 환경에 따라 결정되는 것이지 그 자체로 이미 선한 것은 아니라고 봅니다.

맹자는 이런 생각에 반대합니다. 맹자는 인간이 본래부터 선한 존재라고 믿었습니다. 이 말은 인간이 '누구나 다 선하다'는 선언과 다릅니다. 만일 맹자가 이런 주장을 했다면 맹자 철학은 정신 나간 소리에 불과했을 것입니다. 모든 사람이 선하다면 세상이 이렇게 흘러오지 않았을 테니까요. 맹자의 말은 인간이 누구나 선한 싹을 가지고 태어난다는 것입니다. 맹자가 주장하는 것은 모든 사람이 선을 좋아하는 지향성, 선을 행할 수 있는 능력을 가지고 있다는 것입니다. 맹자는 이 마음의 지향성을 네 가지 도덕적 실마리로 나누어 설명합니다.

인으로 드러나게 될 마음의 싹은 측은지심, 즉 다른 사람의 고통을 안타까워하는 마음입니다. 의로 드러나게 될 마음의 싹은 수오지심, 즉 부끄러움을 느끼고 잘못을 미워하는 마음입니다. 겸손하게 예의를 지키는 마음인 사양지심은 예(禮)에, 옳고 그름을 가리는 시비지심은 지(智)에 연결되어 있습니다. 이 네 가지 마음의 실마리를 '사단(四端)'이라고 합니다. 맹자는 인간이 하늘로부터 명령을 받아 마음속에 인의예지(仁義禮智)를 실천할 수 있는 일종의 실마리, 즉 선의 경향성을 가진 존재라는 점을 굳게 믿었습니다.

그런데 인간이 본래 선한 싹을 가지고 태어난다는 사실을 어떻게 알 수 있을까요? 맹자는 고자를 비롯해 당대의 다른 학자들을 어떻게 설득시킬 수 있을까요? 맹자는 이 대목에서 중요한 사고 실험을 제안합니다. 지금 눈앞에 종아리 높이의 우물이 있다고 칩시다. 그런데 아장아장 걷는 아기가 우물 쪽으로 향하고 있습니다. 한두 걸음만 더 걸으면 우물에 그대로 떨어질 판입니다. 여러분이라면 어떻게 하실까요? 맹자는 이 질문을 모두에게 던집니다. 누구 한 사람이라도 이 아기를 외면할 사람이 있느냐는 것입니다. 맹자는 왜 모두들 아기를 구하려고 하는지 그 이유를 검토합니다. 아기를 구하는 이유가 그 아기나 부모를 알고 있거나 명예나 칭찬을 얻기 위해 혹은 악평이 싫어서는 아니겠지요.

맹자는 가능한 여러 이유들을 다 검토하고 최종적으로 결론을 내립니다. 사람에게는 누구나 다른 사람의 고통에 같이 아파하는 공감의 마음이 있다는 것이지요. 이것이 바로 측은지심입니다. 맹자는 다른 이의 고통을 외면하지 못하는 이 선한 마음의 실마리로부터 인간의 본성적 선함을 확신합니다. 가끔 선로에 떨어진 사람을 구하는 선한 시민들이 뉴스에 보도되곤 하는데요, 그런 경우 몸을 날릴 때 걸리는 시간이 0.2초라는 통계가 나왔다고 합니다. 거의 본능에 가까운 반응이라고 봐야겠지요. 맹자라면 당연한 이야기라며 반가워했을 결과일 겁니다.

사람에 대한 신뢰가 세상을 바꾼다

그런데 인간이 선하다는 선언이 왜 그토록 맹자에게 중요했을까요? 맹자를 비롯해 전국시대 사상가들이 인간의 본성에 대해 토론했던 것은 인성의 성격에 따라 사회 운영의 방법이 바뀌기 때문입니다. 만약 인간이 본래 악하다면 처음부터 강력한 법으로 악이 발현되지 않도록 막아야 하겠지요. 또 선과 악의 경향성이 사회적으로 결정된다면 사회적 조건이나 제도 외엔 사회를 운영할 방법이 없을 것입니다. 우리가 앞에서 보았던 '공유지의 비극'이나 '죄수의 딜레마' 상황처럼 인간의 이기심을 통제하기 위한 강력한 정부와 제도가 필요할 것입니다. 그러나 맹자는 다르게 생각합니다. 인간에게는 근본적으로 선한 행동을 할 싹이 있다고요. 강력한 법과 제도로 사람들을 통제하기보다는 인간에 대한 신뢰에서 비롯된 예의와 교육이 더욱 중요하다고 말이지요.

맹자 철학의 혁신성은 이런 곳에서 드러납니다. 맹자처럼 인간이 본래 도덕성을 타고난 존재라고 본다면 이런 사회에서 중요한 것은 강력한 법이나 제도가 아닐 것입니다. 선한 본성을 지키고 발현할 수 있는 최소한의 조건만 제공한다면 사람들은 외부의 강력한 통제 없이도 자기 본성만으로 편안하고 의미 있는 삶을 살 수 있겠지요. 개인을 통제하려는 강력한 힘 대신 자기 스스로 자기 삶과 인격을 책임지려는 노력이 중요할 것입니다. 맹자는 공자와 마찬가지로 자기 삶에 대한 책임과 성장을 강조합니다. 스스로 삶의 중심이 되어 다른 사람들과 관계 맺고 올바른 사람으로 살 수 있다는 것이지요. 이런 식으로 자기 삶의 주체적 책임을 가지는 개인이라면 법적·경제적 권리를 갖는 현대적 개인보다 어떤 면에서 더 절실한 개인이 아닐까요?

맹자의 통찰에 더욱 중요한 것이 있습니다. 그것은 맹자가 선한 마음의 발현을 타인의 고통을 이해하는 데서 찾는다는 것입니다. 사실 현대의 수많은 고통과 불화들 중 상당 부분은 타인의 고통에 공감하지 못하는 마음 때문에 생깁니다. 범죄나 사기처럼 타인의 생명과 생존을 위협하는 경우는 물론, 개발이라는 미명으로 다른 생명체의 생존권을 빼앗고 경제적 효율을 위해 누군가를 희생시키는 것도 모두 타인의 고통을 외면하는 일일 것입니다. 우리

사회는 이미 타인의 고통에 공감하는 능력을 상당 부분 잃었는지도 모릅니다.

맹자는 고통받는 타인에 무심하거나 타인의 고통에 공감할 수 없다면 아예 인간의 자격이 없다고 말합니다. 맹자에 따르면 범죄나 폭력만이 부도덕이 아닙니다. 타인의 고통에 대한 공감 능력을 잃어버리는 순간 우리는 이미 부도덕의 길로 들어서는 것입니다. 자기 본성을 외면하는 것임과 동시에 타인의 생존권을 빼앗는 일이니까요. 오직 누군가를 밟고 올라서야만 얻을 수 있는 행복이라면 그것은 행복이 아닐 것입니다. 함께 나눌 이가 없다면 그 어떤 기쁨도 행복도 결국 의미 없는 혼자만의 연극이 되는 것은 아닐까요. 자기 삶에 대한 책임과 타인에 대한 공감을 잃지 말라는 맹자의 조언이 우리 삶의 그늘을 덜어 줄지도 모릅니다.

우리가 맹자로부터 얻을 수 있는 교훈은 인간이 선한가 악한가의 확인에 있지 않습니다. 맹자의 통찰은 우리 삶에, 우리의 세계에 특별한 의미가 있고 여전히 유효합니다. 정치가 추구하는 목표는 '잘사는 사회'를 넘어서야 한다는 것이지요. 경제적 풍요만을 개인적·사회적 목표로 삼는다면 불필요한 무한 경쟁으로 결국 사회는 금이 가고 그것이 사회적 불안으로 이어질 수밖에 없습니다. 잘사는 사회가 아니라 제대로, 인간답게 사는 사회를 만들기 위해 맹자는 인간의 마음에 선천적으로 내장된 선한 마음, 타인의 고통에 공감하는 마음을 끌어냅니다. 고통받는 타인에게 공감하고 연대하는 것은 타자를 위한 것이 아니라 나를 위한 것일 수 있습니다. 이주 노동자, 결혼 이주자, 장애인, 노인 등 수많은 소수자들을 타자로 외면하는 사회에서는 나의 삶도 어느 순간 나락으로 떨어질 수 있고 또 외면당할 수 있습니다. 나도 누군가에게는 반드시 타자일 것이기 때문이지요. 타인의 크고 작은 고통에 공감하는 마음은 그와 나를 같은 존재로 보게 해 줄 거울이자 서로를 연결할 끈입니다. 맹자가 강조했던 측은지심이 바로 그 끈일 것 같군요.

4장

어떤 삶이
행복한 삶인가요?

행복의 길은 여기에,
아리스토텔레스에게 듣는 행복의 참뜻

홍석영

홍석영

서울대학교에서 공부하였고, 현재는 경상대학교 사범대학 윤리교육과에서 학생들을 가르치고 있다. 철학적 인간학, 서양윤리사상, 생명윤리학 등을 연구하고 있으며, 우리 모두 존엄한 인간으로서 어떤 삶을 살아야 할지에 관해 관심을 갖고 있다. 청소년들이 자신 안에 있는 최선의 것을 찾아 추구하는 삶을 살기를 바라면서 이번 원고를 썼다. 초사흘 달을 좋아하며 포근한 흙길 산책을 즐긴다.

이 글은 아리스토텔레스가 지은 《니코마코스 윤리학》을 풀어쓴 《니코마코스 윤리학, 아들에게 들려주는 행복의 길》(홍석영, 2005, 풀빛)을 토대로 하였다.

지난 설날 중학생이 된 조카가 저에게 다음과 같은 질문을 했습니다.

"삼촌, 삶이 너무 재미없어요. 모든 일이 다 귀찮고 부정적으로 보여 요. 다른 사람들은 행복하게 사는 것 같은데 저는 그렇지 않아요. 공 부를 하면 행복해질 수 있을까요? 진정한 행복은 과연 무엇일까요?"

이 질문을 받고 저는 조카에게 "네가 많이 컸구나! 그런 고민 을 하면서 성장하는 거야."라고 대답을 했지만, 조카가 궁금해하 는 내용에 대해서는 정작 자세히 말해 주지 않았습니다.

가만히 살펴보면 동서양의 많은 사상가들이 행복에 대해 이야기를 했습니다. 예를 들어 석가모니는 인생의 고통에서 벗어나 해탈하는 삶을, 예수는 신과 이웃을 사랑하는 삶을 행복한 삶이라고 했습니다. 한편 맹자는 부모님이 모두 살아 계시고 형제들이 무고한 것, 하늘을 우러러 부끄럽지 않고 사람들을 굽어보아 부끄럽지 않은 것, 천하의 영재를 얻어 가르치는 것을 군자의 세 가지 즐거움이라고 말했습니다.[1] 서양 고대의 위대한 사상가인 아리스토텔레스도 행복에 대해 깊이 숙고하였습니다. 그래서 오늘은 조카의 물음과 관련하여 아리스토텔레스가 전하는 행복 이야기를 들어 보고, 그의 이야기가 오늘날 우리 청소년의 삶에 주는 교훈을 알아보도록 하겠습니다. 이를 위해 우선 아리스토텔레스의 생애를 살펴보도록 하겠습니다.

아리스토텔레스의 생애

아리스토텔레스는 기원전 384년 그리스 북부 마케도니아의 작은 도시에서 태어났습니다. 아버지는 마케도니아 왕실의 궁중 의사였으며, 아리스토텔레스는 아버지의 뒤를 잇기 위해 의학 공부를 시작했습니다. 그러나 10살 무렵 아버지가 세상을 떠나고 그

---

1) 君子有三樂 … 父母俱存 兄弟無故 一樂也 仰不愧於天 俯不怍於人 二樂也 得天下英才
而敎育之 三樂也 –《맹자(孟子)》,〈진심(盡心)〉편.

는 친척들의 보호를 받았습니
다. 17살 때 더 많은 공부를
하기 위해 고향을 떠나 그
리스 반도 끝에 있는
아테네로 유학을
갑니다. 그곳에서
플라톤(기원전 428~
기원전 348)이 세운 아
카데미아에 입학해서 20
여 년간 공부를 했습니다.

그는 매우 훌륭한 학생이
어서 스승 플라톤으로부터 '책벌
레'라는 별명과 함께 '아카데미아의 천재'
라는 칭찬을 듣기도 했습니다. 아리스토텔레
스도 플라톤을 '신과 같은 존재'라고 말할 정도
로 매우 존경했습니다. 하지만 그는 스승과 학문적으로 같은 길을
걷지는 않았습니다. 플라톤의 사유 방식과 아리스토텔레스의 사
유 방식 간에는 차이가 있었습니다. 그래서 아리스토텔레스는 "진
리와 플라톤이 모두 다 소중하지만, 진리를 더 높이 존중하는 것
이 나의 숭고한 의무이다."라고 말하면서 자신이 깨달은 진리의
길로 나아갔습니다. 그는 플라톤이 죽은 후 아테네를 떠나 다른
도시국가에서 연구를 계속하였습니다. 41세에는 마케도니아로 초

빙되어 필립 대왕의 아들을 가르쳤습니다. 이 왕자가 후에 왕위에 올라 알렉산더 대왕이 됩니다. 알렉산더가 왕위를 계승하자, 아리스토텔레스는 스승으로서의 임무를 마치고 마케도니아의 지배하에 있던 아테네로 돌아왔습니다(49세).

아테네로 돌아온 그는 소크라테스가 사색하며 산책했다고 전해지는 아폴론 신전 부근의 숲에 자신의 학원 리케이온을 세웠습니다. 아리스토텔레스는 약 12년 동안 리케이온에서 교육하고 강의하며 자신의 사상을 발전시켰습니다. 여기서 아리스토텔레스와 그의 제자들은 숲 속의 산책로를 거닐면서 학문에 대해 토론했습니다. 아테네 사람들은 그런 광경을 기이하게 여기고는 그와 그의 제자들에게 '소요, 즉 산책하는 사람들'이라는 별명을 붙였습니다. 또한 그는 수백 권의 원고, 지도, 동식물 표본들이 소장되어 있는 거대한 도서관을 최초로 세우기도 했다고 전해집니다.

그런데 이러한 평온한 삶은 오랫동안 지속되지 않았습니다. 기원전 323년 알렉산더 대왕이 세상을 떠나자 마케도니아에 대한 반감이 아테네에 급속히 확산되었습니다. 이런 분위기 속에서 아리스토텔레스는 신성 모독죄로 법정에 고소되었습니다. 그는 신성 모독죄로 사형을 당한 소크라테스를 떠올리며, 아테네 시민들이 '다시 한 번 철학에 대해 죄를 저지르는 것을 막기 위하여' 자신은 떠난다는 말을 남기고 아테네를 떠났습니다. 그러나 그다음 해에 지병인 만성 소화 불량이 악화되어 62세로 세상을 떠났습니다(기원전 322). 그가 세운 리케이온은 플라톤의 아카데미아와 더불어 그 후 800년 이상 유지되었습니다. 아리스토텔레스가 이후 서양 사상사에 미친 영향은 매우 큽니다. 그래서 르네상스 시대 화가 라파엘로(1483~1520)는 교황의 명을 받아 〈아테네 학당〉을 그리면서 정중앙에 플라톤과 아리스토텔레스를 함께 그렸습니다.

아리스토텔레스는 십대에 부모를 잃고, 고향을 떠나 먼 곳으로 이주하여 공부를 했으며, 플라톤 사후에는 주변의 몇몇 도시국가를 돌아다녔고, 아테네에서 학원을 운영하고, 알렉산더 대왕 사후 아테네 법정에 고소되는 등 많은 어려움을 겪었습니다. 그러나 이런 많은 어려움 속에서도 학문에 대한 탐구를 지속하였습니다. 그가 탐구한 학문 분야는 문학, 정치학, 윤리학, 형이상학, 자

라파엘로, 〈아테네 학당〉

연과학 등 매우 광범위하며, 그가 정리한 책이 무려 400여 권에 달한다고 합니다. 그래서 그는 서양 학문의 창시자로 평가받기도 합니다. 그런데 오늘 우리는 '아리스토텔레스의 삶은 행복한 삶일까', '만약 행복한 삶이라면 그 이유는 무엇일까'와 같은 물음을 제기해 볼 수 있습니다. 앞으로 행복에 관한 그의 이야기를 들어 보면서 이 물음에 대한 답을 찾아보겠습니다.

아리스토텔레스가 들려주는 행복 이야기

라파엘로가 그린 아테네 학당의 정중앙에 푸른색 옷을 입고 오른손으로 세상을 가리키고 있는 아리스토텔레스는 왼손에 책 한 권을 들고 있습니다. 그 책의 제목은 에티카(Ethica)입니다. 에티카는 오늘날 영어의 ethics(윤리학)에 해당하는 말입니다. 아마도 라파엘로는 윤리학 책이 아리스토텔레스의 사상을 대표할 수 있다고 생각했나 봅니다.

아리스토텔레스가 쓴 윤리학 책은 오늘날 《니코마코스 윤리학》으로 불리고 있습니다. '니코마코스'는 아리스토텔레스의 아버지의 이름이면서 동시에 그의 아들의 이름입니다. 아버지를 존경한 아리스토텔레스가 아들에게 아버지의 이름을 붙여 준 것이 아닌가 생각합니다. 이 책은 리케이온에서 아리스토텔레스가 학생들에게 강의한 내용을 모은 것이며, 아들 니코마코스가 정리한 것으로 알려져 있습니다. 이 책은 윤리학이라는 이름이 붙은 서양 고전 중에 가장 오래된 책이라 할 수 있습니다. 오늘은 《니코마코스 윤리학》을 중심으로 행복에 대한 아리스토텔레스의 이야기를 들어 보도록 하겠습니다.

삶의 최고 목표이자 최상의 좋음으로서 행복

어떤 책이든 그 책의 첫 문장은 매우 중요한 내용을 담고 있습니다. 그렇다면 《니코마코스 윤리학》의 첫 문장은 어떻게 쓰여 있을까요? 이 책의 첫 문장은 다음과 같습니다.

인간의 모든 행위와 선택, 모든 기술과 탐구는 어떤 좋음(agathon)[2]을 목표로 하는 것 같다.(1094a1)[3]

이 문장에 나타난 바와 같이 아리스토텔레스는 인간의 모든 행위와 선택은 어떤 좋음을 목표로 한다고 보았습니다. 그런데 여러

---

2) 여기서 '좋음'으로 번역한 그리스어 '아가톤(agathon)'은 한 사물을 사물이게끔 해 주는 고유의 기능이나 본성의 완성을 의미한다. 이에 따르면 목공을 지속적으로 늘 잘하는 목수가 좋은 목수이며, 인간 고유의 기능이나 본성을 지속적으로 잘 수행하는 사람이 좋은 인간이다. 아가톤의 이러한 의미를 기억하고 앞으로 펼쳐질 아리스토텔레스의 행복 이야기를 들으면, 그의 이야기가 훨씬 더 잘 이해될 것이다.

3) 벡커(I. Bekker)가 편집한 아리스토텔레스 전집의 쪽수 표기 방식이다. '1094a1'에서 1094는 쪽수를, a는 a, b 두 단 중 왼쪽 단(a)과 오른쪽 단(b)을, 1은 행을 나타낸다. 번역은 이창우·김재홍·강상진이 옮긴 《니코마코스 윤리학》(길, 2011)을 참고하였다.

분은 이 생각에 동의하나요? 아마도 정말 그런가 하고 고개가 갸웃하기도 할 것입니다. 그러나 가만히 생각해 보면, 우리는 매순간 어떤 좋음을 목표로 행동하고 있음을 알 수 있습니다. 공부를 할 때 또는 운동을 할 때, 몸이 피곤하여 늦잠을 자거나 휴식을 위해 게임을 할 때도 우리는 어떤 좋음을 목표로 합니다. 이런 이유로 아리스토텔레스는 인간이 하는 모든 행위와 선택은 어떤 좋음을 목표로 한다고 생각한 것입니다. 아리스토텔레스의 이 주장은 그의 사상의 목적론적 특징을 나타내는 것으로 매우 중요합니다.

그러나 여기서 몇 가지 물음이 생깁니다. 우선 우리가 추구하는 목표는 한 가지일까 아니면 다양할까? 이 물음에 대해 아리스토텔레스는 "의술의 목표는 건강, 조선술의 목표는 배, 병법의 목표는 승리, 경제학의 목표는 부(富)"(1094a8-9)이듯이, 우리가 추구하는 목표는 다양하다고 주장합니다. 우리가 추구하는 목표가 이렇듯 다양한 이유는 인간이 다양한 활동을 하기 때문입니다. 즉 인간이 하는 활동의 종류가 다양하므로 그와 관련된 목표들도 다양하다는 것이 아리스토텔레스의 생각입니다.

둘째로 우리가 추구하는 다양한 목표들 간의 높낮이에 차이가 있을까 없을까? 즉 상위 목표와 하위 목표가 있을까? 이 물음에 대해 아리스토텔레스는, 예를 들어 말굴레와 같은 마구(馬具) 제작과 관계되는 기술들은 모두 말을 다루는 기술 아래 놓이며, 말 다루는 기술과 전쟁에서의 모든 기술들은 다시 병법 아래의 높이이듯이(1094a11-12), 우리가 추구하는 목표들 사이에는 당연히 하위 목표와 상위 목표가 있다고 답합니다.

이렇듯 우리가 추구하는 목표들 사이에 하위 목표와 상위 목표가 있다면, 목표 중 최고의 목표 즉 최상의 좋음이 있을 것입니다. 그렇다면 최상의 좋음은 무엇일까요? 이 물음에 답하기 위해 아리스토텔레스는 최상의 좋음이 갖는 특징을 먼저 살펴봅니다. 아리스토텔레스는 최상의 좋음은 "그 자체로 추구되는"(1097a32) 특징과 "자족적(自足的)인"(1097b7) 특징 두 가지를 가지고 있다고 말합니다. 최상의 좋음은 다른 어떤 것 때문이 아니라 그 자체로 추구된다는 말은 너무나도 당연한 말입니다. 만약 다른 어떤 것 때문에 추구되는 좋음이라면 그것은 최상의 좋음일 수 없습니다. 또한 최상의 좋음은 자족적입니다. '자족적'이란 다른 것의 도움 없이 그 스스로 넉넉하고 충분하다는 말입니다. 최상의 좋음은 다른 것의 도움을 필요로 하지 않으며 그 스스로 충분하다는 뜻입니다.

그런데 여기서 자족과 관련된 아리스토텔레스의 설명을 눈여겨볼 필요가 있습니다. 우리는 흔히 자족 그러면 나 혼자만의 넉넉함과 충분함을 생각합니다. 그러나 아리스토텔레스는 이런 생각에 동의하지 않습니다. 그가 말하는 자족은 혼자만의 것이 아니라 가족, 친구, 동료 시민들에게까지 확대되는 자족입니다. 자족의 범위를 이렇게 넓게 설정한 이유로 그는 "인간은 본성상 사회적 동물"(이 말은 여러분들이 많이 들어 보았겠지요!)이라는 사실을 제시합니다. 인간은 사회적 동물이므로 자족은 혼자만의 자족에 머무는 것이 아니라 그와 그를 둘러싼 모든 사람들의 자족으로 확대된다는 것입니다. 자족에 대한 아리스토텔레스의 생각은 한 개인이 고립된 채 자족에 머물려고 하는 우리의 관점을 넓혀 주는 것으로 매우 의미 있다고 생각합니다.

자! 이제 다시 최상의 좋음에 대한 이야기로 돌아가겠습니다. 그 자체로 추구되며 자족적인 특징을 가지는 최상의 좋음은 과연 무엇일까요? 이 물음에 대해 아리스토텔레스는 행복(eudaimonia)이 바로 이러한 특징을 지니고 있으며, 따라서 행복이 최상의 좋음이라고 답합니다.

> 우리는 행복을 언제나 그 자체 때문에 선택하지, 결코 다른 어떤 것 때문에 선택하지 않는다. 예를 들어 우리가 명예, 즐거움, 지성, 그리고 모든 덕을 선택하는 것은 물론 그 자체 때문이기도 하지만, 이것들을 통해 행복해질 것이라고 생각하며 행복을 위해서 선택하는 것이다.(1097b1-5) (…) 우리는 행복이 바로 그렇게 자족적인 것이라고 생각한다.(1097b15)

행복이 최상의 좋음이라는 점에 대해서는 그 당시에도 거의 대부분의 사람들이 동의했나 봅니다. 그래서 아리스토텔레스는 "최상의 좋음을 어떤 이름으로 부르는지에 관해서는 거의 대부분의 사람들이 동의하고 있다. 대중들과 교양 있는 사람들 모두 그것을 행복이라고 말하고, '잘 사는 것'과 '잘 행위하는 것'을 '행복하다는 것'과 같다고 생각하고 있다."(1095a17-19)라고 쓰고 있습니다. 여러분들도 "최상의 좋음 즉 삶의 최고 목표가 무엇이냐"는 질문을 받는다면, 여러 대답들을 하겠지만, 결국에는 행복이라고 말할 것입니다.

그렇다면 여러분은 언제 행복을 느끼나요? 우리가 행복을 느끼는 경우는 다양합니다. 예를 들어 우리는 맛있는 음식을 먹을 때도 행복을 느낄 것이고, 친구와 사이좋게 놀 때도 행복을 느낄 것이며, 내가 응원하는 야구팀이 경기에서 이길 때도 행복을 느낄 것입니다. 이렇듯 우리가 행복을 느끼는 경우는 다양합니다. 그리고 심지어는 같은 경우일지라도 어떤 때는 행복으로 여기기도, 다른 어떤 때는 행복으로 여기지 않을 수도 있습니다. 예를 들어 배가 고플 때 음식은 우리에게 행복을 주지만, 배가 부를 때 그것은 우리에게 행복을 주지 못합니다. 따라서 언제 행복하냐는 물음에 대해서 사람들은 다양한 대답을 합니다.

아리스토텔레스가 살던 시절도 마찬가지였습니다. 아리스토텔레스는 '어떤 삶이 행복한 삶인가'라는 물음에 대한 일반인들의 대답을 다음과 같이 정리합니다. 어떤 사람들은 경제적으로 여유 있는 삶을, 또 다른 사람들은 향락적인 삶을, 또 다른 사람들은 명예로운 삶을 행복한 삶이라고 대답합니다. 그러나 과연 이 사람들이 생각하는 것이 최상의 좋음으로서의 행복한 삶이 될 수 있을까요?

이에 대해 아리스토텔레스는 검토를 시작합니다.

　우선 경제적으로 여유 있는 삶에 대해서, 그는 돈은 그 자체가 목표가 아니라 "다른 어떤 것을 위해서 유용할 따름이"(1096a6)므로 최상의 좋음의 첫 번째 특징, 즉 그 자체로 추구되는 특징을 충족시키지 못한다고 말합니다. 따라서 경제적으로 여유 있는 삶은 우리에게 행복을 줄 수는 있지만 그 자체로 최상의 좋음이 될 수는 없습니다. 둘째로 향락적인 삶에 대해, 아리스토텔레스는 일반적으로 사람들은 즐거움 즉 향락을 행복이라고 생각하는데, 그러한 생각에 일리가 없는 것은 아니지만, 향락적인 삶은 결국 "짐승들의 삶을 택하여 완전히 노예와 다름없음을 보여 주는"(1095b20) 것이라고 비판합니다. 즉 향락적인 삶이 행복을 주기는 하지만 그것은 인간적인 삶의 행복이기보다는 짐승들의 삶이 주는 행복이며, 따라서 향락적인 삶이 주는 행복은 최상의 좋음일 수 없다는 것입니다. 셋째로 명예로운 삶에 대해서 아리스토텔레스는 "교양 있는 사람이나 실천적인 사람"이 명예를 선택하지만, "명예는 명예를 받는 사람보다 수여하는 사람에게 더 의존"(1095b25)하므로 최상의 좋음의 두 번째 특징인 자족의 특징을 만족시키지 못합니다. 즉 명예는 자족적이지 못하고 명예를 주는 사람에게 의존하므로 명예로운 삶은 최상의 좋음이 될 수 없다는 것입니다. 이러한 검토를 통해 아리스토텔레스는 사람들이 일반적으로 행복이라고 생각하는 경제적 여유, 향락, 명예가 최상의 좋음으로서의 행복이 될 수 없음을 설명합니다.

그렇다면 최상의 좋음으로서 행복한 삶은 과연 어떤 삶일까요? 아리스토텔레스는 이 물음에 대한 답을 인간의 기능과 연관 지어 제시합니다.

> 행복이 무엇인지를 보다 분명하게 이야기하는 것이 요구된다. 그런데 인간의 기능이 무엇인지 파악된다면, 아마 이것이 이루어질 것이다. 피리 연주자와 조각가 그리고 모든 기술자에 대해서, 또 일반적으로 어떤 기능과 해야 할 행위가 있는 모든 사람에 대해서, 그것의 좋음과 잘함은 그 기능 안에 있는 것처럼 보인다. 그처럼 인간의 경우에도 인간의 기능이 있는 한, 좋음과 잘함은 인간의 기능 안에 있을 것이다.(1097b24-28)

그렇다면 인간은 어떤 기능들을 가지고 있을까요? 아리스토텔레스는 인간이 가지고 있는 기능을 크게 셋으로 나눕니다. 첫째는 '영양을 섭취하고 성장하는' 기능이고, 둘째는 '감각과 운동' 기능이며, 셋째는 '이성'의 기능입니다. 이 중에서 인간 고유의 기능은 무엇일까요? 이 물음에 대한 대답은 명백하리라 생각합니다. 영양을 섭취하고 성장하는 기능은 식물과 동물을 포함한 모든 생명체가 공유한 기능이며, 감각과 운동 기능은 동물과 공유한 기능입니다. 따라서 이 두 기능을 인간 고유의 기능이라 할 수 없습니다. 결국 인간 고유의 기능은 이성의 기능입니다. 그리하여 아리스토텔레스는 이성의 기능을 탁월하게 수행하는 삶이 좋은 삶이며 행복한 삶이라고 말합니다.

인간을 이성적 동물(이 말도 여러분들이 많이 들어 보았겠지요!)이라고 말하듯이 이성은 인간 고유의 것이며, 인간 안에 있는 것 중 최고의 것입니다. 이성은 본성상 인간의 모든 활동을 지배하고 이끕니다. 인간은 이성을 가지고 있기 때문에 항상 생각하고 판단하며 행위할 수 있습니다. 이성은 인간 안에 있는 것들 중 최고이며, 이성이 상대하는 대상 또한 앎의 대상들 중 최고입니다. 따라서 이성을 통해 인간은 고귀하고 절대적인 것들을 이해할 수 있습니다.

그렇다면 이성의 기능을 탁월하게 발휘하는 삶은 어떤 삶일까요? 이 물음에 대해 아리스토텔레스는 그 삶은 바로 지혜에 따르는 삶, 즉 지혜를 사랑하는 삶이라고 말합니다. 아리스토텔레스가 말하는 지혜는 보편적 진리를 말합니다. 진리를 추구하고 지혜를 사랑하는 삶은 그 진지함에 있어 특별합니다. 진리와 지혜는 그 자체 이외의 다른 어떤 목적도 추구하지 않습니다. 인간은 지혜를 사랑하는 삶을 지속적으로 수행할 수 있습니다. 지혜를 사랑하는 삶은 순수성이나 견실성에서 매우 큰 즐거움을 인간에게 줍니다. 따라서 지혜를 사랑하는 삶이 가장 행복한 삶입니다.

행복한 삶을 향하여

우리는 흔히 공부에서 벗어나 놀이를 할 때 행복하다고 말합니다. 아리스토텔레스가 살던 시절에도 이런 생각을 가진 사람들이 있었나 봅니다. 그래서 아리스토텔레스는 놀이와 행복의 관계에 대해서도 이야기합니다. 그의 이야기를 한번 살펴볼까요! 그는 놀이도 그 자체로 선택할 만한 것들 중 하나로 보이지만, 놀이가 최상의 좋음으로서의 행복은 될 수 없다고 주장합니다. 왜냐하면 우선 놀이를 통해 우리는 그것으로부터 도움을 받기보다는 오히려 몸과 재산을 소홀히 함으로써 손해를 보기

때문입니다. 지나친 놀이는 우리의 몸과 마음을 지치게 합니다. 지나친 놀이로 우리가 본래 계획했던 중요한 일을 하지 못하는 경우도 있습니다. 둘째로 놀이는 휴식과 같은 것입니다. 휴식은 그 자체가 목적이 될 수 없습니다. 우리는 일을 계속할 수 없기 때문에 휴식을 필요로 합니다. 휴식은 더 중요한 활동을 잘하기 위해서 있는 것입니다. 그래서 고대 성현 중 한 사람은 "진지한 활동을 할 수 있도록 놀이한다."고 말하기도 했습니다. 단지 놀이를 위해서 열심히 노력하고 수고를 감내한다는 것은 한심하고 어리석은 짓입니다. 결국 놀이는 우리에게 최상의 좋음으로서의 행복을 주지는 못합니다.

행복은 진지함을 동반하는 삶이지 놀이에서 성립하는 것은 아닙니다. 행복은 덕에 따른 활동 속에서 성립하는 것입니다. 그리고 인간이 추구해야 하는 덕 중 최고의 덕은 이성의 탁월성입니다. 인간은 이성을 가진 존재이며, 이성은 본성상 우리의 활동을 지배하고 인도합니다. 따라서 이성에 따르는 활동, 즉 지혜를 사랑하는 활동이 완전한 행복입니다. 행복에는 즐거움이 담겨 있어야 하는데, 지혜를 사랑하는 활동은 우리에게 가장 큰 즐거움을 제공합니다.

지금까지 살펴본 바와 같이 아리스토텔레스는 인간 고유의 기능인 이성의 기능을 잘 발휘하는 삶, 즉 지혜를 사랑하는 삶을 인간으로서 가장 행복한 삶이라고 말하였습니다. 이러한 아리스토텔레스의 주장에 여러분은 동의합니까? 동의하는 사람도 있고 동의하지 못하는 사람도 있을 것입니다. 아마 아리스토텔레스가 살던 시절에도 그랬나 봅니다. 그래서 아리스토텔레스는 지혜를 사랑하는 삶을 살기 위해 우리가 해야 할 노력에 대해 다음과 같이 이야기합니다.

"인간이니 인간적인 것을 생각하라." 혹은 "죽을 수밖에 없는 운명이니 죽을 수밖에 없는 것들을 생각하라."고 권고하는 사람들을 따르지 말고, 오히려 우리가 할 수 있는 데까지 우리들이 불사불멸의 존재가 되도록 우리 안에 있는 것들 중 최고의 것에 따라 살도록 온갖 노력을 기울여야만 한다.(1177b31-33)

즉 우리 안에 있는 것들 중 최고의 것을 따라 살도록 모든 노력을 나한다면 우리는 행복한 삶을 살 수 있다는 것입니다. 자, 그렇다면 이제 우리는 자신 안에 있는 것 중 최고의 것이 무엇인지 생각해 보고 그것을 이루기 위한 노력을 해야겠지요! 이것이 바로 아리스토텔레스가 청소년 여러분에게 들려주는 행복 이야기입니다.

그렇다면 우리는 구체적으로 어떤 노력을 해야 할까요? 지혜를 사랑하는 삶을 살기 위해 우리는 먼저 보편적 진리에 대해 탐구해야 합니다. 보편적 진리를 탐구하기 위해 우리는 동서양의 고전을 폭넓게 읽고 그 의미를 되새겨 볼 필요가 있습니다. 이와 관련하여 특히 저는 아리스토텔레스가 자신의 학원 리케이온에서 행한 공부법 중 '산책하며 사색하고 토론하기'를 권해 봅니다. 고전을 읽은 후, 홀로 걸으며 사색하고, 친구와 걸으며 토론하다 보면 어느덧 진리와 지혜의 세계로 다가가 있지 않을까 생각합니다.

5장

왜 내가 올바르게 살아야 하나요?

소크라테스와 함께
올바른 국가, 올바른 사람을 찾아서

●

송재범

강자의 이익이 올바른 거거든!!

송재범

도덕교육 분야로 박사학위를 받았다. 그런데 논문 내용이 비도덕적 행위의 유형 분석이다. 동문들이 '도덕'이나 '윤리'라는 주제로 연구할 때 무모하게 '비도덕'을 찾아 나섰다. 도덕적인 삶을 위해 오늘도 비도덕의 세계를 탐색한다. 그래서 내 이름이 '초범'이 아닌 '재범'인가 보다. 현실과 타협하면서도 머리로는 이상사회를 그린다. 제대로 실천하진 못해도 바른생활 사나이를 꿈꾼다. 그래서 플라톤의 《국가》를 '올바름을 향한 끝없는 대화'로 읽었다. 서울대학교 윤리교육과를 졸업하고 같은 대학원에서 교육학 박사학위를 받았다.

이 글은 플라톤이 지은 《국가》를 풀어쓴 《국가, 올바름을 향한 끝없는 대화》(송재범, 2005, 풀빛)를 토대로 하였다.

우리가 초등학교에 들어가 처음 배우는 과목이 있죠. 바로 〈바른 생활〉입니다. 그만큼 착하게 사는 법, 올바르게 사는 법이 가장 중요하다는 이야기일 거예요. 그렇다면 올바르다는 게 대체 뭘까요? 이 궁금증을 풀어 가기 위해 플라톤이 쓴 《국가》를 이야기해 보려고 합니다. 플라톤의 《국가》는 우리가 궁금해하는 바로 그 올바름을 탐구하는 책이기 때문이지요.

이 책의 주요 단어인 'justice'는 일반적으로 '정의(正義)'로 말해지지만, 플라톤이 우리에게 던져 주고자 하는 의미는 '올바름'이라고 이해할 수 있을 것입니다. 즉, '정의'는 올바름으로, '불의(不義)'는 '올바르지 못함'으로 이해하면 되는 것이지요.

《국가》는 플라톤의 스승인 소크라테스와 몇 사람이 함께 대화하는 형식으로 올바른 국가와 올바른 사람에 대해서 탐구하고 있습니다. 실제 저자인 플라톤은 대화자 속에 등장하지 않으며, 대화에서 소크라테스는 우리에게 올바른 삶을 요구하고 있습니다. 그는 올바른 삶이 무엇인지를 찾기 위해 먼저 가상적인 올바른 국가를 만들어 보는데, 국가를 구성하는 세 개의 집단 구성원들이 서로 각자의 본분에 맞게 제 역할에 최선을 다하고 화합할 때 올바른 국가가 된다는 결론을 내립니다. 그리고 이 결론을 사람에게도 적용하여 한 개인에게 있는 이성, 격정, 욕구의 세 부분이 조화롭게 유지되고 화목한 상태에 이를 때 올바른 사람이라고 합니다. 이제 이러한 결론에 이르기까지 소크라테스가 어떤 논리를 펼치고 있는지를 다음과 같은 질문을 던지면서 살펴봅시다.

첫째, 올바름, 올바른 국가, 올바른 사람이란 무엇인가? 둘째, 올바른 사람이 그렇지 못한 사람보다 이익을 얻고 행복할까? 셋째, 소크라테스가 꿈꾸는 올바른 국가와 사람은 현실에서 가능한가?

무엇이 올바른 것인가요?

우리는 일반적으로 거짓말은 올바르지 못하다고 인정합니다. 그럼 '거짓말은 올바르지 못하다.'라고 인정하는 근거는 어디에 있을까요? 이것은 '어떤 행위는 올바른 행위이고 어떤 행위는 올바르지 못한 행위이다.'라고 판단할 때 그 판단의 기준이 무엇이냐에 대한 질문입니다. 이 올바름의 기준에 대하여 목적론적 윤리설과 의무론적 윤리설이라는 두 가지 입장이 있습니다. 여러분에게 어려울 수도 있는 용어이지만 이 기회에 한번 배워 볼까요?

목적론적 윤리설에 따르면, 모든 사람에게는 실현하고자 하는 인생의 궁극적인 목적이 있습니다. '인생의 궁극적인 목적이 무엇이냐?'에 대해서는 사상가들마다 서로 다르게 대답합니다. 예를 들어 아리스토텔레스는 행복을, 그린(T. H. Green)은 자아의 실현을, 벤담(J. Bentham)은 최대다수의 최대행복을 인생의 목적으로 삼았습니다. 이 입장에서는 원하는 목적을 많이 달성하는 행위가 도덕적으로 옳은 행위입니다. 즉, 행위의 옳고 그름은 추구하는 목적에 좋은 결과를 가져오느냐 나쁜 결과를 가져오느냐에 따라 결정됩니다. 아리스토텔레스의 입장에서 본다면 불행보다는 행복을 많이 가져다주는 행위가 올바른 행위입니다.

의무론적 윤리설에 따르면, 인간에게는 누구나 지켜야 하는 도덕적 의무가 있습니다. 그런데 이러한 의무 또는 법칙은 인간이 편의에 따라 정할 수 있는 것이 아니라, 인간에게 선천적으로 주어진 것입니다. 이 의무가 무엇인가도 사상가들마다 서로 다른데, 칸트(I. Kant)는 절대적 도덕법칙을, 프라이스(R. Pricce)는 6가지 기본 원칙을, 모어(H. More)는 23개의 도덕법칙을 제시하고 있습니다.

이 입장에서 행위의 옳고 그름에 대한 판단은 쉽습니다. 정해진 의무에 부합하는 행위는 옳은 행위이고 위반되는 행위는 옳지 못한 행위가 되기 때문입니다. 의무론자에게 중요한 것은 목적론자들처럼 행위의 결과가 아니라, 행위의 종류입니다. 어떤 행위가 도덕적 의무에 부합하는 종류의 행위인지, 위반되는 행위의 종류인지의 판단이 중요하다는 이야기지요.

올바르게 살기 위해서는 올바름(올바른 것)이 무엇인지를 알아야 합니다. 이런 올바름의 근거를 찾으려는 많은 사상들이 있었고, 이런 탐구는 앞으로도 계속될 것입니다. 다만 이런 노력들을 보면서 한 가지 바라는 것이 있습니다. 많은 사상가들이 제시한 근거가 서로 달라서 과연 어떤 것을 따라야 할지 모르겠습니다. 목적론자들마다 내세우는 인생의 목적이 다르고, 의무론자들이 제시하는 도덕적 의무도 너무 많습니다. 제발 서로 합의를 통해 통일된 하나의 근거를 만들어 줄 수는 없을까요?

그렇다면 《국가》에서는 무엇을 올바름이라고 했을까요? 대화자 중의 한 사람인 폴레마르코스는 올바름을 '각자에게 갚을 것을 갚는 것'이라고 규정합니다. 구체적으로는 '친구는 이롭게 하되 적은 해롭게 하는 것'이라고 말합니다. 그러나 소크라테스는 올바른 사람이 남을 해롭게 한다는 것은 있을 수 없다고 하면서, 폴레마르코스의 주장을 반박합니다.

다음으로 등장한 트라시마코스는 올바름이란 '강자(통치자)의 이익'이라고 규정합니다. 강자가 권력을 장악하면 자신에게 이익이 되는 법률을 제정하여 약자(통치받는 자)들에게 따르라고 한다는 것입니다. 오늘날 강한 자, 강한 국가의 논리가 세상을 지배하는 것을 보면 강자의 이익이 올바름이라는 트라시마코스의 주장은 아주 현실적인 것으로 보이기도 합니다. 간혹 역사 속에서 독재(절대) 정권이 나타나 '내가 곧 정의이고 진리다.'라고 했던 경우를 본 적이 있지 않나요?

이에 대해 소크라테스는 진정한 통치자는 자기의 이익을 생각하지 않고 통치 받는 사람들의 이익을 생각한다면서 이러한 주장을 물리칩니다. 올바른 국가와 사람에 대한 본격적인 이야기를 시작하기 전에, 올바름 자체가 무엇이냐를 놓고 대화 초반부터 서로 난타전을 벌이고 있습니다.

어떤 국가가 올바른 국가예요?

현재 지구상에는 200개가 넘는 국가가 있습니다. 국가의 규모나 형태도 각양각색이고, 사라지는 국가가 있는 반면 새로운 국가가 탄생하기도 합니다. 그런데 인류가 국가라는 생활공동체를 만들었을 때는 사람들이 바라는 바람직한 국가의 모습이 있을 것입니다. 많은 사상가들이 과연 어떤 나라가 올바른 국가인가, 어떤 나라가 살기 좋은 나라인가의 문제를 가지고 고민했습니다.

이런 고민을 대표하는 사상이 플라톤의 《국가》와 토마스 모어의 《유토피아》입니다. 플라톤과 토마스 모어가 그리고 있는 국가와 유토피아의 모습은 일부 차이점이 있지만, '이런 세상에서 한

번 살아 보고 싶다.'라는 인류 공통의 열망이 담겨져 있다고 할 수 있습니다. 이에 그들의 사상은 이상주의라고 불리며 유토피아 (utopia)의 말 뜻대로 '어디에도 없는 땅'이 될 수도 있습니다. 이제 이러한 우리의 열망을 안고 소크라테스가 올바른 국가의 모습을 어떻게 그리고 있는지 살펴봅시다.

소크라테스는 국가를 세 계급으로 구성합니다. 국가를 다스리는 통치계급, 국가를 지키는 수호계급(전사), 생산과 생업에 종사하는 시민계급이지요. 그리고 올바른 국가가 실현되기 위해서는 세 가지 덕목이 필요합니다. 즉, 통치자들의 지혜, 수호자들의 용기, 그리고 시민들의 절제입니다. 여기서 올바른 국가란 세 계급의 사람들이 자신에게 주어진 것들에 만족하고 저마다 자신에게 맡겨진 일을 충실히 하는 것이라는 결론을 내립니다. 한마디로 국가를 구성하는 세 집단이 각자 제구실을 다하고 조화를 이룰 때 올바른 국가가 된다는 것입니다.

그런데 소크라테스가 이러한 국가의 계급 중에서 특히 신경을 쓴 부분은 통치계급입니다. 통치계급이 제대로 되어야 나라가 제대로 운영될 수 있다고 보았기 때문입니다. 그는 통치계급이 물질이나 개인적 이해관계를 갖게 되면 올바로 된 정치를 할 수 없다고 보았습니다. 인류 역사에서 지도자를 잘못 만나서 한 국가가 흥망성쇠하는 것을 보면 그의 고민이 충분히 이해됩니다.

통치계급의 사심 없는 정치를 구현하기 위하여, 소크라테스가 내세운 방법은 조금 과격합니다. 그는 훌륭한 통치자를 양성하기 위해 통치계급이 될 소질이 있는 사람들을 어려서부터 선발해서 많은 교육과 훈련 등을 거치게 합니다. 여기까지는 상식적으로 이해가 갑니다. 그런데 통치자 양성 과정을 밟는 사람들은 공동생활을 하며 사유재산도 갖지 못하고 쾌락도 누리지 못합니다. 더구나 그들은 특정 남자와 여자가 개인적으로 동거하지 못하며, 아이들도 공유하게 되어 있습니다. 한마디로 개별 가정이 인정되지 않는 집단 혼숙입니다.

어떻게 이런 일이! 이렇게 되면 누가 내 아버지인지, 내 자식인지를 모릅니다. 상식적으로는 받아들이기 힘든 참으로 난감한 이야기입니다. 다만 이런 과격한 주장은, 통치자의 사적인 소유로 인해 국가의 공적인 이익이 훼손되는 것을 막고자 한 소크라테스의 강력한 의지 표현이라고만 평가를 내립시다.

이러한 공동생활과 혹독한 훈련을 거쳐 탄생하는 통치자가 바로 철인(哲人, 철학자)입니다. 소크라테스는 철인이 통치하는 국가만이 올바른 국가가 될 수 있다고 합니다. 지금까지 훌륭한 국가, 올바른 국가가 나오지 못한 이유는 철인이 지배하지 않기 때문이라고 말합니다. 여기에서 그의 독특한 철인정치 사상이 나타납니다. 그렇다면 그가 말하는 철인은 어떤 사람일까요?

철인은 지혜를 사랑하는 사람입니다. 그리고 지혜를 사랑하는 사람은 '각각의 존재하는 것 그 자체'를 반기는 사람입니다. 그렇다면 '각각의 존재하는 것 그 자체'란 무엇일까요? 여기서 이데아(Idea) 사상이 나타납니다. 소크라테스는 각각의 존재하는 것 그 자체를 이데아라고 부릅니다. 이데아는 이 세상 모든 사물과 존재가 갖고 있는 본모습 또는 참모습으로, 감각기관이 아니라 지성으로 볼 수 있습니다.

쉽게 설명하자면 이데아는 다음과 같은 것입니다. 여러분은 학교에 많은 친구들이 있습니다. 김바름, 이성실, 박정직 등이 친구라고 합시다. 바름이도 사람이고, 성실이와 정직이도 또한 사람입니다. 그런데 우리가 이 세 사람을 '사람'이라고 부르는 이유는, 이들에게 사람이라고 부르게 하는 어떤 공통된 요소가 있기 때문입니다. 예를 들면 '말을 하고 이성을 가지고 있는 존재'와 같은 것 등입니다. 여기서 중요한 것은 그 공통된 요소가 무엇이든지 간에 바름이, 성실이, 정직이를 다 같이 사람이라고 부르게 되는 근본 이유, 즉 사람으로서의 어떤 본질이 있다는 것입니다.

이렇게 세상 모든 만물에는 그것의 본질 또는 존재 근거로서 이데아를 갖고 있는데, 그 많은 이데아 중에서도 최고의 이데아는 '선(善)의 이데아'입니다. 소크라테스에 의하면, 선의 이데아란 모든 존재들의 근거이고 모든 존재를 움직이게 하는 원동력이며, 모든 이데아들이 지향하는 이상적인 목표입니다. 한마디로 다른 이데아와는 격(格)이 다른 이데아 중의 이데아라고 할 수 있어요.

그렇다면, 이러한 이데아 사상을 통해 소크라테스가 우리에게 요구하는 것은 무엇일까요? '인간들이여, 눈에 보이는 현실의 세계를 추구하지 말고, 눈에 보이지 않는 진정한 진리의 세계, 즉 이데아의 세계를 추구하라.'라는 것입니다. 그리고 이렇게 본질의 세계, 이데아의 세계, 선의 이데아를 제대로 파악하고 추구하는 사람이 철인입니다. 이런 사람이 통치자가 되어야 훌륭하고 올바른 국가, 이상 국가가 될 수 있습니다. 여러분 중에서 우리나라를 살기 좋은 나라로 만들겠다며 정치지도자를 꿈꾸는 사람이 있다면, 그 과정이 얼마나 힘들고 어떤 능력과 자세를 갖고 있어야 하는지 잘 알겠죠? 철인이 될 자신이 있나요?

올바른 사람이 이익을 얻고 행복할까요?

자, 이제 올바른 국가를 살펴보았으니 올바른 사람으로 가 볼까요? 과연 소크라테스는 어떤 사람을 올바른 사람으로 보았을까요? 이에 대한 《국가》의 대화는 서로 꼬리를 물고 이어져 혼란스러우니 먼저 결론부터 말하겠습니다. 소크라테스는 국가에 세 집단이 있듯이 한 개인의 영혼에도 이성, 격정, 욕구의 세 부분이 있다고 주장합니다. 그리고 영혼의 세 부분이 이성의 통제에 따라 조화를 이룬 다음과 같은 상태가 올바른 사람(올바름)이라고 최종 결론을 내립니다.

> 올바름이란 자신을 잘 조절하고 스스로 자신을 지배하여 마치 음계의 세 음정(최저음·중간음·최고음)처럼 전체가 조화를 이루는 것이지. 이렇게 절제 있고 조화된 하나의 인격이 생긴 뒤에야 무슨 행동이든 할 수 있어.

그리고 여러 가지 이유를 들어 소크라테스는 올바른 사람이 그렇지 못한 사람보다 이익을 얻고 행복하다고 주장합니다. 그러나 대화자의 한 사람인 글라우콘은 세상 사람들은 그렇게 생각하지 않는다고 소크라테스를 몰아 부칩니다. 그러면서 다음과 같은 이야기를 들려줍니다.

옛날에, 양치기 기게스(Gyges)의 한 조상이 있었다. 어느 날 큰 지진과 함께 땅이 갈라졌는데, 그가 갈라진 틈으로 내려가 보니 커다란 시체가 있었다. 아무것도 걸치지 않은 그 시체의 손가락을 보니 금반지 하나가 있었다. 양치기는 얼른 그 반지를 빼 가지고 밖으로 나왔다. 그리고는 양치기들이 매달 갖는 모임에 그 반지를 끼고 갔다. 그런데 그가 우연히 반지를 안쪽으로 돌렸더니, 갑자기 함께 있던 사람들이 마치 그가 그 자리에 없는 것처럼 얘기하는 것이 아닌가. 이에 놀라 다시 반지를 바깥쪽으로 돌렸더니 그가 보이게 되었다. 그는 반지의 힘을 다시 시험해 보았는데, 역시 반지를 안쪽으로 돌리면 그가 보이지 않고, 바깥쪽으로 돌리면 보였다. 이를 확인한 그는 왕에게 가는 사신들 틈에 끼어 왕궁으로 가서 왕비와 간통을 한 뒤에, 왕비와 함께 왕을 살해하고서 왕국을 장악했다.

글라우콘은, 만약 이러한 반지가 두 개 있어서 올바른 사람과 올바르지 못한 사람이 한 개씩 갖는다면, 두 사람 모두 같은 행동을 할 것이라고 주장합니다. 이런 경우 올바름을 지킨다고 해서 이익이 돌아오는 것은 아니라는 것이죠.

참으로 집요한 추궁입니다. 여기에서 글라우콘이 소크라테스에게 요구하는 핵심은 이것입니다. 올바름이 추구해야 할 마땅한 것이긴 하지만, 올바름으로 인해 생기는 이익 때문이 아니라 올바름 그 자체로서 좋은 것임을 입증해 달라는 것입니다.

이에 대해 소크라테스의 답변은 단호합니다. 소크라테스에 의하면, 올바르지 못함이 이익이 된다고 주장하는 사람들은 인간 영혼의 욕구와 격정 부분이 이성적 부분을 압도하는 것이라고 주장하는 것과 같습니다. 그가 "몰래 올바르지 못한 짓을 하고서도 처벌을 받지 않는 것이 어떻게 이익을 가져다주겠는가? 발각되지 않은

마이 프레셔스

사람은 한결 더 사악해지지 않겠는가?"라고 반문한 이유가 여기에 있습니다.

우리는 거짓말을 하는 경우가 있습니다. 그런데 거짓말은 소크라테스식으로 말하면 인간 영혼의 욕구와 격정 부분이 이성 부분을 지배한 것입니다. 영혼의 세 부분이 조화를 이루지 못한 것이죠. 따라서 거짓말은 올바르지 못한 행위이겠죠? 여러분은 거짓말을 하면 마음이 불편하지 않나요? 거짓말을 하는 것이 여러분에게 이익이 되고 여러분을 행복하게 할까요?

왜 올바르게 살아야 하나요?

앞에서 글라우콘은 기게스 반지의 예를 들면서, 올바른 사람이나 올바르지 못한 사람 모두 자기 이익 앞에서는 똑같은 행위를 한다고 주장했습니다. 애석하게도 오늘날 우리가 살아가는 현실에서 기게스의 반지를 갖고도 정직하고 성실하게 자기의 힘만으로 세상을 살아갈 사람은 많아 보이지 않습니다. 그럼에도 불구하고 소크라테스는 올바른 삶이 중요하다고 주장하면서 올바름 자체가 무엇인지, 그리고 올바른 국가와 사람이 무엇인지를 탐구해 왔습니다.

그렇다면 여기서 다음과 같은 근본적인 질문을 한번 던져 봅시다. 좋다. 이제 나는 올바름이 무엇이고 올바른 국가와 올바른 사람이 무엇인지도 알았다. 그런데 왜 나는 꼭 올바르게 살아야 하는가? 다른 말로 표현하면 나는 왜 도덕적으로 살아야만 하는가?

이것은 꼭 올바르게 살아야 할 이유, 도덕적으로 살아야 할 이유가 어디에 있는가를 묻는 근본적 질문입니다. 그리고 '왜 올바르게 살아야 하는가?'라는 질문은 '올바름과 자기 이익이 대립할 때, 왜 올바름을 자기 이익보다 더 중요하게 여겨야 하는가?'라는 질문과 같은 의미라고 할 수 있습니다.

이러한 질문에 대하여 우리가 일반적으로 준비하고 있는 답변은 이른바 보편적 이기주의의 역설입니다. 보편적 이기주의의 역설에 따르면, 올바름과 자기 이익이 대립할 때 모든 사람이 자기 이익을 더 중시한다면 모든 사회 질서가 붕괴됩니다. 이러한 사회에서 모든 사람은 자신의 이익만을 추구하며, 모든 사람은 끊임없이 다른 사람을 두려워합니다. 모든 사람이 자기 이익만을 추구하는 사회에서는 역설적으로 아무도 자기가 원하는 이익을 얻을 수 없다는 것이 보편적 이기주의의 역설입니다.

이렇게 볼 때 '왜 올바르게 살아야 하는가?'라는 질문에 대한 답변은 분명해 보입니다. 올바르게 살아야만 개인의 행복과 함께 모든 사람의 행복을 확보할 수 있기 때문입니다. 사람들이 올바르고 도덕적일 때 모든 사람끼리 신뢰할 수 있고, 이를 바탕으로 진정한 자기 이익을 추구할 수 있기 때문입니다.

그러나 이렇게 만족스러워 보이는 답변도 약점이 있습니다. 모든 사람의 이익을 위해서 모두 올바르게 살아야 하는 것을 인정하지만, 꼭 '내가' 올바르게(도덕적으로) 살아야만 하는가라고 물을 수 있다는 것입니다. 모든 사람의 올바른 행위가 필요함을 인정하면서도 '나 하나쯤 올바르지 못하다고 해서 세상이 어떻게 되나?'라고 생각하는 사람이 있지 않겠습니까?

이렇게 '왜 모든 사람들이'가 아니라 '왜 내가' 올바르게 살아야 하는가라는 질문에 대해서 많은 사상가들이 도달한 결론은, 도덕적 선택이 이성의 문제가 아니라 의지의 문제라는 것입니다. 결국 '왜 올바르게(도덕적으로) 살아야 하는가?'라는 문제 앞에서, 사람이 어떤 선택을 하는 것은 자신을 규정하는 것과 같습니다. 그것은 나는 어떤 사람이 되겠다고 결정하는 것으로, 우리 모두는 이러한 선택을 피할 방법이 없습니다. 여러분은 어떤 선택을 하시겠습니다. 어떤 인간이 되고자 합니까?

올바른 국가가 과연 가능한가요?

우리는 어떤 국가가 내분과 부정부패로 혼란스러울 때 '저게 제대로 된 나라꼴이야?'라고 비난합니다. 또한 큰 잘못을 저지른 사람을 보고 '저놈은 사람 같지도 않은 놈이야.'라고 탄식하는 경우를 봅니다. 이러한 비난과 탄식 속에는 사람들이 꿈꾸는 이상적인 국가와 사람의 모습이 있습니다. 사상가들마다 제시하는 모습이 여러 가지이지만, 그것은 사람들이 함께 어우러져 잘 먹고 잘사는 사회, 사람 같은 사람이 많은 사회일 것입니다.

이것을 소크라테스는 올바른 국가, 올바른 사람의 모습으로 그리고 있으며 그것을 어떻게 달성할 수 있는지에 대해 끝없는 대화를 나눕니다. 그런데 글라우콘은 '지금까지 그려 온 훌륭한 국가가 현실적으로 가능하냐'고 최후의 뼈아픈 질문을 던집니다. 이에 대해 소크라테스는 뭐라고 답했을까요? 소크라테스의 진심을 그대로 느끼기 위해 그의 대답을 그대로 옮겨 봅니다.

"이보게 글라우콘! 지금까지 올바름과 올바르지 못함에 대해 탐구한 것은 어떤 모형을 찾아내기 위해서였지, 그것들이 실제로 실현될 수 있는지를 입증하려는 것은 아니었네. 예를 들어 어떤 화가가 가장 아름다운 인간이 어떤 것인지 그 모형을 그리고 그 그림에 모든 걸 충분히 표현했을 때, 그와 같은 인물이 실제로 있을 수 있음을 입증하지 못했다고 해서, 그가 훌륭한 화가가 아니라고 생각하나?"

"그런 국가는 하늘에 있네. 하늘에 그 모형이 있단 말이지. 원하는 사람의 눈에는 그 국가가 보이네. 그 국가를 보면서 그 안에서 살 수 있지. 그 국가가 실제로 존재하느냐, 또는 앞으로 존재할 것이냐 하는 것은 문제가 되지 않네. 그는 그 국가의 풍습에 따라 살아갈 뿐이며, 그 밖의 것을 본받으려고 하지 않으니까."

소크라테스가 말하듯이 올바른 국가의 실현 가능성이 중요한 것은 아닙니다. 중요한 것은 그 이상사회를 위하여 현실의 세계에서 우리가 어떤 삶을 살아가는가입니다. 이상적으로 그려진 올바른 국가와 올바른 사람을 꿈꾸는 사람은 그 꿈의 실현을 위하여 올바른 삶을 살 것입니다. '세상에 그런 국가와 사람이 어떻게 가능해?' 하면서 현재의 쾌락과 자기 이익에 도취한 사람은 올바르지 못한 삶을 살 것입니다. 여러분은 올바른 국가와 사람이라는 이상 사회에 대한 꿈을 계속 가지고 살아가겠습니까?

중요한 것은 올바르게 살려는 의지

이제 마무리를 합시다.

앞 장에서 라파엘로의 작품 〈아테네 학교〉를 보았지요. 이 그림의 중앙을 보면 두 사람이 함께 걷고 있는데, 한 사람은 손가락으로 하늘을 가리키고 있고, 다른 한 사람은 손가락으로 땅을 가리키고 있습니다. 하늘을 가리키고 있는 사람은 플라톤이요, 땅을 가리키고 있는 사람은 그의 제자인 아리스토텔레스입니다. 플라톤이 진리를 초월적이고 이상적인 세계에서 찾는 데 반하여, 아리스토텔레스는 진리를 현실 속에서 찾는다는 것을 비유적으로 표현하고 있습니다.

그렇습니다. 플라톤의 《국가》에서 그리고 있는 올바른 국가, 올바른 사람의 모습은 이상적입니다. 따라서 그것이 현실에서 가능할까라는 질문이 끊임없이 제기됩니다. 그러나 플라톤이 불가능해 보이는 이상 국가를 주장한 이면에는, 역설적으로 훌륭한 국가를 만들려면 문제의 핵심이 어디에 있는지를 알려 주는 열쇠가 있습니다. 예를 들어 오늘날 우리 사회의 모습을 반성하면서, 민주주의를 어떻게 더 나은 방향으로 발전시킬 수 있는지를 생각하는 계기가 될 수도 있습니다.

그러나 무엇보다도 《국가》는 개인의 이익과 욕망에 밀려서 제자리를 찾지 못하는 올바름을 되돌아보게 해 줍니다. 올바름이 외면당하고 올바름에 대한 고민조차 사라지는 현실 속에서 《국가》는 올바른 삶을 추구하려는 진지한 고민과 그 과정을 보여 줍니다. 그래서 《국가》는 올바른 삶을 위한 소중한 지침서라고 할 수 있습니다. 루소가 플라톤의 《국가》를 '인간 교육에 대한 세계 최대의 논문'이라고 칭송한 이유도 여기에 있을 것입니다.

6장

승자와 패자,
어느 길로 가야 하나요?

장자가 말한다,
지금 네가 가장 아름답다고

•

조수형

조수형

방황을 모색으로 그럴싸하게 포장할 수 있게 됐을 무렵, 《도덕경》 한 귀퉁이에서 "집착하는 것이 없으면, 잃을 것도 없다.〔無執故無失〕"는 글귀와 만났다. 유난스레 집착하지도 않았는데 잃은 것은 왜 이리 많게 느껴지는지…, 조금은 억울하다는 생각이 드는 한편, 더는 잃지 않겠다고 무집을 가장하고 사는 것은 아닌지 염려되기도 했다. 비우려는 마음 또한 집착일 수 있다는 사실을 어렴풋이 깨달아 갈 무렵, '떠나지 말고, 남지 말자.'는 어느 시인의 다짐이 장자가 지향했던 절대 자유에 대한 동경으로 느껴졌다. 성균관대학교 한국철학과를 졸업하고, 같은 대학교 교육대학원에서 윤리교육 석사학위를 받았다.

이 글은 《장자》를 풀어쓴 《장자, 자연 속에서 찾은 자유의 세계》(조수형, 2005, 풀빛)를 토대로 하였다.

　인문학은 인간에 대한 탐구를 목적으로 하는 학문입니다. 다시 말해 사람에 대해 묻고 답하며 사람을 알아 가는 공부라고 할 수 있습니다. 그래서 인문학은 대개 '사람'과 '삶'에 대한 근원적인 질문과 이에 대한 답변이 그 중심을 이룹니다. '나는 누구인가', '인간이란 어떤 존재인가', '삶이란 무엇인가', '어떻게 살아야 하나', '사람은 무엇을 위해 살아야 하나'⋯ 이런 의문들이 바로 인문학의 시작인 셈입니다. 인문학이 다른 학문과 뚜렷이 구별되는 또 다른 특징은 탐구의 대상과 주체가 같다는 점입니다. 즉, 사람이 사람을 알아 가는 공부인 것이지요.

　인문학에서 사람이 탐구 대상일 때는 대개 존재로서의 궁금증을 해소하려는 질문이 성립됩니다. '인간이란 누구인가', '인간은 어디에서 왔나', '인간을 이루고 있는 것은 무엇인가' 등의 질문이 여기에 해당합니다. 한편, 주체로서의 인간을 탐구할 때 던지는 질문으로는 '사람은 어떻게 살아야 하나', '사람은 무엇을 해야 하나' 등이 있습니다. 결국, 인문학에 있어서 주체이면서 대상이기도 한 인간이 자신을 알기 위해 내세우는 가장 근본적인 화두는 '인간은 누구이며, 어떻게 살아야 하나'일 것입니다.

동서양의 많은 사상가들은 예로부터 인간 존재를 규명하고 인간이 나아가야 할 길을 모색해 왔습니다. 또한 그들은 자신들이 행한 성찰과 모색의 결과를 말이나 글로 남겨 사람과 삶에 대해 알고자 하는 사람들에게 도움을 주려 했습니다. 오늘날 우리가 만나는 고전이나 사상서 등이 바로 이들이 행한 성찰과 모색의 결과물이며, 이들이 남긴 고전들 덕분에 우리들은 사람과 삶에 대한 궁금증을 어느 정도 해소할 수 있게 된 것입니다.

중국 전국시대 사상가인 장자(莊子)의 견해가 담긴 《장자》라는 고전은 마치 사람과 삶을 여러 장의 화폭으로 엮은 화집 같은 책입니다. 이 책의 각 장에는 많은 인물과 다양한 배경이 담겨 있으나 화제(畵題)는 한결같이 '자연'일 뿐입니다. 장자가 활약했던 전국시대는 춘추시대와 마찬가지로 중국 역사에서 가장 혼란했던 시기입니다. 그렇기에 '난세에 영웅이 난다.'는 말대로 이 시기에는 출중한 지도자와 사상가가 많이 나타났습니다. 사상과 학설의 홍수는 제자백가라는 말을 유행시킬 정도였습니다. 제자백가는 대부분 난세를 극복하기 위한 인간의 의지와 처세를 이야기합니다. 하지만 장자와 그가 남긴 《장자》는 인간이라는 존재와 그의 행위를 오직 자연과 연관 짓고 가름합니다. 요즘 유행하는 표현을 빌려 말하면 '사람이라 쓰고, 자연이라 읽는다.'고나 할까요. "사람이건 사물이건 생김새와 행동은 서로 다르나 생겨나고, 머물고, 돌아감이 모두 자연에서 일어나는 조화일 뿐"이라는 것이 장자의 일관된 견해입니다.

못가의 꿩은 새장의 새를 부러워하지 않는다

사람에게는 저마다 꿈꾸는 삶이 있습니다. 높은 지위에 올라 권세를 누리는 삶, 곳간 가득 재물을 쌓아 놓고 부귀영화를 누리는 삶, 학식과 인품으로 많은 이들로부터 칭송을 듣는 삶…. 그렇다면 장자는 무슨 꿈을 꾸었으며, 어떤 삶을 지향했을까요?

> 못가의 꿩은 열 걸음에 먹이 한 입 쪼아 먹고, 백 걸음 걸어야 물한 모금 마시지만 새장에 갇혀 살기를 바라지 않는다. 몸은 호강할지 모르나 맘은 편치 않기 때문이다.

《장자》, 〈양생주〉편에 나오는 말입니다. 세속의 부와 권세, 명예는 새장 속에 갇힌 새가 누리는 호사 같아서 몸에는 좋으나 마음은 그늘지게 하다는 뜻이지요. 장자는 인간 중심적인 생각과 행동을 가능한 한 배제하려 했습니다. 이는 인위적인 노력이 욕심을 키우고 경쟁을 부추겨 스스로를 옥죌 뿐 아니라 자연으로부터도 멀어지게 할 거라는 생각에서였습니다.

장자는 생각을 단순히 품고만 있지 않고 적극적으로 실천에 옮겼습니다. 굳이 꿈과 현실 사이에 경계를 두지 않았던 것입니다. 꿈과 현실을 구분 짓지 않는 장자의 삶은 실로 자유로웠습니다. 다른 사람들처럼 세속적인 성취에 연연하지 않으니 생활은 쪼들렸겠지요. 하지만 자연인으로서 누리는 자유가 그 무엇보다도 소중했던 장자는 가난할 수밖에 없는 처지를 그저 담담히 받아들였습니다. 생계를 위해 인근 강에서 물고기를 잡거나, 산에 올라 식량과 땔감을 구해야 했으나 장자는 불평하거나 재물에 대한 욕심을 드러내지 않았습니다. 그저 자연에서 자유롭게 노닐고 싶었던 장자에게 세속적인 욕심은 꿈과 현실을 가르는 높은 경계일 뿐만 아니라 사람과 자연을 떼어 놓는 훼방꾼에 불과했습니다.

한번은 초나라의 위왕이 그의 명성을 듣고 많은 재물과 함께 사자를 보내 재상의 자리를 제안했습니다. 하지만 장자는 빙그레 웃으며 거절의 뜻을 밝힙니다.

"천금은 확실히 귀한 재물이며, 재상의 자리는 높은 자리임이 분명합니다. 하지만 당신은 제사에 바쳐지는 소를 보지 못하였습니까? 몇 해 동안 호강하다, 꽃무늬 비단을 쓰고 제물로 드려지기 전에야 차라리 한 마리 돼지이기를 바랍니다. 그러나 그것이 어찌 가능한 일이 겠습니까? 그러니 더 이상 욕되게 마시고 물러가십시오. 나는 오히려 흙탕물 속에서 헤엄이나 치면서 노닐지언정 권력자에게 구속받고 싶 지는 않습니다." -〈추수〉

끼니조차 잇지 못하는 궁핍한 삶 속에서도 세속의 유혹을 멀 리하며 이처럼 평정심을 유지할 수 있었던 까닭은 무엇일까요? 그 것은 장자가 욕심을 버리고 자연과 하나 되는 삶을 추구했기 때 문입니다. 만일 장자가 재물이나 사회적 지위에 연연했다면 그 역 시 전국시대라는 전쟁터에서 마음의 평정을 잃고 명을 재촉했을 것입니다. 하지만 다행히도 공을 다투거나 재물 모

으는 일을 멀리하고 자연의 순리에 따랐기에 오늘날까지도 많은 사람들이 그를 기리고 있습니다.

집착을 버리고 자연에서 노니는 삶

부귀영화에 대한 욕심뿐 아니라 장자는 장수에 대한 집착도 크게 나무랐습니다. 마음에 평안과 기쁨 없이 단순히 오래 살기만을 바라는 것은 허망한 집착이라는 것이지요. 걱정거리를 달고 사는 삶이 오래 이어진들 무슨 의미가 있겠습니까. 이는 자신은 물론 다른 사람에게도 해가 될 뿐입니다. 욕망은 집착을 낳고 집착은 고민과 고통으로 이어집니다. 그래서 욕심 많은 삶은 그만큼 고통도 클 수밖에 없습니다. 장자를 비롯한 도가 사상가들은 마음속에 있는 고민을 덜어 내고 평안을 담으려면 우선 욕심을 버려야 한다고 말합니다. 욕심이나 집착이 없다면 고민도 없을 것이고 보다 자유롭겠지요. 장자는 이처럼 자유로운 상태로 자연에서 노니는 삶을 '소요유(逍遙遊)'라고 했습니다. 소요유는 장자가 가장 중시했던 삶의 태도이기에 《장자》에서도 맨 먼저 언급된 이후 마지막까지 일관된 줄기를 이룹니다.

소요유라는 말 속에는 장자가 권하는 삶의 태도가 응축돼 있다고 할 수 있습니다. 장자는 소요유를 실현한 이상적인 인물들을 지인(至人)이나 신인(神人), 혹은 성인(聖人)이라고 지칭했는데 이들은 자기 자신과 업적, 그리고 명예에 대한 집착을 끊어 버린 사람들을 말합니다. 장자는 부연하기를 "소요유를 실천하는 사람은 온 세상의 칭찬에도 우쭐하지 않고 주위 사람들의 비난에도 상심하지 않는다. 자기 자신의 내면과 바깥 세계를 구분 짓고 영예와 치욕의 경계를 안다."고도 했습니다.

소요유로써 장자가 권하는 삶을 실천에 옮기는 일이 빠른 변화에 적응해야 할 뿐 아니라 치열한 경쟁에서도 살아남아야 하는 현대인들에게는 요원한 일일지 모릅니다. 하지만 급할수록 돌아가라 했습니다. 사람들의 욕심이 낸 길은 지름길이기는 해도 누군가를 밀쳐 내며 내달려야 하는 길입니다. 반면에 자연이 허락한 길은 완만해도 모두가 함께할 수 있는 길입니다. 말이나 자동차를 타면 주위 풍광이 스쳐 가지만, 천천히 걸으면 주위에 펼쳐진 모든 장면이 눈에 들어올 뿐 아니라 자연과도 교감하게 됩니다. 더 나아가 자신이 자연의 일부임을 깨닫게 됩니다.

세속적 성공으로 향한 지름길을 찾으려 고민하는 현대인들에게 장자가 권하는 삶의 태도, 즉 소요유는 다름 아닌 자연을 향한 순례입니다. 주위를 둘러보며 천천히 걷는 삶, 경쟁보다는 조화를 지향하는 삶, 빠르게 스쳐 지나가는 문명을 좇기보다는 자연이 이룬 풍광을 마음으로 받아들이고 자연과 하나 되어 자유를 누리는 삶, 이것이 바로 오늘을 사는 우리들에게 장자가 권하는 소요유인 것입니다.

인간의 생각으로 쓸모를 정하지 말라

현대인의 입장에서 볼 때 소요유의 실천이 그리 쉬운 일은 아닙니다. 하지만 최근 들어 문명 세계보다 목가적 삶에 대한 관심이 느는 추세인 것을 보면 소요유에 대한 동경이 사람들에게는 본능과도 같다는 생각이 듭니다. 세속적인 욕망에서 벗어나 자연 속에서 자유롭게 노닌다는 뜻을 지닌 소요유를 우리는 실생활에서 어떻게 구현할 수 있을까요? 이에 대해 장자는 다음과 같은 권고를 합니다. "인간과 자연 간의 경계를 허물어라!" "편견을 버려라!" "차별하지 말라!" "인간의 생각으로 쓸모를 정하지 말라!"

장자의 권고는 한마디로 '자기중심적인 편견을 버려야 한다.'는 말입니다. 《장자》에 종종 나오는 혜자(惠子)는 자기중심적인 편견이 가득했던 인물입니다. 장자는 이런 혜자의 편견을 논박하며 편견을 버리는 것이 소요유를 실천하는 첫걸음임을 일깨워 줍니다.

혜자가 장자에게 말했다. "사람들이 가죽나무라고 부르는 큰 나무가 있습니다. 큰 줄기는 굴곡이 심하고 잔가지는 너무 구부러져 아무짝에도 쓸모가 없습니다. 이 나무처럼 당신의 주장도 크기만 하고, 아무 쓸모가 없어서 외면당하고 있다는 것을 아셔야 합니다." 혜자의 말이 끝나자 장자가 자신의 생각을 말하였다. "그대는 살쾡이라는 짐승을 본 적이 있지요? 살쾡이란 놈은 몸을 최대한 낮춘 채로 작은 짐승들을 노리거나, 먹이를 찾아 사방을 뒤지고 다닙니다. 그러다가 덫이나 그물에 걸려 잡혀 죽기도 합니다. 그런데 저 검은 소는 큰 덩치 때문에 쥐 한 마리도 잡지 못합니다. 그대에게 쓸모없는 큰 나무가 걱정거리라면, 그것을 사람들의 관심에서 멀리 떨어진 너른 들판에 심어 놓고 그 그늘 아래서 낮잠이나 자는 편이 나을 것입니다. 이 큰 나무는 세상의 관심과 소용에서는 멀어졌으나 해를 입을 걱정에서도 멀어진 것이지요." -〈소요유〉

혜자는 자신의 주관적 견해로써 사물의 쓸모 있고 없음을 말하나, 장자는 살쾡이와 소의 타고난 천성을 들어 이를 논박했습니다. "모든 존재의 쓸모는 사람이 정하는 것이 아니라 하늘이 정하는 것이니 자연의 순리에 따라야 한다."는 것이지요. 장자의 견해대로라면 사람이 매긴 순위나 서열, 분별을 위한 기준 등은 모두 편견에 해당합니다. 편견은 왜곡을 낳고 왜곡은 갈등과 불화를 가져옵니다. 그래서 장자와 도가 사상가들은 인간 중심적인 편견과 이에서 비롯된 행동을 '인위(人爲)'로 규정하고 가능한 한 배제하라고 권고합니다. 이들의 견해대로라면 인위적인 판단과 행동은 소요유를 가로막는 가장 큰 장애이기도 합니다. 따라서 소요유를 일상에서 실천하려면 인위가 아닌 '무위(無爲)'에 따라야 합니다. 무위는 인간 중심적인 생각과 행동이 배제된 상태이기에 자연에 가장 가까울 뿐 아니라 곧잘 자연과 동일시되기도 합니다.

장자는 "가는 것은 그대로 가게 하고, 오는 것은 그대로 맞이하며, 말하는 것은 그대로 말하게 하고 생겨나는 것 또한 그대로 생겨나게 놔두는 것이 무위이다."(《대종사》)라고 말합니다. 이를 음미하면 '마음이 고요하고 안정돼 주위의 자극에도 동요되지 않고, 세속적인 성취욕이 없어 성공이나 실패에도 연연하지 않는다.'는 뜻으로 새겨집니다. 어쩔 수 없이 인간사에 얽매이고 살아가야 할 입장이다 보니 우리는 주변의 작용이나 변화에 민감할 수밖에 없습니다. 하지만 우리의 본성이 자연과 통한다는 사실을 깨닫고 자기중심적인 생각과 행동을 자제하면 마음은 좀 더 평안해질 것입니다. 공명심과 물욕을 내려놓고 마음의 창을 통해 자연을 관조하며, 평안해진 마음으로 내면을 돌아볼 수 있는 인문학의 세계에 나를 풀어 놓을 수 있다면 장자가 말하는 이상적인 존재인 지인이나 신인, 성인이 좀 더 친근하게 느껴질 수 있을 것입니다.

사회가 없는 것이 아니라 개인과 사회의 구분이 필요 없는 것

흔히들 장자의 사상을 가리켜 극단적 개인주의, 혹은 이기주의라고 말합니다. 더 심한 경우는 장자와 같은 시대를 살았던 위아(爲我)주의(극단적인 개인주의) 사상가인 양주(楊朱)와 같은 부류로 취급하기도 하고요. 치열한 권력투쟁이 전개됐던 전국시대를 살면서 집단주의를 배격하려 한 점에서 두 사람은 공통되지만, 배경이나 지향은 서로 다르다고 할 수 있습니다. 장자가 개인과 사회를 자연으로 수렴하려 한 반면, 양주는 철저히 개인에 초점을 맞추고 개인의 욕망 실현을 최우선으로 삼았습니다. 따라서 장자를 극단적 개인주의자라거나 이기주의자, 혹은 반사회주의자로 보는 것은 부당합니다. 장자는 사회나 국가와 같은 집단을 부정했다기보다 개인이건 집단이건 간에 모든 인위적인 경계를 허물고 자연과 하나 되기를 바랐을 뿐입니다. 다시 말해 장자는 반사회적이거나 부정한 인물이 아니라 단지 인간을 포함한 모든 존재와 그들의 활동을 자연의 생성변화의 한 현상으로 이해시키려 했던 것입니다.

장자의 사회관을 의심하거나 부정적으로 보게 하는 또 하나의 이유는 노자와의 비교에서 비롯됩니다. 우선 두 사람은 도(道)에 대한 견해부터 다릅니다. 노자는 도를 모든 존재의 근원이자 귀결로 보는 데 비해 장자는 도를 무한히 생성변화 하는 그 자체라 여기며 도 안에서 소요하라고 말합니다. 난세를 만나 어려움을 겪는 민중들에게 지혜와 처세를 전하려 했던 대목에서 노자의 사회성과 정치적 성향은 더욱 뚜렷이 드러납니다. 이해 비해 절대적 자유와 소요를 강조하는 장자의 사상에서는 사회성과 정치적 성향을 찾기란 쉽지 않은 일입니다.

노자 혹은 양주 사상과의 비교를 통해 장자의 의중에는 사회에 대한 정형화된 틀이 없음이 어느 정도 확인됩니다. 하지만 그렇다고 해서 장자를 반사회적인 사상가로 내모는 것도 무리라고 봅니다. 앞에서도 언급했듯이 제자백가는 난세를 타개할 방법을 모색하는 과정에서 등장했습니다. 그렇기 때문에 대부분의 사상들이 경세 혹은 처세를 말합니다. 노자도 한몫 거들어 겸손한 처신과 소박한 사회를 이상사회의 선결 요건으로 제시했습니다. 하지만 노자와 더불어 도가를 대표하는 장자는 인위적인 편 가르기를 그치고 자연과 하나 되어 절대 자유를 누릴 것을 권합니다. 처세와 경세론은 신변 안전과 세력 확장을 의도하기에 아무리 포장해도 상대방을 겨누는 뾰족한 칼끝을 숨길 수 없다는 사실을 장자는 간파했던 것입니다.

근본을 이해하고 순리에 따르라

치열한 경쟁과 갈등, 대립 양상만 놓고 본다면 현대사회도 전국시대 못지않은 혼란기입니다. 이 때문에 전국시대처럼 오늘날에도 많은 선각자와 사상가들이 저마다의 처방을 쏟아 내고 있습니다. 하지만 인류 사회의 갈등을 봉합하고 평화를 가져다줄 방안을 선택하고 적용하기란 여간 어려운 일이 아닙니다. 잘못된 선택과 적용은 외려 갈등을 증폭시켜 더 큰 분란을 낳게 할 수도 있습니다. 장자가 제자백가의 학설과 주장들을 경계한 것도 바로 이같은 이유 때문입니다. 자신을 중심으로 문제를 해결하기 위한 인위적인 방안과 노력에는 이기심이 개입되기 마련입니다. 게다가 인위적인 해결 방안을 적용하는 과정에서 드러난 이기심은 또 다른 이기심을 불러일으켜 문제 해결에 도움이 되기는커녕 갈등을 증폭시키기 일쑤입니다. 장자는 사회사상의 이 같은 속성을 진즉 깨달았기에 인위적인 처세보다는 자연의 순리에 따르는 의연한 태도를 권장했습니다. 포정해우(庖丁解牛)라는 우화에는 사회에 대한 장자의 생각과 태도가 잘 나타나 있습니다.

조리사 정(丁)이 소를 해체하는 모습을 그윽이 바라보던 문혜군이 감탄하며 물었다. "아! 훌륭하구나. 어찌 이리 훌륭한 재주를 지닐 수 있단 말인가." 정은 칼을 내려놓고 대답했다. "저는 기술이 아닌 도를 추구합니다. 소를 처음 다룰 때는 온전한 소 한 마리를 다루겠다고 덤벼들었습니다. 하지만 3년 정도 흐르고 나니, 온전한 소 대신 다루어야 할 부위만 눈에 들어왔습니다. 게다가 지금은 눈이 아닌 마음으로 소를 대하는 경지에까지 이르렀습니다. 자연의 이치에 따라 크게 느껴지는 틈이나 공간에서 칼을 다루다 보면, 설령 뼈와 힘줄이 뒤엉켜 있어도 실수가 없으며, 큰 뼈조차 익숙하게 바를 수 있습니다. -〈양생주〉

장자가 봤을 때 당시 사회는 마치 살과 뼈와 각종 장기, 혈관들이 복잡하게 얽혀 있는 소의 신체 조직과도 같았는데 이러한 양상은 지금도 별반 다르지 않습니다. 개인이나 집단의 이기심이 음모와 이해관계의 충돌로 작용하고 이로 인한 갈등과 대립은 수천 년을 이어 오고 있습니다. 하지만 그렇다고 해서 문제를 해결하겠노라고 섣부르게 나서는 것은 서툰 칼솜씨로 소를 해체하겠다고 달려드는 행위 같아서 갈등을 심화시키거나 모두를 다치게 할 뿐입니다. 포정해우라는 우화에는 바로 이 같은 상황을 풀어

가는 지혜가 담겨 있습니다.

　이 이야기 속에서는 대략 세 가지 정도의 교훈이 발견되는데, 첫째는 '근본을 이해하고 순리에 따르라.'는 것입니다. 조리사 정이 소를 다룰 때 고기의 결과 조직을 고려해 칼을 썼듯이, 근본을 이해하고 순리에 충실히 따라야 난마처럼 얽히고설킨 갈등을 근원적으로 풀어낼 수 있다고 장자는 조언하고 있습니다. 두 번째 교훈은 '마땅히 지켜야 할 도리를 다해야 한다.'입니다. 술수와 요령은 일시적으로는 도움이 될지 모르나 결국은 칼날만 무디게 만들어 칼 다루는 사람에게 오히려 해가 될 수도 있다는 사실을 일깨워 주고 있습니다. 세 번째로는 '자족'을 권하고 있습니다. 전심전력으로 소를 해체하는 조리사 정처럼 자신에게 주어진 일에 진심으로 최선을 다할 때 스스로 만족할 만한 결과를 만들어 낼 수 있습니다. 만일 조리사 정이 소 잡는 일을 업신여겼다면 기술 연마는 물론 남에게 인정받기도 어려웠을 테지요. 하지만 맡은 일에 긍지를 갖고 최선을 다했기에 기술이 도의 경지로까지 끌어올려져 주위 사람들에게 감동을 줄 수 있었던 것입니다.

　이해관계와 욕망이 상충돼 분쟁이 끊이지 않는 현대사회에도 장자의 사회관과 소명의식은 유용하다고 할 수 있습니다. 자신의 처지나 능력은 도외시한 채 욕망만 실현하려 한다거나 남의 일에 간섭하려는 행동은 자신과 주위 사람들에게 상처를 입힐 수도 있습니다. 자족하며 순리에 따라 도리를 다할 때 자신은 물론 자신이 속한 집단과 사회에 이로움을 끼칠 수 있습니다. 절대 자유를 지향했다 하여 반사회적인 인물로 치부되기도 하나 장자는 분명 사회를 인정하고 바람직한 사회적 행동에 대한 견해를 표명했던 사상가입니다. 모든 사회 문제의 원인이 인위에 있음을 지적하고 해결을 위해서는 자연의 순리에 따를 것을 주문했는데, 이는 인위로써 자연을 해쳐 재해를 자초한 현대인들에게는 아주 적절한 처방이라 할 수 있습니다.

삶과 죽음은 계절의 변화와 같은 것이어늘

도가에서 자주 거론하는 신선에 얽힌 이야기들 중 하늘을 날고, 천리 앞을 내다보는 일들은 비행기와 위성이 발명되면서 이제는 현실이 되어 버렸습니다. 하지만 첨단 문명의 시대에도 어찌지 못하는 일이 있는데 이는 바로 생사의 문제입니다. 석가모니도 생로병사의 문제 앞에서 무기력함을 느껴 출가를 했고, 절대 권세를 누렸던 진시황이나 칭기즈칸도 주어진 수명을 넘어서지는 못했습니다. 죽음이 있기에 사람들은 삶에 더욱 연연하며 초월을 갈망합니다. 삶에 대한 집착과 죽음에 대한 회피 심리는 사람들을 종교로 이끌고 사상가의 예지에 귀 기울이게 합니다. 공자는 죽음에 대한 견해를 피력하면서 "삶도 알지 못하는데 어찌 죽음을 알겠는가.(未知生 焉知死)"라는 말을 남기기도 했습니다. 애써 죽음을 의식지 않으려는 태도를 느끼게 하는 대목입니다. 이에 비해 장자를 비롯한 도가 사상가들은 죽음도 자연의 한 현상이므로 의연히 받아들여야 한다고 말합니다. 이들에게는 삶과 죽음의 경계가 없기에 죽음이 결코 슬퍼할 일이 아닙니다. 아내의 장례식 때 보인 장자의 행동에는 도가의 생사관이 고스란히 반영돼 있습니다.

> 장자의 아내가 죽어 혜자가 조문 갔을 때, 장자는 다리를 펴고 앉은 채로 쟁반을 두드리며 노래를 부르고 있었다. 혜자가 말했다. "자식을 키우며 함께했던 아내가 죽었는데 곡은 하지 않고 쟁반을 두드리며 노래나 부르다니 너무 심하군." 장자가 말했다. "즐거워서 이러는 것이 아니네. 아내가 죽었을 때 나 역시 슬픔에 가슴이 터질 것 같았네. 하지만 정신을 가다듬고 보니 인간의 생명이나 형체도 무위에서 비롯된 것이라는 생각이 들었다네. 그뿐 아니라 형태를 만드는 기조차 처음에는 없었지. 천지가 뒤섞여 있던 혼돈에서 기가 나오고, 기가 변해서 형태를 이루고, 그 형태가 변해서 생명이 생긴 것이 아닌가. 그런데 이제 다시 변화가 진행돼 형태에서 기로, 기에서 혼돈 즉 죽음으로 돌아간 것이지 않은가. 이는 계절의 순환과 마찬가지 이치라네. 속세의 번잡함에서 벗어나 천지라는 고요한 방에서 편히 쉬려는 사람에게 큰 소리로 곡을 한다면, 내가 천명을 모르는 사람이 되는 것 아니겠나. 그래서 내가 이러는 것이라네." -⟨지락⟩

장자는 도에는 시작과 끝이 없지만 인간을 포함한 만물에는 생사가 있다고 말합니다. 물이 비워지고 차오르거나 해가 떠오르고 시는 현상처럼, 시작이 있으면 끝이 있게 마련이라는 것입니다. 사물은 생겨남과 동시에 변화하기 시작합니다. 자연의 이치를 사람의 생각대로 바꿀 수는 없습니다. 그러기에 장자는 삶과 죽음 조차도 자연의 변화에 맡겨야 한다고 설득합니다. 조문을 온 혜자는 자기 설움을 토해 내려던 기회를 놓친 허탈감에 장자를 비난했을지 모르나, 장자는 '삶과 죽음이 하나의 길'임을 아는 까닭에 삶 자체에 만족하며 즐기려 했던 것입니다.

장자가 죽음을 예감하자, 제자들이 모여 성대한 의식을 준비했다. 장자가 이를 말리며 말했다. "나는 하늘과 땅을 관 삼고, 해와 달로써 한 쌍의 큰 옥을 삼으며, 구슬을 아름다운 장식으로 삼고, 만물을 부장품으로 여길 것이다. 이것이면 충분하지 무엇이 더 필요하다는 말인가." 제자들이 말했다. "까마귀나 솔개가 선생님의 시신을 쪼아 댈 것이 두렵습니다." 장자가 말했다. "땅 위에 누이면 까마귀나 솔개가 탐하고, 땅속에 누이면 벌레가 탐하는 것은 자연의 이치이거늘, 어찌 이를 막으려 한단 말이냐. 억지로 공평하게 한다면 이는 불공평한 것이요, 자연이 아닌 인간의 지혜에 의지한 감동은 감동이라고 할 수 없다. 지혜가 밝은 사람도 오로지 남의 심부름만 하는 셈이고, 하늘의 뜻을 아는 사람이라야만 올바른 깨달음을 얻을 수 있다. 지혜의 밝음이 하늘의 뜻을 넘어서지는 못한다. 그럼에도 불구하고 어리석은 사람들은 자기들의 의견만 내세워 다른 사람의 뜻을 거스르니 참으로 안타깝구나." -〈열어구〉

자연은 시작도 없고 끝도 없는 하나의 흐름이기에, 삶과 죽음도 나뉘어져 대립하는 것이 아니라 연속된 흐름의 한 부분일 뿐입니다. 제자들의 슬픔에도 불구하고 죽음 앞에서 장자가 태연할 수 있었던 것은 이처럼 죽음을 단절이 아닌 하나의 흐름으로 이해했기 때문입니다. 또한 신체도 자연으로부터 받은 것이기에 자연으로 되돌려 준다는 생각을 분명히 밝혔습니다. 자연은 모든 것을 함께 소유하고 모든 것을 함께 나눕니다. 장자는 "사는 시간보다는 나기 전의 시간이 많기에 살면서 얻은 작은 지식으로 큰 흐름을 헤아려서는 안 된다."고 말합니다. "자연에서 일어난 몸, 자연에 누이며 자연으로 돌아가겠다."는 유언에는 삶과 죽음의 경계를 허문 장자의 생사관이 고스란히 담겨 있습니다.

그대 또한 자연의 숨결이 빚은 아지랑이일 뿐

앞서 도가 사상을 대표하는 인문학 고전인 《장자》를 '그림을 모아서 엮은 책'이라는 뜻의 화집에 비유한 바 있습니다. 《장자》 안에는 그가 남긴 이야기들이 너무도 생생해 마치 그림을 보는 듯한 느낌이어서 화집으로 표현해 본 것입니다. 도리와 지혜를 나지막이 들려주는 노자의 《도덕경》에 비해 《장자》는 활달하고도 거침없는 정신세계를 그림처럼 생동감 있게 보여 줍니다. 하늘에서는 날개가 천 리에 달하는 붕새가 비상하고, 산에는 팔천 년도 넘어 사는 나무가 그늘을 드리우며, 바다에서는 물고기가 울음소리로 땅을 움직이고 하늘을 놀라게 합니다. 장자가 보여 주는 세계는 이처럼 우리의 앎의 영역을 뛰어넘습니다. 또한 아는 바대로 규정하고 경계를 나누는 것은 오로지 인간의 편견일 뿐이라는 사실을 일깨워 줍니다. 그가 펼쳐 보이는 세계에서는 삶도 죽음도 그저 자연의 한 조각일 뿐입니다.

자연의 이치는 '스스로[자(自)] 그러함[연(然)]'에 있습니다. 따라서 장자가 권유하는 대로 자연의 일부임을 깨달아 자연의 이치에 순응하고 살려면, 우선 인간 중심적인 태도[인위(人爲)]에서 벗어나 스스로 그러한 자연을 본받아야[무위(無爲)] 합니다. 장자는 이 같은 태도를 가리켜 물아일체(物我一體)라고 했는데, 이는 사물과 나를 인위적으로 편을 가르거나 편견으로 대하지 않는 태도를 말입니다. 장자는 "짐승의 털끝을 태산보다 크다 할 수 있고, 어려서 죽은 아이가 팔백 년을 산 팽조보다 장수했다고 할 수 있다."고 비유하며 인간의 셈법 또한 인위요 편견일 뿐이라는 사실을 일깨워 줍니다.

장자는 평생 땟거리를 걱정해야 할 처지에서도 재물이나 권력을 탐하지 않았습니다. 심지어 모두가 염원하는 생명 연장도 장자에게는 관심 밖의 일이었습니다. 장자의 한평생은 그저 주어진 것에 만족하며 자연에서 노니는 소요유 그 자체였으며, 인위적인 편견에서 비롯된 일체의 차별이나 경계를 허물고 바람처럼 세상 모든 곳에 스미는 절대 자유의 삶이었습니다. 사상과 삶의 태도로 미루어 보면 존재와 존재 방식에 대해 고민하며 방황하는 현대인들에게 장자는 훌륭한 스승이요, 인도자입니다. "그대 또한 자연의 숨결이 빚은 아지랑이와 먼지일 뿐이니, 자연의 흐름을 따르라."는 장자의 가르침을 우리 삶에 적용해 보는 건 어떨까요?

7장

무조건 명령에
따라야 하나요?

자유의 대리자 리바이어던,
그것은 필요가 낳은 선택이었다

•

하승우

하승우

정치학을 전공한 것은 우연이었다. 시험 성적에 맞춰 지원했을 뿐 정치에 관심은 없었다. 대학원에 진학한 것은 학문에 대한 뒤늦은 관심 탓이었지만, 대학원의 교육 과정은 그 관심을 채워 주지 못했다. 그러다 아나키즘과 풀뿌리운동을 만났고, 그때부터 연구와 활동의 경계를 넘나들며 참 공부를 시작했다. 삶이 받쳐 주니 생각의 힘이 부쩍 강해졌다. 자치와 자급의 삶을 고민하면서 수도권을 떠나 충북 옥천에 자리를 잡았다. 공공성과 자치, 자급, 공간, 사회적 경제에 관심이 많다. 경희대학교 정치외교학과를 졸업하고 같은 대학원에서 정치학 박사학위를 받았다.

이 글은 토마스 홉스가 지은 《리바이어던》을 풀어쓴 《리바이어던, 자유와 맞바꾼 절대 권력의 유혹》(하승우, 2007, 풀빛)을 토대로 하였다.

    '양이 인간을 잡아먹는 시대'라 불린 때가 있었습니다. 광우병이야? 양이 인간을 어떻게 잡아먹어? 이런 물음이 생기겠죠. 우리가 경제 발전의 문을 열었다고 생각하는 영국의 산업혁명은 양털을 가공하는 모직물 산업의 발전과 맥을 같이합니다. 15세기 말에 시작된 인클로저 운동은 지주들이 양모 생산을 위해 땅을 목장으로 바꾸면서 그 땅에서 농사짓거나 땔감을 구하던 소작농들을 쫓아내기 위해 울타리를 친 것에서 시작됩니다. 이때 쫓겨난 사람들은 굶어 죽거나 도시로 떠나 빈민이 됩니다. 이렇게 담담하게 말하면 실감이 별로 나지 않는데, 당시의 상황은 무척이나 끔찍했다고 합니다. 그래서 《유토피아》를 쓴 토마스 모어는 "양은 온

순한 동물이지만 영국에서는 인간을 잡아먹는다."라고 말하기도 했어요. 더 많은 이득을 위해 남의 삶을 짓밟는 상황, 우리 시대에도 낯설지 않은 풍경입니다.

만약 지금 이런 일이 벌어진다면 우리는 어떻게 대처해야 할까요? 소유권은 분명 지주에게 있으니 법으로만 따진다면 어찌할 방법이 없습니다. 억울하니 신문고라도 울려서 정부에 호소해야 할까요? 정부가 만드는 법이 바뀐다면 그런 횡포를 막을 수 있을지 모릅니다.

그런데 정부가 우리를 도와주면 좋겠지만 외려 우리에게 더욱더 부당한 결정을 강요한다면 우리는 어떻게 해야 할까요? 실제로 영국 정부는 인클로저 운동을 막기는커녕 그것을 뒷받침하는 법안을 만들고 그나마 있던 공유지마저 없애 버렸습니다. 정부가 부당한 정책을 강요할 때 시민은 어떻게 해야 할까요?

그리고 모두에게 공평해야 할 정부가 부당한 결정을 내리면 시민은 어떻게 해야 할까요? 청소년들도 그런 부당한 결정의 영향을 받을 수 있습니다. '청소년게임셧다운제'가 대표적이죠. 이 제도는 오전 0시부터 오전 6시까지 16세 미만 청소년들이 인터넷 게임을 할 수 없도록 접속을 차단하는 것입니다. 청소년들이 지나치게 게임에 몰두하는 건 좋지 않겠지만 각자 알아서 조절하면 되지 왜 그걸 정부가 나서서 간섭하고 게임 접속을 차단할까요? 정부는 온라인게임에 중독되면 폭력성도 증가하고 사회성도 떨어지며 청소년의 수면권과 학습권이 침해를 받는다고 얘기합니다. 그렇지만 청소년이 부모님의 이름으로 접속해서 게임을 하면 그다지 효과도 없는 제도인데, 굳이 강제로 차단을 해야 할까요? 정부가 왜 개인의 사생활까지 간섭할까요?

게임셧다운제만이 아니죠. 예전에는 좌측통행을 강요하더니 몇 년 전부터는 갑자기 우측통행으로 바뀌었어요. 사람이 붐비는 곳에서 질서를 지키는 건 필요한 일이지만 왼쪽으로 걸어라, 오른쪽으로 걸어라, 정부가 나서서 강요할 필요까진 없는 일인데 말이지요. 흥미로운 건 한국 사람들이 놀랄 만큼 이런 명령을 잘 따르고 변화에 잘 적응한다는 겁니다. 한국 사람들은 왜 이리 정부의 말을 잘 들을까요? 정부가 시민을 위해서 딱히 잘해 주는 것도 없는데 말이죠.

이런 의문이 들 때 영국의 토마스 홉스라는 사상가의 이야기에 귀를 기울일 필요가 있습니다. 특히 홉스가 쓴 《리바이어던》은 우리가 궁금해하는 물음에 답해 주는 책입니다. 왜 사람들은 국가를 만들었는지, 국가는 시민과 어떤 관계를 맺는지, 시민은 왜 국가에 복종하는지, 이런 궁금증들을 풀어 주기에 말입니다.

정부는 왜 생겼을까?

영국 사람 홉스는 1588년에 태어나 1679년에 죽었습니다. 92세로 사망했으니 당시로 보면 아주 장수한 사람입니다. 그가 배부르고 '등따시게' 살아서 그랬을까요? 홉스의 삶을 돌아보면 꼭 그렇지는 않습니다. 홉스는 가난한 집에서 태어나 평생을 귀족 가문의 가정교사나 비서 생활을 하며 보냈고, 영국에서 내전이 터졌을 때는 프랑스로 망명을 하기도 했고, 말년에는 자신의 저서를 출판하는 것조차 금지당했던 사람입니다. 이렇게 어렵게 산 사람이 어떻게 장수를 할 수 있었을까요? 필자가 생각하기에, 아마도 그는 무언가를 후세에 전하고 싶었던 것 같습니다.

홉스가 평생을 바쳤던 질문은 '인간은 어떤 존재인가', '국가란 무엇인가'였습니다. 지금도 인간의 본성이 악한가 선한가, 이런 논쟁을 하는 사람들이 있습니다. 홉스는 인간의 본성이 선한가, 악한가와 상관없이 인간이란 살아남기 위해 사회를 만들어야 한다고 봤습니다. 이런 생각의 출발은 각자 자기 이익을 추구하는 인간의 세계는 약육강식의 동물의 세계와 다를 바가 없다는 것이었습니다. 모든 인간은 고통을 줄이고 쾌락을 늘리려는 욕망을 가지고 있기 때문에, 서로 간의 충돌은 피할 수 없다는 거죠. 이게 바로 '자연 상태'입니다.

홉스가 생각했던 자연 상태는 여러분도 충분히 짐작할 수 있습니다. 청소년들이 많이 보는 오디션 프로그램에서 그걸 확인할 수 있지요. 오디션 프로그램에서 1등을 탐내는 참가자들은 자연 상태에 있다고 할 수 있습니다. 그곳에서는 절대 강자도 절대 약자도 없고, 서로의 전략적인 선택과 노력 여하에 따라 승리의 결과는 바뀝니다. 때로는 같은 팀이라도 승자와 패자가 갈립니다. 1위라는 한 자리를 놓고 참가자들은 치열하게 경쟁합니다. 홉스의 유명한 말 '만인에 대한 만인의 투쟁'은 이처럼 오디션 프로그램에 적용될 수 있습니다.

그렇다고 홉스가 강자의 지배를 원하거나 강자에게 무조건 복종해야 한다고 말한 건 아니었습니다. 그 자신이 (신분상이든 경제력 차원에서든) 강자는 아니었기 때문에 홉스는 강자가 지배하는 세상보다 합리적인 세상을 원했습니다. 그리고 동물과 달리 인간은 생각하는 머리, 계산하는 이성이 있기 때문에 강자라 해도 마냥 안심할 수는 없습니다. 제아무리 강자라도 잠이 들었을 때는 약할 수밖에 없고 많은 약자들이 힘을 뭉치면 당해 낼 수 없기 때문입니다. 그래서 홉스의 자연 상태에서는 누구라도 재산과 목숨을 위협받을 수 있습니다. 자연 상태에서는 누구도 타인을 믿지 못하고 모두가 타인이 자신의 목숨을 빼앗을지 모른다는 공포에 휩싸여 삽니다. 누군가가 자신의 재산을 강탈하고 목숨을 빼앗을지 모른다는 공포, 그것이 정부를 만들고 그것에 복종하는 이유입니다.

앞서 얘기한 오디션 프로그램을 자연 상태라고 보기 어려운 면도 있습니다. 그곳엔 심사위원들이 있으니까요. 심사위원들은 정부와 비슷하게 규칙을 정하고 참여자들이 하면 좋을 일과 해서는 안 될 일을 알려 줍니다. 그 조언을 따르는 참가자들은 다음 단계로 가고 그러지 않은 참가자들은 탈락됩니다. 심사위원들이 오디션에서 참가자들의 생사를 결정합니다. 그러니 이들이 곧 정부일까요? 그런데 더 깊이 생각해 보면 심사위원들이 아니라 오디션 프로그램을 기획하는 제작자야말로 오디션의 세계를 지배하는 사람입니다. 참가자들에 대한 평가를 넘어 전체 오디션 과정을 진행하는 규칙은 제작자가 결정하니까요. 오디션 과정에 한 번도 등장하지 않지만 제작자는 규칙으로 오디션을 지배하고 때로는 규칙을 바꾸며 참가자들을 웃게 하고 울리기도 하지요. 홉스가 말한 리바이어던은 이런 제작자에 가깝습니다.

홉스는 이런 제작자를 두는 게 우리 자신에게 유리하다고 말합니다. 오디션 프로그램 밖의 세상은 안보다 더 냉혹하니까요. 제아무리 재능이 뛰어나도 연줄이나 지원이 없으면 살아남기 어려운 세상인데, 오디션은 재능만 가진 사람들에게 실오라기 같은 희망을 주니까요. 규칙이 마음에 들지 않거나 까다롭더라도 심사위원이나 제작자에게 의지해야 다른 복잡한 문제들을 생각하지 않고 자기 재능을 맘껏 발휘할 수 있으니까요. 마찬가지입니다. 홉스는 정부에 의지해야 생명의 위협을 받지 않고 자유로운 삶을 살 수 있다고 믿었습니다. 정부가 없는 자연 상태에 사는 것보다 정부의 법에 따르며 사는 것이 더 안전하니까요.

자유를 택할래, 목숨을 택할래?

만약 정부가 부당한 요구를 하면 어떻게 해야 할까요? 정부가 내 재산을 빼앗고 나를 감옥에 가두려 하면 어떻게 해야 할까요? 정부를 학교로 바꿀 수도 있습니다. 학교가 핸드폰을 압수하고 두발을 단속하고 체벌을 가하려 하면, 학생들은 어떻게 해야 좋을까요?

정부가 개인의 재산을 빼앗고 감옥에 가두는 건 부당한 일이지만, 가두는 대상이 사기를 치거나 도둑질을 한 사람이라면 우리는 부당하다고 생각하지 않습니다. 학교가 핸드폰을 빼앗고 체벌을 가하는 건 부당하다고 생각할 수 있지만 그 학생이 다른 학생들을 위협하거나 폭력을 행사한다면, 어떤 사람은 그런 제재가 필요하다고 생각할 수 있습니다. 그러니 똑같은 결정이나 행동이라도 그것이 어떤 이유로, 어떤 맥락에서 이루어진 것인지를 따져볼 필요가 있습니다.

정부는 수많은 결정들을 내리고 시민들은 그 결정에 영향을 받습니다. 어떤 결정이 내 이익을 침범할 수 있지만 그 결정이 많은 사람들이나 공동체 전체의 이익을 위한 것이라면 그 결정을 받아들여야 할 때도 있습니다. 그렇다면 정부나 학교의 결정이 부당하다고 판정할 수 있는 기준은 무엇일까요? 홉스는 그 기준이 생명과 평등이라고 봤습니다. 법은 시민의 생명을 지키는 것을 일차적인 목적으로 삼습니다. 살기 위해서 복종하는데, 그 생명을 빼앗으려 한다면 그 법은 부당합니다. 그리고 모든 사람에게 평등하게 적용되지 않고 특정한 사람들만을 대상으로 한다면 그 법은 부당합니다. 귀족과 평민에게 똑같이 세금을 부과하거나 어떤 일을 요구하는 것은 합당하지만 평민에게만 그런 것을 요구하는 것은 부당합니다(홉스가 살던 시대에는 과격한 발상이었죠). 이런 기준을 지켜야 정부의 결정이 시민의 존중을 받을 수 있습니다. 학교라면 무엇이 그 기준일까요? 한번 생각해 보세요.

시민이 정부의 결정을 존중하는 이유는 정부를 구성하는 근거가 사람들의 '동의'이기 때문입니다. 강압적인 힘이 아니라 동의를 통해 권력이 구성됩니다. 동의를 구하지 못한다면 권력의 정당성이 없어지는 거죠. 어쨌거나 예전의 왕국이나 제국과, 근대 정부가 다른 건 이런 동의를 구하는 과정이 있기 때문입니다. 그리고 그런 동의를 통해 나의 안전이 보장됩니다.

반대로 동의했기 때문에 시민들은 주권자의 명령을 따라야 합니다. 나는 이 나라에 살고 싶지 않다고, 나는 이 학교를 더 이상 다니지 않겠다고 생각한다면 내 이익을 침범하는 정부나 학교에 복종할 이유가 없습니다. 이곳에 살겠다고 동의한 이상 이곳의 질서를 따라야 한다는 거죠. 떠나서 자유롭게 살 수도 있겠지만 내가 절대강자가 아닌 이상 마냥 자유롭게 살 거라 예상하기도 어렵습니다. 아는 사람이 아무도 없는 외국의 캄캄한 밤거리에 홀로 남겨지는 것과 비슷한 상황인 거죠. 알지 못하는 곳에서 도둑이라도 당하면 어떡하나, 강도를 만나면 어떡하나, 이런 걱정을 하느니 차라리 명령을 따르는 게 낫다는 거죠.

무조건 명령을 따라야 하나?

나는 이 나라, 이 학교에 살겠다고 동의한 적이 없다고 생각할 수 있습니다. 홉스는 살지 않겠다고 적극적으로 저항하지 않았다면 암묵적으로 동의한 것이라 얘기했습니다. 적극적으로 저항하지 않았다면 이 사회가 주는 혜택을 이미 받고 있는 것이기에, 절이 싫으면 중이 떠나야지, 떠나지 않으면서 절의 운영방침이 부당하다고 얘기하는 건 잘못이라는 거죠.

이런 논리가 정부에게만 유리하다고, 정부에게 유리한 궤변이라고 생각할 수도 있습니다. 그러나 앞서 말했듯이 정부가 마음대로 결정을 내릴 수 있는 건 아닙니다. 시민의 동의를 받으려면 예전과 달리 정부의 결정들은 널리, 그리고 충분히 알려져야 합니다. 그리고 가급적 시민의 기본적인 자유를 침범할 수 없습니다. 제대로 알려 주지도 않고 이런 법이 있으니 무조건 따라라, 이런 건 부당하고 내전을 부른다는 거지요. 반대로 널리 공포된 법이고 시민들이 그 법에 대해 충분히 알고 있는데도, 그 법을 어겼다면 그런 행동은 처벌을 받아야 한다는 겁니다.

리바이어던이라 불리는 홉스의 주권자는 막강한 권한을 가지고 있는 건 맞습니다. 법을 제정하고 시민이 무엇을 읽고 배울 것인지도 결정합니다. 때로는 언론도 검열할 수 있습니다. 그리고 홉스는 법이 진리와 반드시 연관될 필요가 없다고 봤습니다. 때로는 국가의 이익을 위해 선(善)이나 정의(正義)를 거스르는 결정을 내릴 수도 있다고 봅니다. 착한 정부나 정의로운 정부보다는 이해관계에 밝은 합리적인 정부가 국익을 잘 따질 거라 봅니다. 그렇게 막강한 주권자이지만 만약 정부의 결정이 내 이익을 상상할 수 없을 만큼 침범했다면, 가령 정부가 내 목숨을 빼앗으려 한다면, 시민들은 더 이상 정부에 복종하지 않을 겁니다. 하지만 그 정도로 치명적인 결정이 아니라면 적당히 복종하며 살 것이고요. 시민이 정부를 버리고 떠나는 상황을 걱정하기 때문에 주권자는 무조건 마음대로 통치를 할 수 없습니다.

어쨌거나 주권자는 바로 우리니까요. 시민이 필요해서 정부를 만드는 것이지, 시민이 동의해서 정부를 만드는 것이지, 정부가 필요해서 시민을 만들 수는 없으니까요. 그러니 시민이 분명한 선택을 내려야 합니다. 이상적인 국가를 만들기보다는 불편하지 않은 국가를 만드는 것이 더 중요하다고 홉스는 생각했습니다.

사실 홉스는 정부가 있는 게 무조건 좋다고 강요하지 않았습니다. 자연 상태보다 정부가 있는 게 생명을 지키는 데 더 유리하다고 주장했을 뿐입니다. 아무리 불편하고 부당하더라도 누가 언제 어떤 방식으로 나를 공격할지 모르는 자연 상태에서의 공포를 견디는 것보다는 폭정이라도 정부가 있는 게 낫다는 거죠. 그리고 왕국이나 제국이 왕이나 귀족들의 이익만을 챙기고 평민들의 삶을 도외시했다면, 동의를 통해 설립된 정부는 국민들의 이익을 고려하고 그 삶을 돌봐야 합니다. 이건 분명히 과거와 비교할 때 큰 발전입니다.

또 홉스는 정부의 통치를 받는 곳에서의 자유가 진정한 자유라고 봤습니다. 자유라는 이름으로 자신이 하고 싶은 행동을 마음대로 하는 건 사회를 다시 자연 상태로 만드는 위험한 행동이니까요. 사회를 무너뜨리지 않고 법이 금지하지 않는 범위 내에서 자유를 누리는 것, 홉스는 그것이 모든 사람들에게 이로울 것이라고 봤습니다.

그럼에도 탈퇴의 자유는 있다!

2014년에 열린 소치 동계올림픽에서 세 개의 메달을 딴 안현수는 한국 사람이지만 국적은 러시아입니다. 그곳에선 빅토르 안이라고 불리죠. 안현수는 2006년 토리노 동계올림픽 때 3관왕을 차지하는 등 세계 쇼트트랙 부문에서 가장 많은 메달을 따낸 남자 선수라 불립니다. 그런데 훈련 도중 무릎에 부상을 입고 소속팀이 해체되자 안현수는 적극적으로 자신을 섭외하던 러시아로 귀화를 합니다. 국적을 바꾼 거지요.

이런 안현수를 두고 여러 이야기들이 있는데요. 국적을 버린 배신자, 매국노라는 반응부터 모든 걸 뛰어넘은 최고의 선수라는 찬사까지, 반응은 다양합니다. 안현수의 선택을 어떻게 봐야 할까요?

공동체가 그 구성원의 이익을 챙겨 주지 않고 부당한 규칙을 강요할 때 개인은 그 공동체에서 탈퇴하기도 합니다. 홉스는 개인이 그렇게 국가를 탈퇴할 수도 있다고 봤습니다. 가장 중요한 건 바로 나이니까요. 정부나 지도자를 위해서가 아니라 나의 생명과 이익을 지키기 위해 정부에 복종하는 것이기 때문에, 정부가 그런 역할을 하지 못한다면 충성의 대상이 바뀔 수도 있는 겁니다. 예를 들어, 홉스는 나라가 전쟁에 지면 전쟁에서 이긴 나라에 복종하는 것이 당연하다고 봤습니다. 그래야 목숨을 지킬 수 있으니까요. 이

런저런 명분을 들어 승리한 나라와 싸울 수도 있지만 홉스는 굳이 그럴 필요가 없다고 봤습니다. 자기 목숨이 제일 중요하니까요. 홉스는 진정한(?) 개인주의자였던 거죠. 심지어 홉스는 가정 내에서도 마찬가지라고 봤습니다. 아버지가 좋아, 어머니가 좋아, 이렇게 물으면 자기에게 잘해 주는 사람에게 효도하면 된다는 거죠.

이렇게 극단적인 개인주의자이기도 했기 때문에 홉스는 극단

적으로 상반된 평가를 받습니다. 절대군주를 옹호한 사람이라는 평가부터, 개인을 해방시킨 자유주의자라는 평가까지. 사실 때로는 우리의 마음도 이런 양극단 사이에 있을 겁니다. 홉스는 그런 극단 사이에서 자기 나름의 방식으로 균형을 잡았던 사람입니다.

계약이란 무엇일까?

우리는 일상 속에서 다양한 계약을 맺습니다. 우리에게 유리한 계약도 있고 불리한 계약도 있습니다. 어떤 규칙을 지켰을 때 보상을 받을 수 있는 계약도 있고 어기면 처벌을 받는 계약도 있습니다. 누구나 유리한 계약, 보상을 받을 수 있는 계약을 좋아하겠죠. 그런데 각자의 이해관계가 서로 충돌할 수 있기 때문에 조금 불리하더라도 받아들여야 하는 계약도 있습니다. 우리가 모여서 살고 있지 않다면, 무인도에서 홀로 살아간다면 뭐든지 마음대로 할 수 있으니 계약이 필요하지 않겠지만, 사회에 함께 살고 있기 때문에 서로가 서로에게 지켜야 할 약속이 있습니다. 이것을 '사회계약'이라 부릅니다.

그런데 사회계약에는 전제가 있습니다. 첫째로 계약을 맺는 당사자가 합리적이고 자유롭게 생각할 수 있는 주체여야 한다는 점입니다. 예를 들어, 갓난아기는 계약의 당사자가 될 수 없습니다. 갓난아기는 자신의 이해관계를 고려할 수 없기 때문입니다. 그리고 노예도 계약을 맺을 수 없었습니다. 노예는 자유를 가지고 있지 않기 때문입니다. 계약을 맺는 사람은 자기 이익을 합리적으로 따질 수 있고 계약을 맺은 대로 생각하고 행동할 수 있는 자유인이어야 합니다. 이런 점을 고려하지 않고 누구나 계약을 맺을 수 있다고 주장할 수는 없습니다.

둘째로, 사회계약은 당사자들의 평등을 전제합니다. 예를 들어, 왕과 평민은 굳이 계약을 맺지 않습니다. 왕은 계약 없이도 평민을 지배할 수 있으니까요. 계약이란 당사자들이 평등하기에 서로 합의할 점을 찾는 것입니다. 시민들은 서로 평등한 계약을 맺어 리바이어던이라는 주권자를 만듭니다. 주권자의 권력이 국민보다 훨씬 많을지라도 그건 평등한 시민이 동의하는 계약을 맺을 때에만 가능한 권력입니다.

마찬가지로 법적으로 고용계약서를 의무적으로 작성하는 이유는 비록 형식적일지라도 양자 사이의 관계가 평등해야 하고 자율적인 의지에 따라 정당한 대가를 받아야 한다는 점을 확인하기 위해서입니다. 편의점이나 주유소에서 아르바이트를 하더라도 법적으로 고용계약서를 쓰는 건 주인이 노동자의 노동을 사는 것이지 노동자의 인격을 사는 게 아니라는 점을 명확하게 하기 위해서입니다. 그러니 아르바이트생에게 노동 외에 부당한 행동을 요구하거나 지나친 벌칙을 가하는 건 위법한 행위입니다. 계약의 당사자는 평등합니다.

셋째로, 사회계약은 그 내용이 충분히 알려져서 모두가 알고 있을 때에만 유효하고 그런 계약이라 하더라도 계약 당사자의 궁극적인 목적을 방해할 수는 없습니다. 이른바 이면합의라는 게 있습니다. 겉으로 알려진 것과 다른 내용의 합의를 따로 하는 것을 가리킵니다. 보통 정치인들이 밖으로는 대의명분을 대면서 안으로는 실리를 따지며 야합하는 경우를 가리킬 때 많이 사용됩니다. 사회계약에서는 이면합의가 매우 잘못된 것이고, 사회를 내전으로 몰고 가는 것은 위험한 일입니다. 국민들이 알고 있는 것과 다른 합의가 존재한다는 건 동의를 철회하게 만드는 요인이기 때문입니다. 그리고 만약 그 이면합의의 내용이 계약의 목적인 국민의 생명을 담보로 삼는 것이라면, 이는 매우 심각한 문제입니다. 얼마 전 원자력발전소에 부품을 납품하는 업체들이 보고서를 조작해서 엉터리 부품을 무려 10년 동안 납품해 온 사실이 드러났습니다. 실험을 조작한 업체나 이를 묵인한 관료들은 시민의 생명을 담보로 이득을 챙긴 겁니다. 이런 비리는 단순한 범죄가 아니라 사회계약을 파기할 정도로 심각한 사안입니다. 왜냐하면 원자력발전소의 사고는 시민의 생명과 직결되기 때문입니다. 그래서 이런 부정은 사회계약에서 절대로 용납되지 않는 일입니다.

홉스의 리바이어던이 주권자에게 절대적인 권력을 줬다는 비난을 받음에도 근대 자유주의 이론의 중심이 된 것은, 정치와 정부의 가장 핵심적인 역할이 개인의 생명을 보호하고 질서 속의 자유를 누리도록 보장하는 것임을 분명하게 했기 때문입니다. 그리고 합리적인 이성 외에는 종교적인 신앙이나 가치들이 정치권력을 좌우할 수 없음을 분명하게 선언했기 때문입니다. 권력이 동의와 계약을 통해서만 정당성을 가질 수 있다는 점, 그리고 정부가 자신의 필요를 증명해야 정당성을 가질 수 있다는 점은 홉스의 사상에서 시작됩니다. 지켜야 할 것이 없는 정부는 권력이 아닙니다. 우리가 권력을 위임하더라도 두 눈을 부릅뜨고 있어야 하는 이유는 바로 그 때문입니다. 정부가 사회계약의 내용을 잘 지키고 있는지를 잘 감시해야 나의 자유가 존중을 받고 미래를 예측할 수 있습니다.

진짜지?

8장

우리는 진정
자유로운가요?

진정한 자유를 고민하는 청소년에게
밀이 들려주는 자유 이야기

●

이진희

이진희

성찰하지 않은 삶은 살 가치가 없다는 소크라테스의 철학에 공감하며, 소피스트가 난무하는 세상에서 그처럼 살고 싶지만 뜻대로 잘되지 않는 경우가 있어 마음이 답답할 때도 있다. 진정한 윤리는 존재하는 모든 것에 대한 책임이라는 말에 통감하면서 우리의 미래는 언제나 장밋빛일 거란 희망을 품고 이를 소망하는 마음으로 소박하게 살아가고 있다. 서울대학교 윤리교육과를 졸업하고 같은 대학원에서 박사학위를 받았다. 서울대를 비롯한 여러 대학에서 강의를 하면서 고등학교 윤리 교사를 직업으로 삼고 있다.

이 글은 존 스튜어트 밀이 지은 《자유론》을 풀어쓴 《자유론, 자유에 관한 인류 최고의 보고서》(이진희, 2011, 풀빛)를 토대로 하였다.

　지금 여러분은 자유로운가요? 하고 싶은 것은 많은데 공부도 해야 하고 과제도 해야 하니 자유롭지 않다고요? 머리에서 떠나지 않은 공부, 입시, 대학에 대한 긴장감으로 늘 힘들다고요? 그렇다면 여러분은 진정 자유롭지 않은 걸까요? 우리는 언제 자유롭다고 느낄까요? 중국집에 가서 자장면을 먹을까, 짬뽕을 먹을까를 고민하다가 내가 먹고 싶은 자장면을 선택한다면, 그때 자유롭다고 느낄까요?

　진정한 자유가 무엇인가를 치열하게 고민하고 그에 대한 답을 《자유론》이라는 저서를 통해 남긴 19세기 영국의 철학자가 있습니다. 여러분도 많이 들어 보았을 이름, 바로 존 스튜어트 밀

(1806~1873)입니다. 밀은 흔히 우리가 영국 역사의 전성기라 부른 빅토리아 시대(1837~1901)에 태어났습니다. 빅토리아 시대가 영국의 전성기라 불린 이유는 그때가 정치·사회·경제적으로 영국이 그 어느 때보다 안정된 시기였기 때문이에요. 무엇보다 정치적으로 자유민주주의가 제도화되어 당시 영국은 의회주의가 안정적으로 운영되었어요. 당시의 유럽 대륙의 다른 나라들에 비해 자유주의적인 성격을 띤 대부분의 제도 개혁이 별 어려움 없이 진행되던 시기였지요.

겉으로 볼 때 '자유주의'가 그 어느 때보다 안정적으로 이루어지던 때, 밀은 왜 자유에 대해 고민하고 그의 고민을 《자유론》이라는 저서를 통해 적극적으로 알리고 싶어 했을까요? 시민의 자유가 절대 권력의 손아귀에 있던 정치체제에 살고 있었던 것도 아니었는데 말이죠. 밀의 그런 노력은 마치 우리가 그것의 존재도 모른 채 너무도 자연스럽게 공기를 들이마시면서, 따로 '공기론'을 펼치는 것과 같이 뭔가 앞뒤가 맞지 않는 것처럼 느껴집니다. 아마도 밀은 그 공기가 우리의 몸에 해로운, 무언가 오염된 물질을 품고 있다고 생각한 건 아니었을까요? 자, 이런 의문을 품고 밀이 말한 자유에 대해 조금 더 깊숙이 들어가 볼까요?

진정한 자유란 무엇인가?

타인들과의 관계 속에 살아가는 우리 인간에게 진정한 자유란 무엇을 의미하는 것일까요? 이것을 설명하기 위해 밀은, 일을 자기 자신에만 관계되는 일과 다른 사람에게도 영향을 미치는 일로 나누어 설명합니다. 전자의 일에 대해서는 누군가 어떤 결정을 내리든 그것은 개인의 절대적 자유라고 보았지요. 하지만 후자의 일에 대해서는 타인에게 피해를 주지 않는 범위 내에서만 각 개인은 그의 자유를 행사할 수 있다고 보았습니다. 따라서 타인과 관련한 일에 대해서는 법적, 사회적 책임을 져야 한다는 거지요. 왜냐하면 사회적 존재인 인간은 그 행위가 다른 사람에게 영향을 미치게 되니까요. 다른 사람에게 피해를 주면서까지 나의 자유를 주장하는 것은 자유의 범위를 넘어서는 제멋대로의 방종이기 때문입니다. 이런 논리로 밀은 자유의 기본 원칙을 '위해의 원리(harm principle)'로 제시합니다.

다른 사람의 자유를 박탈하거나 자유를 얻기 위한 노력을 방해하지 않는 한, 각자는 자신이 원하는 대로 그의 삶을 영위할 수 있어야 한다.

말하자면 자신이 원하는 대로 삶을 영위하기 위한 조건은 다른 사람의 자유를 침범하지 않아야 한다는 것입니다. 그렇다면 밀은 왜 자유를 강조했을까요? 개인이 누려야 하는 자유가 지닌 가치는 무엇일까요? 왜 인간은 자유로운 존재여야 한다고 말하는 걸까요? 밀은 개인의 자유가 그 자신의 자아를 실현하고 행복을 보장할 뿐만 아니라 다른 모든 사람의 행복 또한 발전시킬 수 있다고 보았어요.

> 우리가 다른 사람의 행복을 빼앗으려고 하지 않는 한, 또는 행복을 추구하는 타인의 노력을 방해하지 않는 한, 자유라고 부를 만한 가치가 있는 유일한 자유는 우리가 좋아하는 방식으로 우리 자신의 행복을 추구하는 자유다.

즉 밀이 말하는 자유란 인간이 발전할 수 있는 유일한 그리고 항구적인 원천이자, 인간의 창의성을 계발하는 통로요, 인간 사회를 발전시키는 원동력인 셈이지요. 결국 밀이 논하는 자유가 지향하는 궁극적인 목표는 인간의 행복이며 사회의 진보였던 거예요. 그렇다면 밀이 중시한 자유는 행동의 자유만을 뜻하는 것일까요? 아닙니다. 밀은 행위의 자유 못지않게 사상의 자유를 중요하게 생각했답니다. 서로 다른 의견을 가진 사람들이 자유로운 토론과 논증을 통해 서로가 가진 결점을 보완하면서 나아갈 때, 인류는 진보할 수 있으며 창의성을 최대로 발휘할 수 있다고 믿었지요. 개인이 하고자 하는 바, 즉 '개성'의 발휘를 통해 인류는 행복에 이를 수 있다는 주장입니다. 바꾸어 말하면, 밀은 서로 다른 의견이나 다양한 인간의 개성이 억압받는 사회는 더 이상 발전할 수 없고 결국에는 퇴보한다고 보았지요. 이런 입장은 그의 공리주의적 사고와 밀접하게 연관되어 있어요. 개인과 사회는 보다 나은 행복을 찾기 위해 공존의 틀을 마련해야 하는데, 그 밑바탕이 바로 개인의 자유인 것이지요.

대중 민주주의가 지닌 함정, 다수의 횡포

그런데 여러분, 좀 이상하지 않나요? 분명 밀은 자유주의가 꽤나 안정되어 있는 시기에 살았습니다. 자유주의라는 말이 만약 모든 사람의 자유를 허용하고 적극적으로 지지하는 것이라면 왜 계속 자유, 자유, 자유를 외쳤을까요? 그것도 개인의 자유를요. 힌트는 다음에 있습니다.

역사적으로 볼 때, 절대적인 힘을 지닌 국가권력을 제한하는 것을 시민의 자유라고 보았습니다. 국가가 너무도 강압적으로 시민 개개인의 자유를 억압했기 때문이지요. 그래서 인류는 자유를 위한 기나긴 투쟁 과정을 통해 국민주권, 즉 스스로의 선출에 의해 탄생하는 국가권력을 획득하기에 이릅니다. 그것이 바로 근대 시민혁명이 목표로 했던 자유민주주의 정치체제이지요.

이렇게 선거를 통해 대중은 스스로의 권력을 만들어 내면서부터 국가권력과 더 이상 대립 관계가 아니라 상호 의존 관계가 되었고, 대중의 의사를 거스르는 권력은 그 존립 자체가 어렵게 되었어요. 이제 국가의 권력보다 대중의 힘이 커지게 된 것이지요. 일차적으로 원하는 '자유'를 손에 넣은 셈이에요. 모든 문제가 다 해결된 것 같았죠. 하지만 이러한 대중민주주의 시대가 자리 잡으면서 발생한 보다 큰 문제는 다수가 행사하는 횡포였지요.

다수의 횡포라니, 그건 무슨 말일까요? 아까 대중이 선거를 통해 스스로의 권력을 만들어 낸다고 설명했습니다. 우리도 현재 대통령을 뽑기 위한 선거나 국회의원 선거를 치르죠. 가깝게는 학생회 임원을 뽑기 위해 학교에서도 여러분은 선거를 드물지 않게 하게 됩니다. 그럴 때 결과는 어떻게 판가름 되나요? 바로 다수의 표를 획득한 쪽이 이기게 됩니다. 즉 선거의 자유는 있지만 결과의 자유는 모두에게 돌아가지 않는다는 것이죠. 바로 이 점에 밀은 주목을 했던 겁니다. 다수의 표가 또 다른 권력이 되고 그것이 사회에서 횡포를 일으킨다는 문제점을 발견한 거죠.

즉 사회를 지배하는 여론이나 신념, 혹은 관습이나 종교적 입장이 그와 다른 입장을 가진 소수의 개인들을 억압하게 되는 예기치 않은 문제가 생겨나게 된 거예요. 소수에게 의견 발표의 기회조차 주지 않거나 마치 정신병자를 대하듯 그들을 경멸함으로써 소심한 대중들에게 암묵적 동의를 강요하는 것이지요. 이렇게 되면서부터 사람들은 자신이 생각하는 의견조차 감추거나 맹목적으로 사회가 강요하는 의견에 동의하는 척할 수밖에 없게 된다는 거죠. 여러분도 아마 그런 경험을 해 본 적 있을 겁니다. 어떤 연예인을 많은 친구들이 별 볼 일 없다고 무시할 때, 자신이 좋아하는 그 연예인이 좋다고 말하면 왕따를 당할까 봐 그런 내색하기 힘든 때 혹시 없었나요?

이런 분위기는 어떤 결과를 초래할까요? 그것은 개개인의 사고방식을 사회의 지배적 사고방식에 획일적으로 맞추려는 것이며, 그의 개성을 말살하는 것은 물론 그의 정신마저 황폐화시키는 일이 됩니다. 이렇게 되면 그 사회는 마치 기계에서 뽑은 제품처럼 똑같은 생각과 의견만을 말하는 로봇을 생산하게 되고, 그 결과는 사회의 정체와 쇠퇴로 이어집니다. 진리를 추구하려는 비판적 지성은 사라지고 남다른 생각을 하려는 창의적인 사고도 사라지기 때문이지요.

물론 다수의 견해는 많은 사람들의 생각이 집약된 것이기 때문에 소수의 견해보다 옳을 가능성도 많아요. 하지만 그것이 반드시, 언제나 옳음을 보장하지는 않습니다. 우리는 소크라테스나 예수의 죽음 등 많은 역사적인 사례를 통해 이를 쉽게 발견할 수 있어요. 소크라테스의 사례를 들어 볼까요? 칠십이라는 고령의 나이에 진리를 외치다 법정에서 사형을 선고받은 소크라테스의 죽음 역시 당시 배심원들이 내린 다수결의 결과였습니다. 소크라테스가 생존했던 고대 그리스 아테네는 소피스트들의 천국이었어요. 그들은 상대주의적인 진리관을 지니고 있었답니다. 진리란 시대와 사회를 초월해서 객관적으로 존재하는 것이 아니라 시대와 사회에 따라, 때로는 사람에 따라 달라질 수 있다는 거지요.

그러니까 갑이 A를 지켜야 한다고 생각하면 그것은 갑에게 규범이 되지만 만약 을이 A를 지키지 않아도 된다고 여긴다면 을에게는 A가 규범이 되지 않는 거지요. A가 갑에게는 규범이 되고 을에게는 규범이 아니라면 A는 규범일까요, 아닐까요? 사람에 따라 규범이 되기도 하고 안 되기도 하는 거지요. 그렇다면 규범은 무엇일까요? 지켜야만 하는 것이기도 하고 지키지 않아도 되는 것이 되는군요. 매우 헷갈리

지요. 하지만 소피스트들은 이렇게 주장했어요. 그들은 무엇이 옳고 그른지를 이성적으로 파악하기보다는 세속적 성공이나 욕망의 추구, 힘의 논리들을 강조하면서 궤변을 일삼았지요. 소피스트들 스스로 그것을 궤변이라고 말하지는 않았지만 중세 이후 철학자들은 소피스트들을 궤변론자라고 불렀어요.

당시 이들의 궤변을 비판하고 나섰던 사람이 바로 소크라테스였습니다. 그는 '너 자신을 알라.'라고 다수를 향해 외쳤습니다. 그것은 무지를 자각하라는 말입니다. 자신이 얼마나 무지

한지를 깨닫고 그것을 통해 진리 앞에 겸손해지라는 것입니다. 소크라테스는 무언가 많이 아는 것 같은 사람들을 찾아가서 질문을 던집니다. 처음에 그들은 소크라테스의 질문에 대답을 잘하다가 어려운 질문 앞에서는 당황하게 되고 종국에 가서는 이렇게 생각하게 되지요, 무언가 알고 있다고 생각했는데 실은 아는 것이 없다는 것을. 그러면서 그들은 자신의 무지함을 깨닫게 되는 겁니다. 하지만 그러면서 그들은 질문한 소크라테스에게 수치심과 모멸감을 느끼게 되었던 겁니다. 이런 식으로 소크라테스는 점점 더 사람들로부터 미움을 받게 되었던 거지요. 이렇게 너 자신을 알라고 외치는 그가 아테네 사람들에게는 눈엣가시와 같은 존재가 되었어요. 결국 그는 국가가 믿는 신을 믿지 않았고 아테네 청소년들을 현혹시켰다는 죄목으로 재판을 받게 됩니다. 500명의 배심원들은 280 대 220으로 그에게 유죄를 선고하였고, 결국 그는 사형을 당하게 됩니다. 민주주의의 의사 결정 방법인 다수결에 의해서 말이죠.

다수의 견해는 도덕적 성찰과 비판적 숙고를 통해 얻어졌다기보다 다수의 사람들이 감정적으로 좋아하는 것을 집약한 것일 가능성이 크지요. 그러므로 다수의 의사란 결국 그 사회를 이끌어가는 어떤 정치 집단, 관료 집단, 종교 집단의 의견을 대중이 맹목적으로 받아들이고, 그에 대해 아무런 의심도 없이 대중 스스로의 선호와 혐오의 감정에 따라 결정한 것일 수도 있어요. 천동설이 지배적인 사회에서 '지구는 돈다.'라고 주장하다가 고통받은 사람들을 떠올려 보자고요. 지동설 하면 우리는 흔히 코페르니쿠스가 생각나겠지만, 그는 자신이 죽기 전에는 자신의 지동설이 담긴 책을 출간하지 말 것을 주문해서 살아생전에 박해를 받지는 않았어요.

하지만 갈릴레이의 경우는 좀 달랐죠. 그는 끊임없이 지동설을 주장하다가 종교 재판에 회부되는 아픔을 겪어야 했어요. 그리고 무릎을 꿇고 사제 앞에서 자신의 지동설을 번복하고 나서야 겨우 목숨을 부지할 수 있었습니다. 하지만 다시 세상에 나와 지동설을 주장했고, 또다시 재판을 받는 과정을 반복했습니다. 그래서 그는 결국 쓸데없는 소리를 지껄이고 다니는 사람으로 취급받으며 평생 감시자가 따라다녔고, 공식적으로 묘비명을 쓸 수가 없었어요. 하지만 중세의 천동설은 오늘날 지동설로 뒤집어졌지요. 사실 그는 재판에 회부되기보다는 오히려 노벨상을 받았어야 마땅하지 않나요? 그 역시 많은 사람들의 무지몽매 속에서 진리를 내다보는 혜안을 지녔기에 외로운 선각자로서 감내해야만 했던 아픔을 겪었던 거지요.

자, 이제 다수의 횡포가 무엇인지, 다수결의 원칙이 어떤 면에서 위험한지 조금 감이 잡히나요? 우리가 민주주의의 원리로 배웠던 다수결에 따라 결정된 의견이 항상 옳은 것만이 아님을 알 수 있게 되었나요? 자유주의 시대에 태어났음에도 진정한 자유를 외칠 수밖에 없었던 밀의 마음을 이해할 수 있게 되었나요? 밀은 외쳤던 겁니다. 다수의 의사가 다수의 횡포로 변질되는 것을 경계해야 한다고요. 지금까지 우리가 권력을 가진 자를 경계했던 것처럼 다수의 횡포에 대해서도 경계해야 한다고요. 특히 오늘날처럼 정치에 대한 무관심이 팽배해 있는 상황에서 의도된 여론이나 만들어진 여론에 의해 전체의 의사가 왜곡되는 상황이 얼마든지 연출될 수 있는 걸 떠올리면, 밀의 말은 19세기가 아닌 지금 바로 여기에서 하는 이야기처럼 생생하게 느껴집니다. 다수의 횡포를 경계한 밀의 말을 직접 들어 볼까요?

한 사람을 제외하고 모든 인류가 동일한 의견을 갖고 있다고 가정해보자. 전 인류가 그 한 사람으로 하여금 자신의 생각을 말하지 못하게 강제하는 것은 부당하다. 이것은 마치 권력을 지닌 한 사람이 그와 생각이 다른 모든 사람을 침묵하도록 강제하는 것이 부당한 것과 마찬가지이다.

사상의 자유, 토론의 자유가 중요하다

지금까지 왜 밀이 개인의 자유를 중요하다고 말했는지, 밀이 말한 진정한 자유가 무엇인지 살펴보았습니다. 자, 그렇다면 밀은 어떤 방법으로 자유에 도달할 수 있다고 말했을까요? 밀은 개인의 자유에 대한 제한이 적으면 적을수록 더욱 좋다고 말합니다. 특히 사상의 자유를 보장하는 것은 인간의 가장 기본적인 자유를 인정하는 것이며, 인류가 진리를 찾아 나아가기 위해서 반드시 필요한 기본 전제인 만큼, 어떤 의견이라도 자유롭게 발표할 기회를 주어야 한다는 것입니다. 그리고 이렇게 자유로운 생각을 펼치게 될 때야만 인간은 개성과 독창성을 발휘할 수 있고 진리에 한 걸음 더 가까이 다가갈 수 있다는 것이지요.

그러면 사상의 자유를 위해 어떤 태도가 필요할까요? 자신과 다른 견해를 '틀린' 견해로 보는 편견에서 벗어나 자신과 '다른' 견해라는 관용과 이해의 태도를 취해야 한다는 것이죠. 즉 진정한 사상의 자유가 보장되기 위해서는 자신과 다른 의견에 대해 열려 있는 자세가 필요하다는 것입니다. 그러므로 진정한 자유는 아집과 독선, 지적 권위에서 벗어남으로써 가능한 것이지요.

사상의 자유 못지않게 중요한 것은 토론의 자유이지요. 흔히 우리가 갖고 있는 의견이나 주장은 이성적이고 논리적인 사고에 따라 치밀하게 논증된 것이 아니라 그 사회의 대부분의 사람들이 옳다고 생각하는 감정이나 여론, 관습에 따라 결정된 것일 가능성이 높습니다. 보통의 사람들은 다수의 의사를 당연한 것, 즉 아무 의심도 없이 자명하고 정당한 것으로 받아들이는 오류를 범합니다.

따라서 토론과 논증을 거치지 않은 견해가 있다면 그것은 진리가 아니라 단지 독단일 수도 있어요. 어떤 의견이든, 예를 들어 기독교를 믿는 국민이 갖고 있는 신의 의지에 대한 절대적 믿음조차도 반대 의견을 경청하는 토론을 거침으로써, 그것이 진정한 진리라는 것을 입증할 수 있어야 합니다. 우리는 모든 견해에 대해 그것이 절대적으로 옳다고 믿는 무오류성의 가정을 버리고 토론을 통해, 즉 갑론을박을 통해 그 견해에 대한 근거를 따져 보고 그것의 진리성 여부를 판단해야 한다는 거지요.

　토론을 거치지 않고 비판에 열려져 있지 않은 진리는 진정한 진리라고 말할 수 없다고 밀은 여러 차례에 걸쳐 강조합니다. 어떤 의견도 오류일 수 있다는 가능성을 인정해야 한다는 것, 그러한 가능성을 증명할 수 있는 제도적 기반이 마련되어 있어야 한다는 것, 그리고 대부분의 의견이 진리의 일부분을 지닐 수 있기 때문에 함부로 다루어서는 안 되고 이에 대해 경청해야 한다는 것이 바로 그의 주장입니다.

　그러므로 자신의 견해를 가질 수 있는 사상의 자유 못지않게 그것을 표현하고 토론할 수 있는 자유는 절대적으로 인정되어야 합니다. 토론을 통해 만약 이 의견이 진리라면 우리는 진리를 발견할 수 있는 기회를 갖는 것이며, 그 의견이 틀린 경우에는 다수의 견해가 가진 정당성을 다시 한 번 확인할 수 있는 기회를 갖는 셈입니다. 뿐만 아니라 소수의 의견이 부분적으로 진리를 지니고 있다면 다수 의견과의 상호 토론을 통해 보다 완전한 형태의 진리를 얻을 수 있는 기회를 얻는 것이지요.

서로의 다름에 대한 인정이 모두에게 꼭 필요한 시대

　그럼 이쯤에서 오늘날의 우리 사회를 한번 들여다볼까요? 우리는 어떤 사회에 살고 있고, 개인의 자유가 얼마나 보장받는 사회인지를요. 만약 우리가 밀이 주장하는 자유를 실현하고 보장받는 사회에 살고 있다면, 《자유론》을 군이 되새길 필요는 없을 테니까요.

사실 오늘날은 밀이 살았던 사회보다 더 많은 자유를 영위하고 있고 각자의 개성을 추구하는 것이 인정되고 허용되는 사회입니다. 즉 역사상 그 어느 때보다 인간의 자유를 보장하고 각 개인의 개성을 강조하는 사회라 할 수 있지요. 그리고 이러한 자유의 실현과 개성의 발휘를 통해 우리 인간은 정신적 행복을 느낄 수 있고 인류의 복지 증대에 기여할 수도 있습니다. 언뜻 보면 밀이 살았던 시대보다 지금 우리 사회가 개인의 자유가 더 보장되고 실현되는 사회처럼 보이는군요. 그런데 자세히 들여다보면, 말하자면 밀이 썼던 안경을 우리 사회를 들여다보는 거울처럼 활용하면 말이지요. 꼭 그렇지만도 않은 현실과 마주하게 됩니다. 한번 볼까요?

겉으로는 각자의 개성을 발휘하는 것처럼 보이지만, 여전히 우리 청소년들은 개성을 인정받기보다는 성적순으로 능력을 평가받습니다. 명문대라는 간판은 우리의 일그러진 교육 현실을 만들어 놓았죠. 그런 현실을 무비판적으로 수용하면서 획일적으로 살아가는 사람들 또한 너무도 많습니다. 사회에서 힘이나 권력을 쥔 사람들을 볼까요? 열린 귀, 열린 마음은커녕 상대방의 의견은 묵살하고 자신의 생각을 강요하기에 여념이 없습니다. 만약 과도한 개인주의와 자유주의에서 빚어지는 문제점을 극복하기 위해 다시금 공동체주의를 부활해야 한다거나, 개인의 희생과 헌신을 미화함으로써 공동체의 이상 실현을 위한 삶을 추구해야 한다고 주장한다면 시대착오적인 발상이라 비난받을지도 모를 일입니다.

어떤가요? 우리 사회는 자유가 보장되는 사회인가요? 여러분은 여러분의 자유를 가정 안에서, 학교에서, 사회에서 존중받고 있나요? 또 상대방의 자유도 인정하나요? 만약 아니라는 답이 나온다면, 그건 왜 그럴까요?

밀이 생존했던 당시보다 오늘날의 우리 시대는 더 나은 민주주의 제도를 갖추고 있지만, 민주주의는 이제 더 이상 우리가 가꾸고 만들어 가야 하는 제도라기보다는 식상하고 진부한 것이 되어 버린 지 오래입니다. 민주주의의 꽃이라 불리는 선거도 그 의의가 상당히 축소되어 그에 대해 사람들은 점점 더 무관심해지고 있지요. 심지어는 개인의 자율성과 창의성을 중시하는 듯이 보이지만 대중매체의 출현과 여론 조작을 통한 획일화는 오히려 더 가속화되고 있는 듯이 보입니다. 이러한 상황에서 정보 통신 시대의 출현은 제러미 벤담이 제안하고 미셸 푸코가 말했던 "진행되는 모든 것을 한눈에 파악할 수 있는 거대한 감옥", 즉 대중 감시가 일상화될 수 있는 판옵티콘(Panopticon)의 재현을 걱정하게 합니다. 혹은 조지 오웰의 《1984년》에 등장하는, 무소불위의 지배자 빅 브라더(Big Brother)의 출현을 우려하게 합니다.

바로 여기에 밀이 말한 '자유란 남에게 피해를 주지 않는 한도 내에서 자신이 원하는 선호를 택할 수 있는 것'이라는 주장이 유의미하다고 볼 수 있어요. 밀이 《자유론》에서 강조하고 또 역설한 것은 사람들의 서로 다른 다양성과 개성에 대한 상호 인정과 그 자유의 보장, 그리고 여론이든 국가권력이든 다수의 횡포가 행할 수 있는 자유의 침해에 대한 우려였지요. 우리가 살아가는 현대사회는 다양한 생각과 신념들이 공존하고 있고, 과거 밀의 시대에 비해 더욱 논쟁거리가 많습니다. 그럼에도 다수의 의사를 점하고 있는 사람들은 자신과 다른 의견에 대한 무차별한 공격과 모독을 일삼고 있어요. 19세기를 살았던 밀이 보면 21세기의 이런 모습은 인류의 진보가 아니라 퇴보라고 했을지도 모를 상황입니다.

《자유론》에서 말하고자 했던 사상이나 토론의 자유에 대한 해답은 지금 우리가 안고 있는 이러한 문제를 해결하는 데 중요한 시사점을 줍니다. 서로 다른 견해가 대립되는 문제가 있더라도 의견의 일치를 고집하지 않으며, 나의 주장을 강요하는 것이 아니라 오히려 반대편의 의견을 경청해서 나를 보완하려 한다면, 아마도 우리가 겪는 획일화나 갈등의 문제가 상당 부분 해소될 것이라 생각됩니다.

각종 토론에 나온 사람들은 더욱더 밀의 주장에 고개를 숙여야 할지도 모릅니다. 토론하는 과정에서 나의 주장이 지니고 있는 모순점을 발견하거나, 내 주장의 근거가 타당하지 않거나 미흡할 때에는 상대의 반론을 인정하는 열린 자세를 갖지 않는 한, 토론은 결국 다람쥐 쳇바퀴처럼 헛돌 것입니다. 자기주장의 논거를 면밀하게 살펴보고 반대 의견에 대한 반론까지도 충분하게 생각하지 못한다면 토론은 심도 있게 진행되지 못할 것입니다. 나아가 과감하게 다른 의견의 좋은 점을 받아들이고 스스로의 의견을 더 나은 방향으로 발전시킬 수 있는 용기를 갖지 않는다면, 우리 사회의 발전, 그리고 사회와 개인의 자유에 대한 문제는 여전히 숙제로 남을 것입니다.

어느 사회에서나 다른 목소리는 존재하기 마련입니다. 특히 인종과 풍습, 문화가 서로 다른 사람들이 살아가는 오늘날의 글로벌 시대에는 더욱더 그러합니다. 즉 이 시대에는 서로의 다름에 대한 인정이 모두에게 꼭 필요하다는 말입니다. 잘못된 의견을 가진 단한 사람의 목소리일지라도 사회에 피해를 주지 않는 한 그것을 보호하는 것이야말로 진정한 자유라는 것, 더 나아가 그런 다른 목소리가 때로는 사회를 발전시키는 창조적 원동력이 될 수 있다는 것을 주장한《자유론》이 그렇기에 여전히 의미 있는 것이죠.

밀의 이런 주장을 보면서, 우리는 과연 열린 마음으로 나와 다른 생각을 진정으로 포용하려고 노력했는지 되돌아보지 않을 수 없습니다. 자신과 비슷한 생각을 가진 '우리'와는 열심히 소통하면서 자신과 다른 생각을 지닌 사람을, 비록 그들이 피해를 주지 않음에도 불구하고 '그들'이라 선을 긋고 비난하지 않았는지 반성할 일입니다. 그들에게는 왜 우리의 의견을 수용하지 않느냐고 말하면서 자신은 그들의 견해에 신중히 귀를 기울였는지 돌아볼 일입니다. 세상이 갈수록 더 다양해진다는 것은 받아들이지 않을 수 없는 사실이지요. 앞으로 점점 더 다원화된 세상이 펼쳐질 것입니다. 이러한 시대에 다수의 의사라는 이유로 하나의 목소리, 획일화된 시각으로 생각이 다른 의견을 억압하는 것은 아닌지 날카로운 눈으로 우리가 지켜보지 않는 한 진정한 자유는 오지 않을 것입니다. 그러지 않으면 우리는 서로가 서로를 인정하며 즐기는 사회, 다시 말해 진정으로 자유를 누리는 사회로 나아갈 수 없을 것이기 때문입니다.

밀은 자서전에서 "나는 단 한 번도 소년이었던 적이 없었다."라고 회고하였지요. 당시 석학이었던 아버지 제임스 밀의 극성맞은 조기 교육 탓에 그는 세 살에 그리스어를 배우고 일곱 살에 이미 플라톤의 대화편을 읽어야 했으며, 열두 살에 경제학과 논리학에 심취하지 않으면 안 되었습니다. 학교 교육을 제대로 받지 못해 친구가 늘 부족했고 또래의 사내아이들이 경험했던 모든 놀이에서 차단된 채 학업에 열중해야만 했습니다. 그런 그가 즐거워야 할 어린 시절을 몽땅 저당 잡힌 채 접했던 다양한 학문들이 고스란히 녹아 있는 책이 바로 《자유론》입니다. 이렇게 시대를 풍미했던 사상가의 아픈 경험이 묻어 있는 《자유론》을 읽어 보면서 우리 시대의 진정한 자유의 의미와 가치에 대해 생각해 보는 것은 어떨까요?

9장

왜
배워야 하나요?

배워야 하는 이유,
《대학》과 《중용》에서 깨닫기

●

마현준

마현준

어렸을 때에는 그림을 잘 그리고 자동차 모형을 잘 만들어서 주변 사람들로부터 화가가 될 것이라는 말을 많이 들었으나 정작 선택한 전공은 철학이다. 성균관대학교에 입학하여 유학을 비롯한 한국철학과 동양철학에 발을 들여놓았다. 현재는 양정고등학교에서 윤리 교사로 재직하면서 한국의 전통 문화를 가르치고 있다. 올해부터는 농구부 감독을 맡아서 다소 생뚱맞다는 소리도 듣고 있다. 방송작가·배우·연출가·성악가 등으로 구성된 모임인 '소사모(소리를 사랑하는 사람들의 모임)'의 회원이기도 하며, 우리의 전통 민요에 흥미를 가지고 있다. 사단법인 서도소리보존회의 이사로 활동하면서, 나름대로 교육 현장에서 학생들에게 전통 민요를 소개하고 그 전승에 힘쓰고 있다.

이 글은 《대학》과 《중용》을 풀어쓴 《대학·중용, 밝은 마음을 찾아가는 배움과 도리》(마현준, 2005, 풀빛)를 토대로 하였다.

태어나서 죽을 때까지 듣는 말, 공부해라!

여러분, 아마도 여러분이 지금껏 가장 많이 듣는 말이 뭔지 돌이켜 보면 아마 '공부해라!'가 아닐까 싶은데, 맞나요? 집에 가면 부모님에게, 학교에 오면 선생님에게 "그렇게 해서 대학 가겠냐, 공부 좀 열심히 해라." 이런 소리를 수없이 들어 왔을 겁니다. 저 또한 학교에서 아이들에게 적지 않게 하고 있고요.

칭찬도 여러 번 들으면 싫다는데, 잔소리 같기만 한 이 말을 어른들은 왜 자꾸 하는 걸까요? 그리고 나쁜 말이 아님에도 그 소리를 들으면 왜 짜증부터 나는 걸까요? 그래서 가끔은 듣다들다 못한 여러분이 "엄마 아빠는 그럼 어렸을 때 공부 열심히 했어요?" 이렇게 되받아치기도 했을 것 같네요.

어른 말씀을 들으면 자다가도 떡을 얻어먹는다는 속담이 있듯, 공부하라는 부모님의 권유에는 공부가 그만큼 중요하다는 뜻을 담고 있는 거겠죠? 그렇다면 왜 그렇게 공부는 중요할까요? 공부를 하면 뭐가 좋은 걸까요? 자, 우리는 왜 배워야 할까요? 이 질문에 답하기 위해 먼저 다른 질문을 해 보죠. 왜 공부하라는 이야기를 들으면 짜증부터 날까요? 공부가 대체 뭘까요?

오늘날 우리가 흔히 생각하는 배움의 이유나 목표는 먹고사는 문제를 해결하기 위한 수단입니다. 쉽게 말하면, 공부를 잘해서 좋은 고등학교, 좋은 대학에 들어가고, 좋은 성적을 얻어 졸업하면 그렇지 않은 사람보다 보수와 직업 수명이 보장되는 안정된 직장을 가기 편리하다는 것이지요. 이렇게 지극히 개인적인 안위를 위해 공부를 하다 보니 순수한 가르침과 배움의 장이 되어야 할 학교는 승자만이 살아남는 전쟁터를 방불케 합니다. 학교를 졸업한 뒤 취직한 회사에서도 남보다 먼저 승진하고 연봉을 올려 받기 위해 회사가 요구하는 또 다른 공부를 하게 되지요. 결혼해서 자식을 낳으면, 자식이 변변한 직업이라도 가지지 못할까 우려해 은행에서 대출을 받아 좋은 학군에 있는 집을 얻습니다. 그리고 좋은 학교에 입학하기 위한 정보를 얻기 위해 학부모는 또 공부를 하고 있고요. 말하자면 우리 삶은 한평생 생존경쟁, 적자생존의 밀림과 다름없습니다. 이런 사회에서 살아남기 위해 공부는 일종의 생존

전략으로, 자기를 지키기 위한 방패의 기능을 하는 것이죠.

이렇게 기능으로서의 공부이다 보니 공부하라는 말이 에밀레종의 울림처럼 아름답게 들릴 리 만무한 것이겠죠. 오직 남보다 좋은 점수를 얻기 위한 한정된 공부의 범위는, 공부에 그 어떤 재미도 부여할 수 없는 한계가 있는 것입니다. 물론 이런 식의 공부를 조장하는 우리 사회에 근본적인 문제가 있습니다. 지난 3월 '사교육걱정없는세상'에서 〈찾았다 진로!〉라는 책자를 발간했습니다. 그 책에는 진로 전문가 28인이 수많은 자료들을 수집해서 우리 사회에 만연된 진로에 관한 12가지 잘못된 생각을 정리하고 있는데요. 그중 몇 가지를 살펴볼까요?

진로에 관한 잘못된 생각 2 : 일단 성적을 올려놓아야 진로 선택 폭이 넓어지지 않나요? 진로에 관한 잘못된 생각 5 : 우리 사회에선 취업할 때 여전히 학벌을 무시할 수 없잖아요? 진로에 관한 잘못된 생각 6 : 서울권 대학은 들어가야 제대로 된 직장을 잡지 않을까요?

이건 미래의 진로를 전망할 때 잘못된 생각이라고 전문가들이 지적한 것이지만, 이 잘못된 생각이 바로 우리 사회의 진면목을 반증한다고 볼 수 있을 겁니다. 내가 아무리 공부에 대해 다른 시각으로 접근해도 사회가 그런 소신과 사람을 받아들이지 않을 거라는 걱정이 기능성 공부를 조장하는 현실적 이유일 테니까요.

하지만 어떤가요? 그렇게 공부해서 좋은 대학에 들어가고 남들이 부러워하는 직업을 가지게 되면 행복할까요? 한국직업능력개발원에서 발표한 직업 만족도 조사에서, 만족도 랭킹 1위와 2위를 차지한 직업은 각각 사진작가와 작가입니다. 그리고 사람들이 선망하는 의사는 몇 번째일까요? 바로 170개의 직업에서 169위에 있습니다. 최하위죠. 물론 의사라는 직업을 가진 사람들이 모두 소신도 없고, 행복하지 않다는 말은 아닙니다. 다만 이 기록은 공부를 통해 생계를 유지하는 것과 그것을 통해 얻는 행복감은 다르다는 것을 말해 주는 것으로 이해할 수 있겠지요. 그것은 공부의 목적을 지금보다는 다른 각도와 시야로 넓게 봐야 한다는 경각심을 불러일으킵니다.

그렇다면 공부, 혹은 배움의 이유를 우리는 어디에서 찾아야 할까요? 우리 선조들이 어렸을 때부터 읽었던 경전 중《대학》과《중용》에서 그 힌트를 얻을 수 있을 것이라 생각합니다. 과연 두 책에서는 배움을 어떻게 정의하고 있을까요?

열다섯에 시작하는 공부,《대학》

《대학》과《중용》은 잘 알고 있듯 사서 중 두 권입니다. 흔히들《논어》,《맹자》,《대학》,《중용》의 순서로 사서를 말하지만, 실은 공부의 순서를 볼 때, 맨 처음이《대학》이요 마지막이《중용》입니다. 소학을 마친 뒤 15세가 되어 배우는 첫 번째 책이《대학》인데, 그것은 유학이 추구한 이상 정치를 실현하기 위해 어떻게 자신을 수양해야 하는지 그 자세에 대해 정리하고 있습니다. 《중용》은 그 안에 심오한 유학의 원리가 담겨 있는데, 사람의 본성과 내면세계를 밝혀 치우치지 않는 삶의 도리를 설명하고 있습니다. 또한 지금까지의 공부의 자세와 실천법과는 다른, 원리와 이론을 철학적으로 다루고 있기에 사서 중 가장 마지막에 공부해야 할 책인 것이지요.

《대학》이 15세에 공부하는 첫 번째 큰 학문이니, 연령상으로 보면 바로 여러분을 위한 맞춤형 책이겠네요. 이제 그것을 펼쳐 볼까요? 《대학》을 열면 맨 처음으로 '대학(大學)의 길'이 무엇인가에 대하여 제시하고 있습니다. 말 그대로 옮기면 '큰 학문의 길'이라고 할 수 있습니다. '대학으로 가는 길'이라고 해도 무방합니다. 또는 《대학》이라는 글공부에 참여하는 자라면 마땅히 이러이러해야 하는 길에 대하여 설명한 것이라 해도 됩니다. 이를 '삼강령(三綱領)'이라고 합니다. '밝은 덕을 밝히고[명명덕(明明德)], 백성과 함께하며[신민(新民) 또는 친민(親民)], 지극한 선에 머무는 것[지어지선(至於止善)]'입니다.

그런데 가만히 보면 이상한 구석이 있습니다. 아니 어째서 밝은 덕을 밝히라는 것일까요? 밝은데 뭘 더 밝히라는 것이죠? 덕(德)은 본래 '곧을 직(直)' 밑에 '마음 심(心)'을 붙여서 '덕(悳)'으로 썼습니다. 곧은 마음이라고 해도 틀림이 없습니다. 유학에서는 인간의 마음은 태어날 때부터 한 점 티끌도 없는 순수 그 자체라고 보고 있습니다. 어린아이들의 눈망울을 보세요. 얼마나 맑고 깨끗합니까? 그런데 문제가 생겼습니다. 타고난 착한 성품을 그대로 잘 간직한다면 무슨 문제가 있겠습니까? 여러분들 경우를 한번 생각해 보세요. 초등학교에 다닐 때만 해도 얼마나 맑고 순수했습니까? 그런데 어찌 된 일인지 자신도 모르게 때가 묻어 버렸습니다. 문득문득 그렇다고 느낀 적은 없나요?

타고난 착한 마음을 잘 간직하기란 결코 쉬운 일이 아니라는 것은 어느 정도 인생을 살아 온 여러분들도 절실하게 느끼리라 봅니다. 더군다나 육체를 가지고 있는 한 주변 환경의 유혹에서 벗어나기란 여간 어려운 일이 아니지요. 이를 위해서 우선 알아야 할 것은 '밝은 덕을 밝히는 일'에 반드시 거창한 공부가 필요한 것은 아니라는 것입니다. 요즘 현대사회는 드러나는 결과를 너무 중시한 나머지 과정을 무시하는 경향이 심하지요? 다시 말해서 목적을 달성하기 위해 수단을 가리지 않는다는 말이기도 하고요.

즐거운 방학이 시작됨과 더불어 마음 한구석에 걱정거리가 파고들 때가 있습니다. 바로 성적표입니다. 학교나 집에서도 성적을 중시하고, 친구들 사이에도 성적이 커다란 고민거리입니다. 물론 공부를 열심히 해서 좋은 성적이 나왔는데 무엇이 문제냐고 따진다면 할 말이 없습니다. 그러나 중요한 것은 '왜 공부를 해야 하나?' 하는 목적이 분명해야 하고, 그 과정 또한 반드시 옳아야 한다는 것입니다.

예전에는 공부를 많이 한 사람을 모든 면에서 완벽에 가까운 사람으로 여겼습니다. 그래서 대학교를 졸업한 사람에게 존경을 표하는 경우가 많았지요. 사실 공부를 많이 한 사람이면 당연히 그에 걸맞은 도덕성을 갖추고 있어야 하지요. 특히 고위 공직자를 비롯한 사회 지도층이라고 불리는 자들의 행태에서 그렇지 못한 경우를 너무나도 자주 목격하다 보니, 존경심은커녕 공부깨나 한 사람이 저래서야 쓰나 이런 생각이 들기조차 합니다. 무엇보다도 더 큰 문제는 그런 사람들이 맑고 밝은 영혼을 간직한 청소년들에게 악영향을 끼친다는 것입니다. 그래서 '대학 물(대학을 다녔음을 뜻함)'을 먹었다는 사람들이 과연 그에 걸맞은 행동을 하는지 따져야 할 때도 있습니다. 물론 그렇지 않은 경우가 많지요. 그래서 《대학》을 공부한 사람은 전문 지식을 배우는 것에서 그치는 것이 아니라, 몸과 마음에 찌든 때를 닦아 내는 작업을 해야 합니다. 그것도 짧은 순간에 후딱 해치우는 것이 아니라, 평생토록 그치는 일이 없어야 합니다.

　우리가 성인(聖人)으로 받드는 인물들을 살펴봅시다. 석가모니와 공자, 예수, 소크라테스 등이 대표적인 인물이지요. 이들의 공통점은 무엇일까요? 먼저 소크라테스를 제외하면 그들은 모두 신앙의 대상입니다. 또 어떤 공통점이 있을까요? 모두 희생을 아끼지 않은 자들이라는 점에서 같습니다. 즉 자기만을 위해서 살다가 간 사람들이 아니라는 것입니다. 적어도 무엇을 더 먹고 입고 가지려고 애쓴 사람들은 아니라는 겁니다. 세속적인 입장에서 본다면 참으로 불우한 삶을 살다가 간 사람들입니다.

　석가모니를 보세요. 흔히 부처라고 하지요. 그는 인도 북부 지방의 자그마한 왕국의 왕의 아들로 태어났습니다. 그런데 부모의 과잉보호로 세상 물정을 제대로 알지 못하고 소년 시절을 지냈습니다. 요즘 입장에서 보면 사춘기를 제대로 겪지 못한 것입니다. 그러다가 우연히 왕궁 밖을 나가게 돼서야 비로소 사람들이 비참하게 사는 현장들을 목격했습니다. 실로 충격이었습니다. 좋은 모습만 보고 자라 온 석가에게는 그야말로 충격일 수밖에 없었습니다. 그렇게 깨달은 바가 있어 석가모니는 갖은 고행을 자처했지만 세상은 달라진 것이 없었습니다. 달라질 리가 없지요. 달라지면 이상하지요. 한 사람의 고행이 세상을 변화시킬 수는 없는 노릇이니까요. 결국 그가 깨달은 것은 무엇일까요? 바로 사람뿐만 아니라 만물이 서로 끊으려고 해도 끊을 수 없는 관계 속에 있다는 사실입니다. 악은 악을 낳고 선은 선을 낳는다는 지극히 단순하고도 당연한 진리를 깨달은 것이지요. 그래서 석가모니는 선행을 하라고 말하게 되었습니다.

공자는 어떤가요? 석가모니는 공자에 비하면 매우 좋은 환경에서 태어났다고 할 수 있습니다. 공자는 출생부터 불행이었습니다. 일찍 부모를 잃었으니, 요즘 표현대로 말하자면 불우이웃입니다. '문제아'가 될 수 있는 환경이 골고루 갖춰져 있었습니다. 하지만 공자는 결코 사회에 물의를 일으키거나 추태를 보인 적이 없었습니다. 불우한 환경에도 불구하고 매사에 일 처리를 분명하게 하고자 노력한 솔직하고 성실한 인간이었습니다. 천재도 아니며 족집게 과외 수업 한 번 받은 적도 없습니다. 그저 묵묵히 고전을 읽고 공부를 하면서 올바른 사람이 되고자 수양하는 자세로 평생을 살았습니다. 자신의 부귀영화를 위해서 꾀를 냈던 인간이 아니라, 어찌하면 '인간답게' 사는가를 고민했던 참스승이었던 거죠.

예수는 또 어떻습니까? 그야말로 행복한 시간이 순간이라도 있었을까, 하는 생각이 듭니다. 아마도 제자와 세상 사람들에게 진실을 이야기할 때가 가장 행복한 시간이었을 겁니다. 예수는 당시 힘깨나 쓰는 사람들에 의해서(물론 자청한 것이기도 하지만) 십자가에 매달려 처형을 당했지요. 이 형벌은 매우 끔찍한 처형 방법입니다. 사실 처형하는 데 끔찍하지 않은 것이 있겠습니까? 사형 방법에도 종류와 등급이 있습니다. 죽이더라도 고통을 줄여서 죽게 하는 것은 죄인에 대한 예의입니다. 죄질이 나쁘다면 죽이는 방법도 그렇고 시신도 챙길 수 없도록 하지요. 그런 점에서 십자가에 매달아서 죽이는 사형 방법은 어떤지 아십니까?

먹는 음식과 비교해서 좀 그렇지만 강원도 특산품 중에 황태라는 것이 있지요. 명태를 대관령같이 높은 지역에서 말린 것을 황태라고 한다는 것쯤은 이미 알고 있으리라 믿습니다. 황태는 매서운 겨울철 눈보라와 청정한 바람 속에서 말리는 명태를 말합니다. 겨울밤이면 맹추위에 시달려 명태는 순식간에 얼어붙습니다. 그러고는 낮엔 햇볕 때문에 녹겠지요. 이렇게 얼고 녹는 과정을 반복하면서 서너 달을 지내면 속살이 노랗게 변해 황태라는 이름을 얻습니다. 맑고 서늘한 바람 속에서 담백하고 쫄깃한 맛을 간직한 황태가 되는 것이지요. 그렇지만 명태 입장에서 본다면 얼마

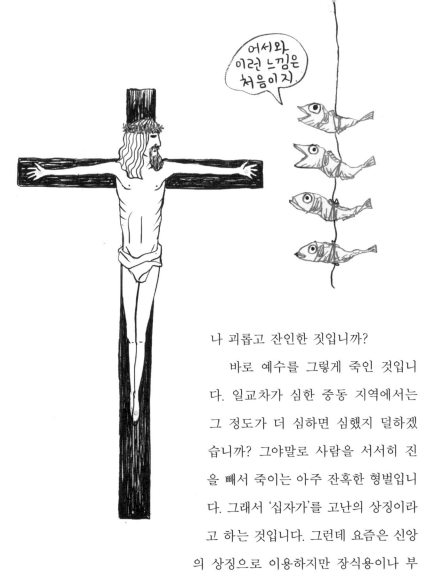

나 괴롭고 잔인한 짓입니까?

바로 예수를 그렇게 죽인 것입니다. 일교차가 심한 중동 지역에서는 그 정도가 더 심하면 심했지 덜하겠습니까? 그야말로 사람을 서서히 진을 빼서 죽이는 아주 잔혹한 형벌입니다. 그래서 '십자가'를 고난의 상징이라고 하는 것입니다. 그런데 요즘은 신앙의 상징으로 이용하지만 장식용이나 부적처럼 여기는 경우도 있으니 좀 괴이한 일이지요. 오늘날 우리의 모습을 봅시다. 공자는 몰라도 석가와 예수를 놓고서, 그 고생만 하다가 떠난 이에게 빌고 또 빌고 있지 않습니까? 자신의 탐욕을 신앙이라는 이름으로 포장하는 일이 없는지 돌이켜 볼 일입니다.

이소룡의 '쿵후'를 배워라

　그러면 《대학》에서 말하는 지극한 좋음, 지선(至善)이 무엇일까요? 바로 '명명덕'과 '친민'입니다. 석가와 예수와 공자가, 우리가 의사(義士)라 칭하는 윤봉길과 안중근이 명명덕과 친민을 실천한 분들입니다. 그들은 단지 어떠한 성과나 업적을 남기기 위해서 노력한 사람들이 아닙니다. 《대학》의 내용을 제대로 이해한 사람이라면 이들처럼 자신의 업적을 남에게 보이기 위해서 노력하지 않습니다.

　지금은 추억 속으로 사라졌지만 30~40년 전만 하더라도 이발소나 목욕탕에 가면 벽면에 〈기도하는 소녀(사실은 소년이지요. 기도의 선지자인 사무엘일 것입니다)〉라는 작은 액자와 '가화만사성(家和萬事成)'이라는 글과 함께 어미돼지가 새끼들에게 젖을 물리고 있는 그림이 걸려 있었습니다. 아주 드물게 '진인사대천명(盡人事待天命)'이라는 족자가 걸려 있는 집도 있었습니다. 그건 '사람이 해야 할 일에 최선을 다하면서 하늘의 명을 기다려라.'라는 말입니다. 인간이 먼저 해결할 일에 대해서 최선을 다하고 그 나머지는 운명에 맡기라는 뜻으로 새겨도 크게 틀림이 없을 것입니다.

　첨단 학문을 달성했다고 하지만 자연현상이 여의치 못하면 불가피하게 기회를 미룰 수밖에 없는 경우가 종종 있지요. 그야말로 '진인사'를 했으니 '대천명'해야 한다는 뜻이지요. 그러나 이는 앞뒤 순서가 있는 동시에 진행형임을 명심해야 합니다. 바로 《대학》

의 내용을 제대로 이해하려면 이러한 점을 염두에 두어야 합니다. 반드시 명명덕을 한 다음에 친민을 하고 그런 다음에 지어지선에 도달하는 것이 아니라, 명명덕을 하면서 친민을 하고 친민을 하면서 명명덕을 한다면 그 자체가 바로 지어지선이라는 뜻입니다.

진정한 배움의 길을 가는 사람이라면 자기만을 위한 노력을 하지도 않을뿐더러, 그 노력 또한 혼자만의 힘으로 이루어진 것이 아님을 알 것입니다. '공부해서 남에게 주냐?'라는 말은 자신이 노력해서 얻은 공부의 내용은 자신의 소유라는 것이지만, 결국에는 남에게 줄 수밖에 없음을 깨달아야 할 것입니다. '내가 무엇 때문에 공부하지?'라는 의문도 가진 적이 있었을 것입니다. 고생스럽지만 열심히 공부하면 다 내 것이 되니 군소리하지 말고 열심히 공부나 하라는 격려의 말이겠지요. 그러나 공부해서 남에게 줄 수밖에 없다는 것을 명심해야 합니다. 그러니 남에게 주려면 제대로 배워야겠지요.

'이소룡(李小龍)'이라는 배우를 들어 보았을 것입니다. 부르스리(Bruce Lee)로 알려져 있지요. 〈용쟁호투〉, 〈정무문〉, 〈맹룡과강〉, 〈당산대형〉 등 1970년대 우리나라 극장가에 액션 무협 영화를 흥행케 한 장본인입니다. 영화를 보고 무술을 따라 한다고 온몸에 멍투성이가 되는 사람도 많았습니다. 특히 쌍절권인지 뭔지 때문에 말이지요.

그가 하는 무술을 포함해 중국 무술을 흔히 '쿵후'라고 했습니다. 그러나 사실 쿵후는 무술만을 가리키는 말이 아닙니다. 바로

'공부'입니다. 사전에는 '학문이나 기술을 배우고 익힘'이라고 적혀 있습니다. '배우고 익히다'라는 뜻도 있습니다. '학습'과 '독서'의 의미로 쓰이기도 합니다. 그러나 정확한 뜻은 '모자란 상태에서 더 나은 상태로 발전해 가는 모든 과정'이라 해야 합니다. 무술 또한 그러한 과정을 겪어야 하기 때문입니다.

우리가 공부의 뜻을 너무 좁게만 생각하여 '공부=학교나 학원에서 배우는 학습 과정' 정도로 여기고, 그것을 곧 배움 또는 배우는 것으로 동일하게 여기기 때문에 공부는 성적이나 성과로 곧바로 연결됩니다. 그러니 '공부해서 남 주느냐?' 식의 아주 어리석고 이기적인 답변을 요구하는 질문을 하는 것입니다. 여러분들의 공부가 자신의 일신만을 위한 것인가, 혹은 남을 의식하여 보여주기 위함인가, 아니면 나를 포함하여 우리가 더불어 사는 세상을 만들기 위한 과정인가를 스스로 질문해야 할 것입니다.

《중용》, 평범한 사람들이 일상에서 실천할 수 있는 도를 말하다

《중용》의 저자는 맨 처음에 이렇게 적고 있습니다. "하늘이 명한 것을 성(性)이라 하고[천명지위성(天命之謂性)], 성을 따르는 것을 도(道)라 하고[솔성지위도(率性之謂道)], 도를 닦는 것을 교(敎)라 한다[수도지위교(修道之謂敎)]." 무슨 말인지 정확히 알 수는 없으나 뭔가 그럴듯하고 웅장해 보이지 않습니까?

여기서 하늘은 푸른 하늘만을 말하는 것도 아니고, 특정 종교에서 말하는 신만을 뜻하는 것이 아닙니다. 그 나름의 원리대로 낳아서 기르는 자연현상 또는 이치라고 해야 할 것입니다. 이 자연현상이 인간에게 가지도록 부여한 것을 바로 성(性)이라고 한 것입니다. 모든 만물은 어떠한 모습을 지니고 있든지 그 나름의 이치가 있습니다. 마치 명령이 내려진 것처럼 말입니다.

그리고 그 주어진 본성대로 살아가는 것이 '도'입니다. 인간과 만물의 생성 과정이 자연의 이치에 따라서 구체적인 모습으로 나타나는데, 그 모습 또는 원리에 따르는 각각의 길이 바로 도라는 것입니다. 모든 존재는 각각의 갈 길이 있습니다. 그 길대로 가야만 대자연의 원리대로 살아갈 수 있습니다.

자, 그렇다면 우리는 어떠한 도를 실천해야 하나요? 아니면 어떤 길을 걸어가야 하나요? 바로 '인간으로서의 길'을 걸어가야 합니다. 인간을 만물의 영장(靈長)이라고 했습니다. 모든 것들이 존재할 수 있게끔 하는 원리와 이를 이룰 수 있는 물질들 중에서 가장 완벽하고 존귀한 존재라는 것이지요. 그러나 만물의 영장이기에 특권을 행사하는 존재로 해석해서는 안 됩니다. 영장이기에 지켜야 할 의무가 더 많습니다. 그러기에 가르침이 필요합니다.

그래서 《중용》에서 말하는 하늘은 사람에게 도덕적인 성품을 부여한 근원입니다. 도덕적인 근원인 하늘이 인간에게 부여한 본연의 성품을 따르는 것이 인생의 길이며, 이 길을 성실하게 가도록 일상에서 구체적으로 실천하도록 계발하는 것이 가르침이라는 것이지요. 그래서 《중용》에서 말하는 도는 모든 것을 꿰뚫고 있는 이치입니다.

여러분들은 이런 경험이 있었을 것입니다. 사람들의 왕래가 빈번한 복잡한 길을 걷다 보면 간혹 "도를 아십니까?" 하고 말을 거는 사람들이 있지요. 처음에는 무슨 말을 하는가 하고 관심을 보이면 괜한 짓을 했구나, 후회를 하곤 했을 것입니다. 긍정적으로 생각하면 "내가 아는 진리를 당신에게 알려 주려 하니 시간 좀 내주세요."라는 말의 다른 표현으로 봐야겠지요. 이처럼 도는 허무 맹랑한 것부터 시작하여 아주 구체적인 것과 원대한 것에 이르기까지, 가히 인간의 능력으로 파악하지 못하는 것을 이릅니다.

그렇지만 《중용》에서는 도란 가깝게는 평범한 사람들이 일상에서 쉽게 실천할 수 있는 것이지만, 그 지극한 경지에 이르면 감히 실천하기 어렵다고 하였습니다. 그러면서 평범한 삶에서 시작하여 세상에 가득 빛나는 것이라 하여 구체적인 삶의 문제를 정성껏 탐구하고 실천하는 것에서 도를 실현할 수 있다고 주장하고 있습니다.

《대학》과 《중용》에서 배워야 하는 이유를 찾는다면?

《대학》과 《중용》을 쓴 저자가 다시 이 세상에 태어나서 오늘날의 현실을 본다면 한숨을 내쉴 것입니다. 어쩌다 세상이 이 지경에 이르렀는가 하는 탄식이겠지요. '배운다', '공부한다'는 말은 무엇을 위해 노력한다는 말의 다른 표현이기도 하지요. 바로 여기 그 '무엇'이 문제가 되는 것입니다. 공부가 재미있다고 한다면 제 정신이 아닌 사람으로 취급하거나 곱지 않은 눈으로 쳐다보겠지요. 이는 앞서 말했듯이 공부, 또는 배움을 잘못 이해했기 때문입니다. 성적을 올리거나 성과를 거두기 위한 과정 정도로 여겼기 때문이기도 하지요.

처음 질문으로 다시 돌아와서 봅시다. 왜 배워야 하나요? 물질적인 욕구를 채우고 정신적인 요소를 충족시키기 위함이라고 해서 비난할 것이 아닙니다. 이러한 것들을 충족시키는 것은 당연한 것입니다. 다만 이러한 것들이 궁극의 목적이 되어서는 안 된다는 것입니다. 조금 심한 표현인지는 몰라도 수준이 낮은 단계에 머무는 것이지요. 당장 먹고사는 문제가 급한 사람들에게는 괘씸한 말이겠지만, 우리가 지향해야 할 세상을 위해서 배워야 한다는 원대한 꿈을 가지라는 말입니다.

《대학》과《중용》은 우리가 이룩해야 할 이상 세계를 지적하였습니다. 요즘 말로 표현하면 바로 '더불어 사는 세상'입니다. 강한 자가 약한 자에게 군림하고 가진 자가 못 가진 자를 약탈하고 서로 빼앗고 헐뜯고 으르렁거리는 세상이 아니라, 서로 위로하고 격려하고 채워 주고 나눠 주고 기뻐하고 슬퍼하는 세상입니다. 그야말로 희로애락을 함께하는 세상을 만들기 위해 배워야 하는 것입니다.

여러분들이 학교나 가정을 비롯하여 일상에서 보고 듣고 배우는 일에 최선을 다하는 것은 아주 기본적인 자세입니다. 돼지가 삼겹살을 우리에게 많이 제공하기 위해 먹고사는 것이 아닌 것처럼 우리는 누구의 의도대로 사육되는 존재가 아닙니다. 당장에 주어진 임무에 충실하되 우리가 배워야 하는 궁극의 목적이 무엇인가를 가끔은 곰곰이 생각해야 할 것입니다. 왜 배워야 하나? 인간으로서 걸어가야 할 길이 무엇인가? 이러한 질문에 대한 답을 찾기 위해 노력하고 실천한다면 여러분들도 성인이 될 수 있습니다. 아참, 괜한 우려겠지만 제가 말한 성인이 '성인(成人)'이 아닌 '성인(聖人)'이라는 거 눈치채셨죠? 여러분은 성인(聖人)을 이상으로 삼고 노력해야 합니다. 이것이 바로 배움의 궁극의 목적이니까요.

10장

배움에 대한 열정을
어떻게 가질 수 있나요?

군자가 되려는 식지 않는
공자의 열정을 훔치다

•

진현종

진현종

중학교 때부터 어학을 좋아해서 중국어와 일본어를 비롯한 여러 언어의 입문서를 공부하다 보니 결국은 영어와 중국어 번역가로 활동하게 되었다. 또한 조부모님의 영향으로 어렸을 때부터 불교와 유교의 가르침에 익숙해져서 청소년 시절부터 그 분야의 책을 많이 읽게 되었다. 고등학교 1학년 시절에 동양철학을 공부하기로 결심하고, 성균관대학교 동양철학과에 입학했다. 졸업 후에는 불교와 중국철학 관련 분야의 저술가로 활동하고 있다. '내불외유(內佛外儒)'를 인생의 목표로 삼고 있으나 나이를 먹을수록 목표에 다가서는 것이 아니라 오히려 멀어져 가는 것 같아 노심초사하고 있다.

이 글은 《논어》를 풀어쓴 《논어, 사람 속에서 찾은 사람의 길》 (진현종, 2008, 풀빛)을 토대로 하였다.

강의 신에게 당신의 딸을 바치시오

지금으로부터 이천 수백 년 전, 중국은 일곱 나라가 죽기 살기로 서로 다투는 전국시대였습니다. 그때 서문표(西門豹)라는 사또가 업(鄴)이라는 곳에 부임하여 백성들을 모아 놓고 어려운 사정이 있으면 말해 보라고 했습니다. 이에 백성들은 강의 신인 하백(河伯)에게 아내를 바치는 일이 가장 괴롭고 또 그 때문에 살림이 궁핍해졌다고 대답했습니다. 알고 보니 업의 관리와 무당이 작당하여 해마다 백성들에게 수백만 전의 돈을 걸고 어려운 집의 아름다운 딸을 뽑아 하백에게 시집보내는 행사를 연다는 것이었습니다. 그렇게 하지 않으면 하백의 분노를 사 강이 범람하여 농사를 망치게 됨은 물론 삶의 터전도 잃게 된다며 위협을 해 댔기에, 백성들은 울며 겨자 먹기로 따르지 않을 수 없었습니다. 서문표는 다음에 행사를 할 때는 반드시 자기를 불러 달라고 했습니다.

이윽고 그날이 오자 수천 명의 백성을 비롯하여 관리와 무당들이 강가에 모였습니다. 서문표는 그날 하백에게 시집갈 여자를 부르더니, 아름답지 못해서 안 되겠다고 하면서 나이 일흔이 넘은 큰 무당 할멈에게 이렇게 말했습니다. "수고스럽겠지만 아름다운 여자를 새로 뽑아 나중에 보내겠다고 하백에게 가서 알리시오." 그러고는 아전과 병사들을 시켜 무당 할멈을 번쩍 들어 강 속으로 집어 던져 버렸답니다. 잠시 후 서문표는 왜 무당 할멈이 빨리 돌아오지 않느냐며 의아해하면서 무당 할멈의 제자 한 명에게 얼른 가서 스승 무당을 데려오라고 강 속으로 집어 던졌습니다. 시간이 좀 흘렀음에도 불구하고 그 제자도 돌아오지 않자 사또는 또 다른 제자 한 사람을 강 속으로 집어 던졌지요. 한참을 기다려도 아무런 소식이 없자 사또는 이렇게 말했습니다. "지금까지 하백을 만나러 간 사람들은 모두 여자라서 동작이 느린 것 같으니 아무래도 남자를 보내야겠소." 그러고는 관리 한 사람을 강에 빠뜨렸습니다.

물론 물에 빠진 사람들이 다시 돌아올 리는 만무했습니다. 그러나 사또는 모르는 척하고 매년 행사를 주관해 온 다른 관리와 아전 그리고 유지들을 차례로 물에 빠뜨리려고 했습니다. 이에 얼굴이 흙빛이 된 그들은 이마가 깨지도록 절을 하며 용서를 빌었습니다. 그제야 사또는 이렇게 말했습니다. "하백이 아마도 손님들을 잘 대접하느라 오래 머무르게 하는 것 같으니, 모두 일어나 돌아가시오." 이후로 업 땅에서는 하백에게 아내를 바쳐야 한다는 말을 하는 사람은 아무도 없게 되었답니다.

이 이야기를 들으니 어떤가요? 아마도 존재하지도 않는 강의 신을 핑계 삼아 백성을 착취한 관리와 무당의 몹쓸 행태에는 화가 나고, 그런 헛소리를 곧이 믿고 따른 백성들의 어리석음에는 한숨이 나오고, 서문표의 현명한 처사에는 박수를 칠 것입니다. 그러면서 이런 이야기는 인간이 아직 미개했던 시절에나 볼 수 있는 일종의 희비극(喜悲劇)에 지나지 않는다고 여길지도 모르겠습니다. 그러나 과연 이 이야기 속에 등장하는 어리석은 사고방식과 못된 행태 등등을 첨단 과학 시대에 살고 있다고 자부하는 우리는 다 극복하고 떨쳐 버린 것이 확실할까요?

과학이 발달하여 우리가 살고 있는 물질적 세계의 수많은 법칙을 이해할 수 있게 되기 전까지 인류는 자신의 운명, 즉 길흉화복(吉凶禍福)을 주재하는 초자연적 존재, 다시 말해 신이 존재한다고 믿었습니다. 예를 들어, 강을 다스리는 신의 분노를 사면 홍수가 일어나고, 하늘을 다스리는 신의 분노를 사면 가뭄이 일어난다고 생각했습니다. 그러나 홍수와 가뭄 등등의 자연재해가 일어나는 이유를 과학적으로 이해하게 된 다음부터 초자연적 존재가 여전히 예전의 지위를 차지한 채 남아 있을 이유는 없어졌습니다. 그것은 미신이라는 이름표를 단 채 역사의 뒤안길로 사라진 듯했죠.

그러나 오늘날 아직도 이러한 사고방식이 기승을 부리고 있는 모습을 심심찮게 볼 수 있습니다. 예를 들어 수년 전 동남아시아에서 발생한 거대한 쓰나미로 수많은 사람들이 죽어 간 비극을 놓고, 그 원인이 특정 종교의 신을 믿지 않았기 때문이라고 주장하고 또 그에 적극적 또는 암묵적으로 동의하는 사람들이 적지 않음을 각종 매체를 통해 확인할 수 있습니다. 이러한 사람들의 사고방식과 하백에게 아내를 바치는 옛사람의 그것에는 무슨 차이가 있을까요? 굳이 차이가 있다고 하면, 옛사람들은 합리적 사고방식 자체가 부족하고 작금의 그러한 사람들은 합리적 사고방식을 잘 알면서도 어떤 이유에서 극구 부인하고 있다는 것입니다. 결국 합리성의 부재는 양자의 공통사항입니다.

또한 위의 이야기에서 우리가 주목해야 할 또 하나의 불미스러운 점은 바로 인간의 인간에 대한 착취입니다. 관리들이 하백 운운하는 말도 안 되는 행사를 해마다 실행한 이유 가운데 하나는 백성들에게서 돈을 뜯어내기 위함이었습니다. 그렇게 돈을 뜯어내어 자기 배를 불릴 수 없었다면 아마도 그 행사는 계속 되풀이될 필요가 없었을 것입니다. 권력을 가진 지배계층에 속하는 관리들이 사리사욕을 채우기 위해 피지배계층인 백성들의 궁핍에도 눈 하나 깜짝하지 않고 돈과 딸을 빼앗아 갈 수 있었던 것은, 그들의 눈에 백성들은 동등한 인간으로 보이지 않았기 때문입니다. 그들에게 백성은 착취의 대상, 즉 그들의 배를 불려 줄 수단에 불과한 것이었습니다.

비록 옛날처럼 공공연하지는 않다고 해도 오늘날에도 여전히 권력을 가진 자가 그렇지 못한 자를 간접적 또는 구조적인 방법으로 착취하고 있습니다. 옛사람들은 아직 인도주의적 사고방식 자체가 부족하고 작금의 그러한 사람들은 인도주의적 사고방식을 잘 알면서도 어떤 이유에서 극구 외면하고 있는 것입니다. 결국 인간성의 부재 또한 양자의 공통사항입니다.

옛사람들의 합리적 사고방식과 인간애의 출발점은?

이렇게 볼 때 이천여 년 전의 서문표가 오늘날의 적지 않은 현대인보다 더 합리적이고 더 인간적인 사람이라 하지 않을 수 없겠습니다. 그러면 서문표는 어떻게 해서 그렇게 훌륭한 사고방식과 태도를 갖추게 되었을까요? 신의 계시를 받은 것일까요? 아니면 스스로 수행하여 깨달은 것일까요? 적어도 각종 사료를 통해 우리가 알 수 있는 것은 서문표는 배움을 통해 그렇게 되었다는 것입니다. 서문표의 스승은 자하(子夏)이고 자하의 스승은 공자입니다. 결국 서문표가 자하를 통해 배운 것은 공자의 사상이었던 것입니다.

그리고 아나나 다를까 공자는 인간의 운명을 주재하는 '운명지천(運命之天)'보다는 우주의 최고 원리를 일컫는 '의리지천(義理之天)'을 강조함으로써 합리성을 중시했고, "사람을 사랑(愛人)"하는 '인(仁)'을 주창함으로써 인간성을 중시하는 사상가의 대표입니다. 그리고 그는 인간다움, 즉 모든 덕의 총체인 인을 얻기 위해서는 "자기를 극복하고 예로 돌아가야(克己復禮)"(〈안연〉)한다고 말함으로써 인간의 끊임없는 자기 부정, 즉 초월성을 높게 평가했습니다. 다시 말해 공자는 요즘 도처에서 회자되고 있는 인문학의 바탕, 즉 인간의 존엄과 가치를 추구하는 인문정신의 3대 요소인 합리성과 인간성 그리고 초월성을 일관되게 주창하고 중시한 최초의 동아시아 사상가라고 할 수 있습니다. 그리고 그의 사상이 원래의 의도대로 가장 잘 보존되어 있는 책이 바로 《논어》입니다. 오늘날 우리가, 특히 청소년이 《논어》를 읽어야 할 까닭은 바로 여기에 있습니다. 우리가 속한 동아시아 최초의 인문정신을 배우기 위함입니다.

다시 말해 볼까요? 우리가 오늘날 《논어》를 읽어야 하는 까닭은 공자를 성인이라 하여 맹목적으로 존경하거나, 《논어》에 세상만사의 이치가 다 들어 있으니 그것만 읽으면 된다는 '오직 공자, 오직 논어'를 외치는 유교도(儒敎徒)가 되고자 하기 때문이 아닙니다. 설사 이렇게 한다고 해서 죽은 공자가 좋아할 리는 만무합니다. 살아 있는 자가 찬양하거나 무시한다고 해서 죽은 자가 좋아하거나 화를 내면서 복이나 화를 내린다는 생각 자체가 바로 공자가 보기에 가장 어리석은 짓 가운데 하나이기 때문입니다.

따라서 우리는 《논어》를 읽을 때 비판적인 자세를 견지해야 합니다. 거기에 만약 오늘날의 과학적 지식이나 가치에 위배되는

10장 | 배움에 대한 열정을 어떻게 가질 수 있나요?

것이 있다면 과감하게 버려야 합니다. 그렇게 하고도 남아 있는, 즉 수천 년의 세월에도 변치 않는 삶의 근본적인 원리를 깊이 살펴보고 체득하여, 이를 보다 나은 삶과 사회를 위한 발판으로 삼아야 하는 것입니다. 더 나아가서《논어》는 우리가 속한 동아시아 한자문화권의 뿌리인 유가사상의 근본 경전인 만큼, 잘 연구한다면 우리 문화의 고금을 이해하고 현재의 문제를 해결하며 미래를 예측하는 데 커다란 밑천이 될 것입니다.

안 되는 줄 알면서도 행하는 무모함이 갖는 의미

그러면 이제 제가 쓴《논어, 사람 속에서 찾은 사람의 길》에 근거하여 공자의 근본적인 문제의식을 짚어 보겠습니다. 특히 청소년의 입장에서《논어》를 읽어 가는 한 가지 길을 제시해 보도록 하겠습니다.

공자는 자신이 살고 있는 춘추시대를 어지러운 세상이라고 보았습니다. 그리고 세상이 어지럽게 된 이유는 바로 실제[실(實)]와 이름[명(名)]이 부합하지 않기 때문이라고 생각했습니다. 예를 들어 어떤 신하가 임금을 공경하지 않고 그 자리를 빼앗아서 백성을 괴롭힌다면 그는 더 이상 신하가 아니라 강도라 할 수 있고, 어느 아들이 부모를 부양하지 않고 학대한다면 그는 더 이상 아들이 아니라 짐승이라고 할 수밖에 없습니다. 다시 말해 공자는 임금이 임금답지 못하고 신하가 신하답지 못하고 아버지가 아버지답지 못하며 아들이 아들답지 못하기 때문에 난세가 되었다고 본 것입니다. 따라서 난세를 종식시키려면 실제와 이름이 부합되게 만들어야 하고 그것을 정치의 요점이라고 생각했는데, 이것을 일러 정명론(正名論)이라고 합니다. 공자는 그것을 이렇게 설명하고 있습니다.

> 이름이 올바르지 않으면 말에 조리가 없고, 말에 조리가 없으면 일이 이루어지지 않고, 일이 이루어지지 않으면 예악이 흥성하지 못하고, 예악이 흥성하지 못하면 형벌이 합당하지 않게 되고, 형벌이 합당하지 않으면 백성들이 손발을 둘 곳이 없어진다. 그러므로 군자가 이름을 붙이면 반드시 말할 수 있어야 하고, 말을 하면 반드시 실행할 수 있어야 한다. 군자는 그 말에 구차한 것이 없어야 한다. -〈자로〉

한편 당시의 은자(隱者)들은 어지러운 세상은 도도히 흘러가는 거대한 탁류(濁流)와 같아 그 흐름을 바꾸기는 불가능하므로 차라리 세상을 피해 자연과 더불어 사는 것을 스스로를 더럽히지 않는 가장 좋은 방법으로 여겼습니다. 그러나 공자는 생각이 달랐습니다. "새나 짐승과는 함께 살 수 없을진대 내가 사람의 무리와 함께 살지 않고 누구와 함께 살겠는가? 천하에 도가 있다면 나도 바꾸려 들지 않을 것이다."(〈미자〉) 공자는 세상이 어지러우면 어떻게 해서든지 바로잡으려고 해야지, 아예 세상을 피해 사람과 살지 않고 짐승들과 어울린다는 것은, 해 보지도 않고 지레 겁먹고 물러서는 지나친 패배주의라고 여겼습니다.

더군다나 사리를 알 만한 사람들이 세상이 더럽고 어지럽다며 피해 버리면 그 어지러운 세상 속에서 고통받고 있는 백성들은 어떻게 해야 한단 말입니까? 그래서 공자는 은자들과는 달리 도도히 흐르는 거대한 탁류의 한복판에 뛰어들어 사람들과 어울리며 그 속에서 흐름을 바꿔 보려고 애썼습니다. 이러한 삶의 태도를 적극적 참여주의라고 합니다.

공자는 그렇게 적극적으로 현실에 참여하는 것을 군자(君子)의 사명이자 의무로 여겼습니다. 그렇기에 그것이 아무리 어렵다 해도, 심지어는 안 될 것임을 안다 해도 그 노력을 끝까지 저버리지 않았습니다. 덕분에 공자는 "안 되는 줄 알면서도 행하는 사람"(《헌문》)이라는 별명까지 얻게 되었답니다. 또한 공자는 군자의 현실 참여는 벼슬살이, 즉 정치를 통해서 이루어지는 것이 가장 효과적이라는 생각에서, 말로 다할 수 없는 고생과 목숨의 위험을 무릅쓰고 자신을 등용해 줄 임금을 찾아 천하를 주유(周遊)했습니다. 그는 한낱 이론가나 사상가에 그치지 않은 명실상부한 실천가였던 것입니다.

그런데 여기서 반드시 짚고 넘어가야 할 문제가 하나 있습니다. 공자가 정명론에 입각한 정치를 통해 이루고자 했던 세상, 즉 그의 이상사회는 무엇이었을까요? 그것은 주(周)나라의 봉건제기 예전처럼 제대로 기능함으로써 주나라의 왕, 즉 천자(天子)를 정점으로 다시 세상이 하나의 가족과 같은 상태[天下一家]로 돌아가는 것이었습니다. 오늘날 우리가 꿈꾸는 이상사회는 무엇입니까? 모든 사람들이 평등한 권리를 누리는 민주주의 사회이겠죠? 이렇게 역사적 한계로 말미암아 공자가 추구했던 가치는 현대의 우리와 다를 수밖에 없기에 우리는 무턱대고 공자의 모든 면을 긍정하고 받아들여서는 안 되고, 앞서 말했듯이 비판적 읽기의 자세를 견지하며 옥석(玉石)을 구분해야 하는 것입니다.

스스로를 닦아서 만백성을 편안하게 하는 사람

그러면 적극적인 현실 참여, 즉 정치 활동을 통해 이상사회를 건설하는 것을 사명이자 의무로 여기는 군자란 도대체 어떤 존재일까요? 군(君)은 주나라 때 봉지(封地)를 받은 사람을 가리키는 말이므로, 본래 군자는 왕자(王子)나 공자(公子)처럼 말 그대로 군의 아들을 뜻합니다. 그 뒤 군자는 통치 계급에 속하는 사람을 일반적으로 부르는 말이 되었고, 춘추시대 말기에 이르면 도덕과 인격을 갖춘 사람을 일컫게 되었습니다. 그리고 공자는 여기에 아래와 같이 자기 나름의 독특한 의미를 부여했습니다.

자로가 군자에 대해 물었다. 공자가 말했다. "경건한 마음으로 자기 수양을 하는 사람을 말한다." 자로가 다시 물었다. "그 정도가 전부입니까?" 공자가 말했다. "스스로를 닦아서 다른 사람들을 편안하게 해 준다." 자로가 또 물었다. "그게 전부입니까?" "스스로를 닦아서 만백성을 편안하게 하는 것이다. 그렇게 하는 것은 저 요임금과 순임금이라도 어려워했던 일이다." -〈헌문〉

다시 말해 군자는 첫째 자기 수양을 하고, 둘째 그 결과를 통해 주변 사람들을 편안하게 하고, 셋째 그 범위를 확대해서 천하의 백성을 편안하게 해 주는 사람입니다. 이 정도의 사람이라면 이상사회를 건설할 수 있는 주체로서 자질과 능력을 충분히 갖추었다고 말할 수 있겠죠? 그런데 이 훌륭한 군자는 어떻게 탄생하는 것일까요? 메시아처럼 하늘이 점지하여 보내주는 것일까요? 그렇다면 군자는 아무나 될 수 없을 것입니다.

그러나 공자는 그렇게 생각하지 않았습니다. "인은 멀리 있는 것인가? 내가 인을 바라면 인은 곧 내게 다가온다."(〈술이〉) 군자가 자기 수양을 통해 확보하고자 하는 것은 바로 인입니다. 그것을 확보해야 주변 사람들 더 나아가 만백성을 편안하게 해 줄 수 있기 때문입니다. 다시 말해 군자는 무엇보다 먼저 반드시 인을 얻어야 합니다. 그런데 공자는 인은 결코 얻기 어려운 것이 아니라 모든 인간의 타고난 마음속에 잠재되어 있는 것이므로, 의도적으로 찾고자 하면 곧 얻을 수 있는 것이라고 생각했습니다. 그러니까 인은 누구나 얻을 수 있는 것이므로 군자도 누구나 될 수 있다는 말입니다. 물론 이 과정은 자동적으로 이루어지지 않습니다. 끊임없는 노력과 아래와 같은 요령이 필요합니다.

세 가지 경계, 세 가지 두려움, 아홉 가지 생각

공자가 말했다. "군자에게는 경계할 것이 세 가지 있다[삼계(三戒)]. 젊었을 때는 혈기가 아직 안정되지 않았으니 여색을 경계해야 하고, 장성해서는 혈기가 왕성해지므로 싸움을 경계해야 하며, 늙어서는 혈기가 쇠약해지므로 탐심을 경계해야 한다." -〈계씨〉

혈기는 왕성하나 아직 자제력이 부족할 때 이성에 눈뜨면 헤어나기 어렵습니다. 공부고 뭐고 눈에 들어오지 않는 법이니 이를 조심해야 합니다. 장년기가 되면 나름대로의 삶의 틀이 확립됩니다. 이때 그 틀이 다른 사람과 부딪히면 양보하고 이해하려 하기보다는 자기 것을 강요하다 싸움이 일어나는 수가 많습니다. 심지어는 목숨까지 잃는 경우도 있으므로 융통성을 가져야 할 필요가 있습니다. 늙으면 외모는 초라해지고 기운이 없어 놀고자 해도 뜻대로 되지 않습니다. 그러니 남에게 과시할 것이라곤 재물이나 명예밖에 남지 않는 것입니다. 자기가 다 쓰지도 못할 거면서 움켜잡고 풀려고 하지 않으니 인심을 잃기 쉽상입니다. 그러므로 어처

구니없는 욕심은 버리면 좋고 최소한 줄일 줄이라도 알아야 하는 것입니다. 이렇듯 '삼계'는 군자가 되려고 하는 사람이 인생의 각 단계에서 특히 조심해야 할 사항을 이릅니다.

> 공자가 말했다. "군자에게는 세 가지 두려움이 있다[삼외(三畏)]. 천명을 두려워하고, 대인을 두려워하며, 성인의 말씀을 두려워한다." -〈계씨〉

'두려움(畏)'은 엄하게 여겨 지키지 못할까 봐 무서워하는 것입니다. 군자가 되려고 하는 이는 하늘이 부여한 도덕의 원리와 성인이 남긴 업적, 그리고 그 가르침을 지키지 못할까 봐 무서워함으로써 늘 자신의 행동을 점검하고 반성할 줄 알아야 하는 것입니다. 이것을 '삼외'라고 합니다.

> 공자가 말했다. "군자는 생각해야 할 것이 아홉 가지 있다[구사(九思)]. 볼 때는 분명하게 보기를 생각하고, 들을 때는 똑똑하게 듣기를 생각하고, 표정은 온화하게 할 것을 생각하며, 용모는 공손하기를 생각하고, 말할 때 성실할 것과 일할 때 신중할 것을 생각하고, 의심 날 때는 물을 것을 생각하고, 화가 날 때는 그 결과로 인한 어려움을 생각하며, 얻는 것이 있으면 의로운 것인가를 생각한다." -〈계씨〉

군자가 되려는 이가 인을 확보하는 근본적인 방법은 사리를 잘 따져서 사람의 본성을 확실히 밝혀내는 것이고, 말단적인 방법

10장 | 배움에 대한 열정을 어떻게 가질 수 있나요?

은 몸과 마음을 경건하게 유지해서 인을 해치는 요소를 솎아 내는 것입니다. 공자가 말한 '구사' 가운데 분명하게 보고, 똑똑하게 듣고, 성실하게 말하고, 의심나는 것을 묻고, 얻는 것이 있을 때 의로운 것인가를 생각하는 것이 전자에 속합니다. 그리고 표정을 온화하게 하고, 용모는 공손하게 하고, 일을 신중히 하며, 화가 나려고 할 때는 그 결과로 인한 어려움을 생각해서 화내지 않는 것은 후자에 속합니다.

종합적으로 말해 보면, 군자가 되려고 하는 이는 삼계를 통해 기틀을 잡고, 삼외를 통해 수시로 자기를 점검하고, 구사를 통해 모든 일상생활을 자기 수양의 방편으로 삼아야 한다는 것입니다. 이렇게 꾸준히 해 나가면 누구나 명실상부하게 군자를 이룰 수 있다고 공자는 말합니다.

공부가 즐거움이 되는 길

이렇게 제가 청소년 여러분에게 권하고자 하는 《논어》 독법은 공자 사상의 주요 개념의 이해에 앞서 무엇보다 우선 공자의 문제의식과 이상 그리고 그것을 해결하고 이루려는 불굴의 의지와 열정에 주목하는 것입니다. 그럼으로써 여러분 자신도 자기의 문제의식과 이상을 분명히 설정하고 확인하여 공자처럼 언제까지나 식지 않는 열정과 물러서지 않는 용기를 가지고 도전하는 자세를 배워 보라는 것입니다. 다시 말해 공자가 말하는 '군자'가 되려고 노력해 보라는 것입니다. 그래서 언젠가 군자와 같은 존재가 된다면 자기의 문제는 물론 이웃의 문제 해결에도 도움을 줄 수 있는 훌륭한 시민이 될 것입니다. 어쩌면 그것이 여러분이 《논어》를 꼭 읽어 보아야 하는 또 하나의 커다란 이유가 될 수 있으리라는 생각이 듭니다.

마지막으로 청소년 여러분은 거의 모두 공부, 즉 배움을 업으로 삼고 있는 학생이므로 배움에 관해 한마디 하는 것으로 마무리할까 합니다. 만고에 걸쳐 수많은 사람의 입에 오르내리는 《논어》의 첫마디는 "배우고 때로 익히면 즐겁지 아니한가?"입니다. 그런데 여러분은 배우고 때로 익히면, 즉 공부하면 즐겁던가요? 아마도 그렇지 않은 사람이 많을 것입니다. 그런데 왜 공자는 그렇게 말했을까요? 그것은 공자는 일찍이 15세에 "학문에 뜻을 두었다"(〈위정〉), 다시 말해 공부의 목표, 즉 장래 희망을 설정했기 때문입니다. 물론 그것은 아마도 정치였을 것입니다.

아무튼 이렇게 자기가 확립한 목표, 즉 이상을 이루기 위한 공부는 억지로 하고 마지못해서 하는 것이 아니므로 재미있을 수밖에 없는 것입니다. 예를 들어 여러분이 외교관이 되는 것을 목표로 삼았다면 적어도 영어를 비롯한 어학 공부 시간만큼은 흥미를 가질 것입니다. 여러분이 지금 어느 과목, 어떤 활동을 막론하고 그것을 배우는 데에 흥미가 없다면 그것은 여러분이 아직 공부의 목표를 확립하지 못했다는 뜻입니다. 그리고 그러는 한 공부는 언제까지고 재미없는 것으로 남아 있을 수밖에 없습니다. 그러므로 청소년 시절에 될 수 있는 대로 빨리 공부의 목표, 즉 자신이 하고자 하는 바를 정하는 것이 좋습니다. 그것이 나중에 바뀌어도 아무런 상관이 없습니다. 중요한 것은 현재 목표가 설정되어 있느냐 하는 것입니다. 설정되어 있다면 여러분도 공자처럼 공부가 즐거운 일이 될 것입니다.

11장

정의를 위한 폭력은 정당한 것 아닌가요?

간디에게 듣는 전쟁과 평화의 참뜻

•

허우성

허우성

국내 대학에서는 주로 동서양 철학을 공부했고, 미국으로 유학
가서는 불교와 일본 근대사상, 인도 사상을 공부했다. 인도 사
상가 중에서 간디에 관심이 깊었고, 여기에는 함석헌 선생님의
영향이 컸다. 간디가 인도의 전통적인 가르침인 불살생 사상을
정치 영역에까지 적용한 일에 대해 주목하게 되었다. 간디가 저
항하면서 싸운 정치적 제국주의는 지구상에서 대체로 끝이 났
다. 그래서 관심이 동북아시아의 평화, 우리 사회 내부의 폭력
으로 옮겨 가게 되었다. 소장으로 있는 경희대학교 비폭력연구
소는 중학생을 대상으로 철학 교육, 인성 교육을 하고 있는데,
자존감, 욕설, 막말, 악플, 왕따, 자살 등의 문제를 놓고 중학생
들과 씨름하고 있다. 인터넷 상 선플 대 악플의 비율이 한국은
1:4, 일본은 4:1, 네델란드는 9:1이라는 통계를 보니, 한민족
이 이제는 아주 사납게 되었구나 충격을 받았다. '민족성'의 문
제를 비롯해서 매체의 선정성을 연구하고 그 해결책을 제시하려
고 노력하고 있다.

이 글은 《간디의 진리 실험 이야기》(허우성, 2007, 풀빛)를 토
대로 하였다.

눈에는 눈, 이에는 이

법은 멀고 주먹은 가깝다고 합니다. 주먹은 어떤 수단보다도 그 즉각적인 효과 때문에 누군가 나의 권리를 침해하거나, 올바르지 못한 일을 행할 경우 물리적 힘을 이용해 그 사람을 제압하는 경우가 생깁니다. 여러분 학교에 혹시 '짱'이라 불리는 존재가 있지 않나요? 그 친구가 도덕적으로 올바르거나 공부를 잘하거나 말을 잘하거나 돈이 많거나 그래서가 아니라 그저 매서운 주먹 하나로 학교를 평정한 그런 존재 말입니다. 그런데 그 친구에 대한 여러분의 느낌은 어떤가요? 아, 쟤만 없으면 학교생활이 행복할 텐데, 저런 무식한 친구는 사라져야 해, 이런 생각이 들죠. 그런데 또 한편으론 어떻습니까? 혹여 나도 운동 좀 더 하면 저 친구 정도는 될 텐데, 저 정도는 우습게 쓰러뜨릴 텐데, 마음 한편에 이런 아쉬움이나 부러움은 없었나요? 그 친구가 가진 주먹이 나한테 날라 오는 것은 싫어도 그 주먹을 가끔 빌리고 싶은 마음이 드는 경우가 있지 않았나요?

사실 주먹만큼 매력적인 것도 없습니다. 우리가 강국이라고 하는 미국과 러시아도 경제력만으로 세계를 지배하는 것은 아닙니다. 과학과 문화, 경제적 선진국이라는 간판 아래에는 첨단 무기를 확보해서 여차하면 자기 나라에 '까부는' 나라에 수시로 위협을 가합니다. 미사일을 날리는 거죠. 경제력으로만 치자면 아주 가난한 나라인 북한이 전 세계를 상대로 긴장감을 고조시키는 것은, 자신들이 핵을 보유하고 있으니 우습게 여기지 말라는 경고 표시 때문일 겁니다. 우리도 주먹 하난 세다, 그러니 함부로 할 수 없을걸, 이렇게 계속 표현을 하는 거지요. 여차하면 도시락 폭탄을 품은 나라 북한 때문에 제 목숨도 어찌 될지 모르니 세계 강국이라 불리는 나라들도 쉽게 북한을 조종할 수가 없게 됩니다. 북한이 외곬으로 지금껏 살아남을 수 있는 이유 중 하나가 바로 이 주먹 때문인지도 모릅니다.

그럼 여러분은 이렇게 생각할지도 모르겠습니다. 아하, 그럼 우리도 자체 핵을 보유해 다른 나라를 위협하면 되겠네, 그러지 못한 우리나라가 바보 아니야! 이렇게 말이지요. 맞습니다. 그 말

11장 | 정의를 위한 폭력은 정당한 것 아닌가요?

도 일리가 있습니다. 그런데 말입니다. 만약 모든 나라가 이런 식의 생각을 갖고 각기 주먹 하나를 숨긴 채 살아간다면 어떤 나라에 사는 사람이든 사람들은 스스로를 안전하다고 생각하며 맘 편히 침대에 누워 잠을 청할 수 있을까요? 하루하루 눈을 뜨는 아침에 감사해야 할지도 모를 일이지요. 어쩌면 그런 생각을 모두가 갖게 되는 그 순간, 모두의 행복과 평화로움은 주먹과 맞바꿔야 할 겁니다. 어떻습니까? 여러분은 그런 세상에서 주먹 하나씩 숨기며 살고 싶나요? 나의 안전과 평화를 위해 세상을 위협하며 살고 싶나요? 나와 마주하는 동료가 나를 위협하는 주먹을 언제 내게 날릴지 모르는 두려움을 늘 가지고서 말이죠.

누군가 나를 죽이려고 한다면, 나는 분노의 흔적조차 없이 조용히 미소를 띠고서, 무엇보다도 내가 선택한 신을 기억하면서 죽음을 맞이할 수 있기를 바랍니다. 나는 신이 나에게 이 힘을 허락하실 것이라고 믿습니다. 만일 나에게 어떤 단점이나 이기심이 있다면, 그것은 내 죽음의 순간에 발견될 것입니다. (…) 신은 비폭력적인 사람에게 적합한 죽음을 베풂으로써 나를 축복해 주시리라는 확신만은 나날이 강해집니다.
-〈대담〉(1947.5.4.)1)

1) The Collected Works of Mahatma Gandhi E-Book(Mumbai, Gandhi Book Centre. 1999)(이후 이 책은 CWMG E 로 표기한다.), v. 95, pp. 18~19.

석가모니나 예수처럼 너무도 유명한 간디가 말한 내용입니다. 위의 대담이 이루어진 장소는 뉴델리였고, 인도가 영국으로부터 독립하기 직전의 시기였지요. 간디는 인도 전역 다수파 힌두교도와 소수파 이슬람교도 사이에 날카로운 대립과 갈등이 팽배하면서 광범위한 폭력이 발생한 데 대해 심각성을 느꼈습니다. 그리고 이들의 화해를 위해 죽을 각오로 단식을 합니다. 하지만 간디가 믿었던 사랑의 힘은 종교적 광신에 빠진 인도에서는 제대로 발휘되지 못했고, 도리어 적의와 폭력이 무성했죠. 이런 상황에서 비폭력 신봉자 간디가 취할 수 있는 유일한 행위는 자신의 목숨을 내놓는 일이었습니다. 그리고 대담에서 말한 "누군가 나를 죽이려고 한다면, 나는 분노의 흔적조차 없이 조용히 미소를 띠고서 죽음을 맞이"한다는 구절이 마치 예언이라도 되듯, 이듬해 1월 힌두교도 청년이 쏜 총알에 맞고 간디는 이 세상을 떠났습니다.

　"눈에는 눈, 이에는 이"라고 《함무라비 법전》에 쓰여 있죠. 누구나 다른 사람에게 맞게 되면 나를 때리는 사람을 미워하고 그에게 맞은 만큼, 아니 맞은 것 이상으로 돌려주려는 복수심이 발동합니다. 내가 맞았으니 때린 그 행위는 맞은 당사자에게 다시 때리는 행위에 대한 정당성을 부여합니다. 그럼 이내 맞은 사람은 피해자가 되어 다시 가해의 행위를 상대방에게 하게 되죠. 그렇게 폭력은 끊을 수 없는 폭력의 원인이 됩니다. 폭력은 또 다른 폭력을 낳게 되는 것이죠. 그것이 인간의 본능과 맞물린 자연스럽고도 무서운 폭력의 생식력입니다. 이런 반복의 과정을 끊으려면 누군가 한 사람은 폭력에 대한 반응을 비폭력으로 하지 않으면 안 됩니다. 폭력의 순환 고리는 비폭력을 행하는 누군가의 용기가 없이는 끊어지지 않기 때문입니다. 그 용기의 주인공이 바로 마하트마 간디였던 것입니다.

비폭력 : 적군도 동물도 죽이거나 해치지 말라

마하트마 간디(1869~1948)는 좀 특별한 사람이었습니다. 우리는 보통 연애하고 결혼하고, 아이 낳고, 가족을 위해 돈을 법니다. 때로는 회사의 수익을 위해 열심히 노력해야 하고요. 민족을 사랑해야 하고, 나라를 지키기 위해서 때로 적군을 죽이는 연습도 해야 합니다. 그리고 소고기, 돼지고기, 닭고기 등의 육식을 합니다. 간디는 이런 행위들에 폭력이 깃들어 있다고 보았습니다.

간디에게 가장 중요한 덕목은 '아힘사'입니다. 아힘사라니 꽤 생소한 말이지요? 옛날 중국인들은 인도의 말 아힘사를 불살생(不殺生)으로 옮겼는데, 이것이 불교에서 말하는 오계 중 첫 계율입니다. 아힘사는 어떤 생명도 죽이거나 해치지 말라는 것입니다. 이 원리를 간디는 살아 있는 생명에 대한 차별 금지로 이해했고, 비폭력(nonviolence)으로 번역해서 정치 차원에까지 확대해 적용했습니다. 비폭력은 부당한 정치 질서나 제도에 대한 지항도 포함합니다. 영국의 제국주의는 인도로부터 독립을 앗아 간 폭력적인 질서이므로 간디는 당연히 이에 저항했습니다.

여러분들이 정직한 눈으로 세상을 보면 뭔가 잘못된 것, 부정하고 비판해야 할 것이 있을 것입니다. 세상의 잘못을 비판하고 부정하는 행위는 의무이기도 합니다. 그런 행위 없이는 세상의 진보가 있을 수 없으니까요. 그런데 간디는 그런 의무를 항상 비폭력 정신으로 수행하라고 했습니다. 간디는 비폭력을 그 효과를 떠나서 하나의 원리로 받아들였습니다.[2]

간디가 1928년 송아지 한 마리를 두고 깊은 고민에 빠진 적이 있었습니다. 송아지는 다리가 부러져 엄청난 고통을 겪고 있는데, 치료법이 전혀 없었습니다. 간디는 외과의사와 의논하여 고통을 덜어 주기 위해서 송아지에 독극물을 주입하여 안락사를 시킵니다. 이 사실이 주간지를 통해 발표되자 간디를 비난하는 여론이 일어났습니다. 이에 간디는 송아지 안락사의 타당성 여부에 대해 '진지하게' 논의했습니다. 동물에 대한 인간의 책임이 어디까지인가가 문제의 핵심이었습니다.

간디는 인간이 육신의 생명을 유지하는 한 다른 생명에게 폭력을 행할 수밖에 없다는 점을 고통스럽게 알고 있었습니다. 예를 들면, 숨을 쉬는 행위에는 공기 중에서 부유하는 생명을 죽이는

---

[2] 이런 태도는 남아프리카의 넬슨 만델라(Nelson Mandela, 1918~2013)와는 달랐다. 만델라는 비폭력을 도덕적 원칙이 아니라 전략으로 보았고, 효과 없는 무기를 쓰는 데 도덕적 선은 없다고 말했다. 다시 말해, 인종분리 정책을 폐지하는 데 성공하면 폭력이 선이라는 결과론적 주장을 내세웠다. 《만델라 자서전: 자유를 향한 머나먼 길》(넬슨 만델라 지음, 김대중 옮김, 두레, 1994) 참조.

것이고, 채소를 소비하는 행위와 소독약을 사용하는 일에도 폭력이 있지만, 이런 행위를 그만둘 수 없다는 점을 잘 알았습니다. 때로는 사람을 위해서 뱀을 죽이는 것을 허락할 수밖에 없다고 고백한 적도 있습니다. 간디 자신이 아힘사를 지키는 일에 있어서 성공이 없는 것은 아니지만, 아직 멀었다고 말하기도 했습니다. 폭력을 가장 적게 범하도록 노력해야 하고, 우리의 한계를 인정하면서 겸손하게 살아야 한다는 것이 인간의 동물에 대한 책임에 대해 간디가 내린 결론입니다.3)

전쟁과 평화 : 간디가 본 안중근과 이토 히로부미

이렇게 동물의 아픔을 같이 아파하고 그에 대한 인간의 책임을 고민한 간디였으니, 인간 사회에서 일어나는 폭력과 전쟁에 대해서는 더 많이 고민하고 더 많이 좌절했겠죠. 비폭력 원리에 따라 간디는 이토 히로부미(1841~1909)를 총으로 쏘아 죽인 안중근 의사(1879~1910)의 행위에 대해서도 비판했습니다. 대다수의 한국인들에게 안중근은 의로운 일을 한 의사(義士)입니다. 의사란 나라와 민족을 위해 제 몸을 바쳐 일하려는 뜻을 가진 의로운 사람이란 뜻인데, 안중근은 무력으로라도 일제에 항거했던 의사였습

---

3) CWMG E, v. 43, p. 191.

니다. 우리 민족이 하나의 '민족'으로 머물러 있는 한, 그리고 일본과의 관계에서 한국인의 정체성을 확인하려는 한, 안중근은 민족의 영웅으로 기억될 것입니다. 하지만 간디는 안중근이 이토를 총으로 쏘아 죽인 행위에 대해 비판했습니다. 이런 내용은 《간디 전집》에서 '용감한 일본 병사'라는 제목을 단 글에 나옵니다.

우리나라 신문들은 용감한 일본인 이토 후작이 한국인이 쏜 연발권총의 저격으로 사망했다고 보도하고 있다. 한국은 일본의 이웃에 위치하고 있다. 영국인들이 이집트나 인도에서 세력을 장악하여 권리와 특권을 향유하고 있듯이, 일본인들은 한국에서 그렇게 하고 있다. 말할 것도 없이 일본이 한국에 있는 것은 한국을 돕기 위해서가 아니다. 그러나 한국인은 약한 백성으로 알려져 있다. 만일 한국이 러시아인이나 중국인의 지배에 들어가게 되면, 이는 일본에 위협이 되므로 일본은 한국을 자신의 손아귀에 넣었다. 한국인들은 이 일을 좋아할 리가 없었다. 그들은 늘 일본을 증오해 왔다. 이토는 이 사건이 발생하기 전에도 두 차례 공격을 받았다. 그러나 일찍이 러시아의 피를 맛본 일본은 한국에서 그렇게 쉽게 물러날 리가 없었다. 세력에 도취하면 늘 그런 것이다. 수영 선수가 물에 빠져 죽듯이, 칼로 일어난 자는 주로 칼로 망할 것이다. 연발권총으로 이토를 저격했던 자는 그가 일본이 한국을 지배하는 것을 차마 볼 수 없어서 이토를 죽였다는 점을 담대하게 인정했다. 일본은 한국인에게 교훈을 가르치기 위해 1만 2천명 정도의 사람을 죽였다고 한다. 이런 이야기는 세력이란 더러운 것이고, 일단 남의 나라를 장악하게 되면 편안하게 쉬지 못한다는 점을 보여 주고 있다. 우리 인도 청년들 중 몇몇 사람은 영국인을 몇 사람은 죽어야 그들을 축출할 수 있다고 믿고 있다. 이런 일이 가능하다고 해도 그럴 만한 가치는 없다. 일본에서 일어나고 있는 어떤 일은 칭찬할 만하지만, 서양의 방식을 모방하는 것은 존경할 만한 가치가 없다. 그런데 왜 우리는 이토를 용감한 자라고 묘사했는가? 이는 다른 문제이다. 그는 어릴 적부터 애국의 정신을 가지고 있었다. 1841년에 태어난 그는 그가 세상을 알아가기 시작한 인생의 아주 초기부터 일본의 고양을 위해서 일하겠다는 생각을 가졌다. 그는 이런 이상을 추구하느라 많은 난관을 겪었다. 일러전쟁 당시 그는 큰 용기를 보여 주었다. 그래서 그는 전쟁의 전문가였고, 수학, 교육, 행정, 한마디로 만사의 전문가였다. 따라서 그는 용감한 자로 인정받아서 마땅하다.

한국을 예속시킨 일은 그가 용기를 나쁜 목적에 사용한 것이다. 그런데 서양 문명의 마법에 걸린 사람들은 달리 할 수 없었을 것이다. 만일 일본이 세력을 통해서 지배하고, 방어하고, 자기 확장을 시도한다면, 이웃의 땅을 정복하는 수밖에 달리 길이 없었을 것이다. 여기에서 이끌어 낼 수 있는 결론은 인민의 참된 복지를 마음속 깊이 생각하는 자라면, 오직 사따그라하(진리파지)의 길을 따라 인민을 인도해야 할 것이라는 점이다.[4]

당시 간디는 여전히 남아프리카에서 인도인의 지위 향상을 위해 투쟁하다가 7월 10일부터 넉 달 정도 런던을 방문하던 중이었는데, 거기에서 이토에 대한 저격과 사망 소식을 들었습니다. 그리고 간디가 안중근이라는 이름 대신 "이토를 저격한 한국인" 정도

---

4) CWMG E. v. 10, pp. 106~107. 번역은 필자의 것.

로 부르고 있는 것은 안중근이 무명 인사였기 때문이었을 겁니다. 이 글에서 가장 중요한 단어는 샤따그라하(진리파지)인데, 그 진리와 비폭력의 입장에서 본다면, 이토와 이토를 저격한 한국인은 모두 비폭력의 진리를 따르지 못했다는 것입니다.

간디는 일본을, 러시아의 피를 맛본 나라로, 세력에 도취한 나라로, 그리고 칼로 일어났으니 칼로 망할 나라로 보고 크게 책망하고 있습니다. 1945년 실제로 패망하기 30여 년 전에 이미 간디는 일본의 패망을 예언하고 있습니다. 간디의 눈에 비친 이토는 용감한 자였지만, 한국을 예속시킨 것, 곧 아래에 두어서 지배한 것은, 그 용기를 나쁜 목적에 사용한 것입니다. 예속이라는 말은 주로 1905년에 체결된 을사보호조약을 염두에 두고 한 말일 것입니다. 그렇지만 정복자나 침략자라고 해도

폭력으로 제거하는 것이 올바른 방법이 아니라는 간디의 태도는, 그가 1909년 7월 1일 영국 관리를 암살한 인도 청년 마단랄 딩그라(Madanlal Dhingra, 1887~1909)와 그 배후 인물에 대해 신랄하게 비판했던 데서 잘 드러나 있습니다.

현대문명에서 폭력을 보다

간디는 위의 글에서 '서양 문명의 마법'이라는 구절을 사용했습니다. 간디는 기술과 과학으로 대표되는 서양 문명이 마법처럼 사람을 홀리는 힘이 있다고 본 것 같습니다. 일본과 같은 나라가 서양 문명을 수용해서 세력을 일단 키우게 되면 그 세력으로써 자신을 다스리고, 방어하고, 자신을 확장하게 되고 그 결과로 약한 한국을 정복할 수밖에 없다고 간디는 보았습니다. 간디는 서양 문명 세력에서 제국주의적 움직임이 거의 자동적으로 나온다는 점을 예리하게 간파한 것 같습니다. 현대문명의 폭력성을 본 것입니다. 18세기 이후 세계사가 이를 증명합니다. 영국, 미국 등의 서양 제국주의 국가들은 문명의 힘으로 스스로 강력해진 다음, 그 문명을 미개국이나 덜 문명화된 국가에게 전달하는 것이 자신들의 사명이라고 말하면서 행동에 옮겼습니다. 그 과정에 폭력에 의한 예속과 정복이 일어났습니다. 영국이 인도나 이집트를 정복한 것도 그런 사례 중의 하나입니다. 미국의 페리 제독은 시꺼멓고 무시무시한 흑선을 타고 일본에게 개항을 강요해 결국 불평등 조약을 체결하게 했고, 일본은 일본 제국의 포함인 운양호를 조선에 보내 강화도 조선군의 포대에서 포격을 가하게 했습니다. 이를 구실로 일본은 조선에 대해 개항을 강요하고 불평등한 강화조약(1876)을 체결케 한 것, 이는 일본이 서양의 방식, 특히 미국의 행위를 모방한 것입니다. 간디는 그와 같은 모방에 존경할 만한 것이 없다고 했습니다.

간디가 일으킨 모병 운동을 어떻게 볼 것인가

이렇게 비폭력을 외쳤던 간디가 1차 세계대전 말인 1918년, 인도인을 대상으로 모병 운동을 일으켰습니다. 비폭력주의자 간디는 왜 모병 운동을 일으켰을까요? 이 물음에 답하기 전에 1차 세계대전에 대한 인도인들의 일반적인 반응을 알아야 합니다. 1914년 8월 영국이 독일을 상대로 선전포고하자, 인도를 포함한 제국 전체가 자동적으로 전쟁에 돌입하게 되었고, 극소수 사람을 제외한 인도의 수많은 종족, 카스트의 대표자들은 영국 왕에 대한 충성심으로 일치단결해서 독일과의 투쟁에 참여할 것을 선포했습니다.[5] 그리고 전쟁 중 100만 명에 달하는 인적 자원, 그리고 해마다 점증하는 물적 자원을 부담했습니다.

간디가 실제로 모병 연설을 한 것은 1918년 유럽의 서부전선이 무너지고 독일군이 파리로 진격하고 있을 때, 1918년 4월 말 인도 총독 첼름스포드(Chelmsford Lord, 1868~1933)가 소집한 전쟁회의에 참석한 이후였습니다. 당시 간디의 입장은 〈모병호소문〉 초안과 연설문에 잘 나타나 있습니다. 1918년 6월 22일자로 작성된 〈모병호소문〉에서 간디는, 인도가 신민이나 속국이 아니라 제국의 동반자가 되어야 하고, 동반자가 되는 최선의 길은 인도인이 군대

---

5) L. James, Raj: The Making and Unmaking of British India(St. Martin's Griffin, 1997), p. 439 참조.

에 자원하여 제국의 방어에 참여하는 길이라고 믿었습니다.[6]

1918년 7월 14일에 진행된 케다 지역의 연설에서 간디는 독일인이 아니라 영국인의 편을 들었습니다. 그 이유는 독일이 승리한다면 패배자를 억압하고 괴롭힐 것이지만 영국인은 자유를 사랑할 것이라고 판단했고, 인도가 희생을 하면 영국이 양보할 것이라는 희망을 갖고 있었기 때문입니다.[7]

간디의 모병 운동에 반대한 영국인 친구를 설득하기 위해 보낸 편지(1918.7.6.)에서 간디는 다음과 같이 말했습니다. "아주 특별한 경우에 필요악으로서 전쟁을 해야 할 것 같다. 마치 육신이 필요악이듯이. 만일 동기가 옳다면 전쟁은 인류의 이익이 될 수도 있고, 비폭력주의자라고 해서 수수방관하며 무관심하게 쳐다보고만 있어서는 안 되고, 선택을 한 다음 능동적으로 협력하거나 능동적으로 저항해야 한다."[8]

간디의 모병 운동은 당시에도 그 이후에도 그에게 깊은 고뇌를 안겨 주었습니다. 그는 자서전(1925~28)에서, 모병 운동에서 커다란 정신적 딜레마를 겪었다고 했습니다. "전쟁에 참가하는 것이 아힘사와 맞지 않는다는 것은 내게는 너무도 환한 일이다. 그러나 사람은 제 의무가 무엇인지를 늘 명확히 알 수 있는 것은 아니다. 진리의 애호자는 어둠 속을 헤매지 않으면 안 되는 때가 많다."고 술

6) CWMG E, v. 17, pp. 83~84.
7) CWMG E, v. 17, p. 130.
8) CWMG E, v. 17, p. 124.

11장 | 정의를 위한 폭력은 정당한 것 아닌가요?

회했습니다. 그는 이어서 사람이 먹고 마시고 산다는 일 자체에 "필연적으로 어떤 힘사, 곧 생명의 파괴를 가져오게 하는 것이 있"다고 말하면서 1차 세계대전의 참전도 그런 예의 하나로 보았습니다.

간디는 모병 운동이 비폭력 원리에 맞지 않는다는 것을 알았지만 인도의 지위와 권리 향상을 위해서, 그리고 독일의 진격 앞에 영국을 지키기 위해서 병사를 모집하기로 했습니다. 간디는 살면서 아힘사를 철저하게 지키기가 어렵다고 고백하고 있습니다. 실제로 1차 세계대전 이후 인도인의 자부심이 아주 높아졌습니다. 많은 인도인들은 이 전쟁을 통해서 비로소 하나의 '인도'라는 생각을 갖게 되고 제국 영국에 대해 당당하게 동등한 자리를 요구하게 되었다고 합니다.

안중근은 왜 이토를 죽였을까 : 의거인가 테러인가?

자, 그럼 이런 간디의 태도를 토대로 다시 안중근과 이토를 재평가해 볼까요? 안중근 의사가 하얼빈 역에서 이토를 사살한 다음 체포되고 일본 측이 진행한 재판의 공판 기록에 따르면, 그가 이토를 저격한 이유는 다음과 같습니다. 러일전쟁 개전 당시 일본 천황의 선전칙어(宣戰詔勅)에 따르면, 이 전쟁은 동양의 평화를 유지하고 한국의 독립을 공고하게 한다는 것이었습니다. 그 후 러일전쟁이 끝나고 강화가 이뤄져 일본이 개선할 때, 한국인은 마치 자기 나라의 개선과 같이 느끼고 환영했습니다. 그런데 그 이후 이토가 불평등한 5개조의 을사보조조약을 체결한 것은 한국의 인민을 속이고, 또 일본 천황의 뜻에 따르지 않은 것이므로 한국의 인민은 이토에 대해 원망을 품게 되었다고 합니다. 그 이후 다시 7개조의 조약(정미7조약)에 체결함으로써 한국에 불이익을 초래했고, 고종을 폐위하고 오만한 행동을 함으로써 한국의 인민은 통감을 원수(怨讐)로 생각하게 되었다고 말합니다. 저격의 핵심적인 사유는 조선의 독립과 동양의 평화를 깨트린 죄입니다.

안중근은 자신의 행위를 '한국의 독립 전쟁을 수행하는 의병의 참모중장의 자격으로서 한 것'이라고 말했고, 교전 중에 적군을 죽인 행위라고 생각했습니다. 자신의 행위를 '동양 평화를 위한 의전(義戰)'이라고 불렀고 포로로 취급해 달라고 요청했습니다. 그럼에도 일본의 사법 당국은 그를 일개 살인 피고인, 범죄자, 자객으로 취조하고 심문했는데, 안중근은 이에 항의했습니다.[9]

안중근은 간디가 말하는 비폭력 전사는 아닙니다. 안중근은 인도의 수바스 찬드라 보세(Subhas Chandra Bose, 1897~1945)와 유사합니다. 보세는 조국 인도가 자유를 얻는 방법을 놓고 간디와 생각이 크게 달라서 갈등을 겪다가 간디와 영구 결별하게 되었습니다. 보세는 인도에 필요한 것은 근대적, 전투적, 낙관적 전망이라고 보았습니다. 비폭력 이념과 물레 옹호는 수동적이고 퇴보적인 것으로 보았고, 인도는 근대적 무기로 적들과 싸워야 한다고 주장했습니다.

---

9) 《안중근 유고집》, 신용하 엮음, 역민사, 1995.

안중근은 의병이라고 자처했고 정의로운 전쟁을 치른 것이니 그의 입장에서는 그리고 그를 민족주의자로서 존경하는 한국인들의 입장에서는 당연히 테러리스트가 아닙니다. 그런데 당시의 일본의 사법 당국은 물론이고 대부분의 서양 언론조차 그를 살인자로서 다룬 것 같습니다. 그러므로 안중근을 '의사'로 남겨 두기 위해서는 당시 영국, 프랑스, 독일, 미국 중심의 제국주의 질서 자체를 비판하지 않을 수 없습니다.

안중근의 입장에서 보면 이토는 조선 침략에 가장 책임이 큰 자이고, 동양 평화를 깨트린 자입니다. 그리고 많은 한국인은 그를 민족의 원흉(元兇)이라고 부릅니다. 못된 짓을 한 사람들 중 우두머리란 뜻이지요. 그런데 이토에 대한 일본인의 평가는 한국인의 평가와는 사뭇 다릅니다. 19세기 후반에서 20세기에 걸쳐 일본은 비서양국가 중에서 누구보다 먼저 근대화를 달성했습니다. 그 과정에서 가장 중심적 역할을 한 정치 지도자가 이토였습니다. 일본의 어떤 학자가 이토를 '근대일본을 만든 남자', '입헌국가를 확립한 자'라고 부르듯이, 이토는 메이지 헌법의 제정과 운용, (불평등) 조약 개정, 청일전쟁 등에서 중심적인 역할을 하였습니다. 또한 당시의 시세를 읽어 내는 능력이나 그의 균형감 있는 정치 지도력의 면에서 일본 내부만이 아니라, 당시 영국의 외교관들과 언론인들 사이에서 평가가 높았던 것으로 보입니다. 안중근과 이토에 대한 이미지의 차이는 한일 간에 아주 큽니다. 이런 차이를 어떻게 극복해야 할까요?

평화를 위해서 우리는 역사와 기억을 어떻게 다뤄야 할까?

간디가 한국의 역사를 좀 더 알았다면 안중근이 이토를 죽인 행위가 비폭력 원리를 위반한 것이지만 한민족의 삶을 위해서 행한 필요악이라고 불렀을까요? 한국 사학자 이성한과 일본 사학자 이토 유키오(伊藤之雄)에 따르면, 안중근과 이토 모두 동양의 평화를 위해 노력한 자이지만 그 방향은 정반대였습니다.

> 안중근과 이토는 둘 다 동양 평화를 외치면서도 정반대의 지향성과 행동을 취했다. 이토는 동양의 평화를 위해 한국을 보호국으로 할 필요가 있다고 주장하고, 안중근은 일본의 한국 침략은 동양의 평화를 파괴하는 첫걸음이라고 보았다. 안중근의 이토 저격 사건은 당시 양국의 입장을 상징함과 더불어, 두 사람의 양립할 수 없는 사상적 대립을 여실히 보여 주고 있는 것이다.[10]

동양의 평화는 하나의 공동 목표였지만 그 방향은 정반대였다는 것입니다. 그런데 미래를 위해서는 바로 지금 동양 평화라는 목표는 아주 중요합니다. 평화를 이루기 위해서는 한일 간의 과거사, 영토, 위안부 문제 등은 비폭력적으로 해결되어야 하고, 과거사와 기억은 평화적으로 활용되어야 할 것입니다. 인도에서 찬술된 초기불교 경전의 하나인《법구경(法句經)》에 다음과 같은 구절이 나옵니다.

---

10) 《한국과 이토 히로부미》, 이성환 외 지음, 선인, 2009, 404쪽

'그는 나를 헐뜯었다. 그는 나를 때렸다.
그는 나를 이겼다. 그는 내 것을 훔쳤다.'
이 같은 불평을 가진 자에게 미움은 가라앉지 않으리라.

이 구절은 아힘사 가르침을 충분히 반영하고 있습니다. 예나
이제나, 인간 사회에는 욕하고, 때리고, 훔쳐 가는 일은 자주 일어
납니다. 개인과 개인 사이만이 아니라 민족과 민족 사이에서도 그
런 일이 일어납니다. 분하게 당한 일은 기억에서 쉽게 지울 수가
없습니다. 문제는 그 기억에 미움이 따르고, 미움은 종종 폭력을
낳는다는 데 있습니다. 그래서 《법구경》에 따르면, '타민족이 우리
민족에게 행한 잘못은 기억하자, 단 미움 없이 기억하자.'고 해야
할 것입니다.

물론 일본은 일본 나름대로 침략과 가해, 그리고 전쟁 책임을
인정하고 이에 상응하는 조처를 취해야 할 것입니다. 남의 나라
백성에게 잘못한 책임만이 아니라, 자국민들을 전쟁으로 내몬 책
임도 뼈저리게 느껴야 전쟁을 반복하지 않을 것입니다. 이런 반성
과 책임을 느끼는 것은 기본적으로는 스스로 해야 할 것이지 강
요로 될 것은 아닙니다. 강요당한 반성은 오래가지도 못합니다. 우
리는 해야 할 일을 하면서 이웃으로서 권유하고 설득할 수는 있
을 것입니다. 일정한 정도의 실력은 키워서 다시는 당하지 않을
준비도 해야 할 것입니다.

동양의 평화가 도래하기 전 안중근에 대한 간디의 비판을 옹

호하는 것은 시기상조라고 말할 수도 있습니다. 하지만 애국적인 살인 행위에 대한 간디의 비판을 가슴 깊이 새겨서 한일 간의 화해를 가로막고 있는 저 역사적 기억(역사 기술을 반복하고 고착화함으로써 스스로 더욱 생생해지는 역사적 기억)의 밑바닥에까지 내려가 그것을 대면하고, 그것을 《법구경》이 말하는 식으로 질적으로 변화시키지 않는다면 어떻게 될까요? 그 기억이 갖고 있는 생래적인 자기중심성 때문에 우리는 민족주의와, 자기 나라의 역사 해석만 옳고 남의 나라의 역사 해석은 처음부터 틀린 것으로 생각해서 거들떠보려고도 하지 않는 일국사의 좁은 틀에 갇혀서 절대로 평화를 실현하지 못할 것입니다. 20세기 아시아에서 가장 위대한 사상가이자 행동가의 한 사람으로 꼽히는 간디는 비폭력 원리로써 일국사의 역사 기술을 극복하라고 권유할 것입니다.

우리는 비폭력 원리를 활용하여 과연 한일 간에 화해와 평화를 이룰 수 있을까요? 나아가 세계의 화해와 평화에 이바지할 수 있을까요? 이 질문에 대한 대답은 여러분의 몫으로 남겨 두면서 마칩니다.

12장

유토피아는
없는 나라인가요?

토마스 모어와 함께
이런 세상을 꿈꿔 봐요

•

정순미

정순미

서울대학교 윤리교육과를 졸업하고 20년 넘게 중학교, 고등학교 현장에서 도덕 선생님으로 살아오면서, "○○이는 너무 착해서 문제야."라는 말을 들을 때마다 "이건 아니지."라는 생각을 해 왔다. 선생님이 교실에서 진선미성(眞善美聖)의 가치를 강조할 수 있는 사회, 윤리 경영을 하는 기업이 이윤을 지속적으로 얻을 수 있는 사회, 권모술수에 능한 사람이 아니라 도덕적인 사람이 성공하는 사회가 오늘날 우리가 꿈꾸는 이상사회의 모습이 되어야 한다. 이 세상을 살아가는 의미와 가치는 돈이나 명예가 아니라 '도덕'에서 찾아야 한다고 굳게 믿는다.

- 이 글은 토마스 모어가 지은 《유토피아》를 풀어쓴 《유토피아, 모두가 행복할 수 있다는 즐거운 상상》(정순미, 2006, 풀빛)을 토대로 하였다.

이상사회를 꿈꾸는 이유는 뭘까요?

누구에게나 저마다 꿈꾸는 세상이 있습니다. 여러분이 꿈꾸는 이상사회는 구체적으로 어떤 모습인가요? '이상사회'는 사람들이 바람직하다고 생각하는 사회의 모습입니다. 아마 요즘 한국의 청소년들은 시험이 없는 세상 혹은 학교가 없는 세상을, 빈곤 국가에서 영양실조에 시달리는 청소년들은 하루 세 끼 음식이 보장되는 세상을, 전쟁을 겪는 나라의 청소년들은 평화로운 세상을 열망할 것입니다.

해가 뜨면 일하고

해가 지면 쉬고

우물 파서 마시고

밭을 갈아 먹으니

임금의 덕이 내게 무슨 소용이 있으랴

위 노랫말은 고대 중국 하(夏)나라 때 한 노인이 태평성대를 구가하며 읊었다는 〈격양가(擊壤歌)〉입니다. 이 노래는 해가 뜨고 지는 자연의 순리에 따라 편안한 삶을 영위하는 것이 그 무엇보다 이상적임을 표현한 것인데요, 태평성대를 비유하는 말로 많이 쓰였죠.

하지만 인류 역사에서 이 노래처럼 안락하고 평화로운 시대에 행복한 삶을 산 사람들이 얼마나 될까요? 동서고금을 막론하고 평화로운 시대도 있었지만, 흉년이 지속되고 억압과 핍박, 갈등과 대립, 불만과 불안이 가중되는 사회적 혼란의 시기도 적지 않았습니다. 그렇기에 그런 평화로운 세상을 꿈꾸는 이런 노래도 나온 거겠죠?

사람들이 현재 자신의 삶에 만족한다면 이상사회를 꿈꾸지 않을 것입니다. 현실 사회가 살기 어려울수록, 가난이 생활을 파고들수록, 폭력과 억압에 시달릴수록 사람들은 그러한 고통과 억압으로부터 해방된 이상사회를 염원하고 추구하는 것입니다. 예를 들어, 우리나라의 교육이 청소년들을 학벌이라는 이름으로 불행하게 만들면 만들수록 교육의 이상향, 에듀토피아를 꿈꾸게 하는 열망은 점점 더 커지는 것입니다. 서태지와 아이들은 1994년에

12장 | 유토피아는 없는 나라인가요?

〈교실 이데아〉라는 노래를 통해 학벌주의에 갇힌 우리나라의 교육 현실을 비판했습니다. 하지만 우리나라의 청소년들은 그로부터 20년이 지났어도 노래 속의 교육 현실이 변한 것이 없는 지금, 여전히 교실 이데아를 꿈꾸고 있습니다.

서양 사람들이 꿈꿔 온 이상사회의 모습은 무얼까요?

인류의 역사 속에서 제기된 이상사회의 모습은 다양한 모습을 보여 왔습니다. 왜냐하면 그것들은 이상사회를 꿈꾸는 사람들이 처해 있는 시대의 사회적 현실을 반영하기 때문입니다. 하지만 이상사회의 모습이 다르다고 하더라도 그것을 관통하는 보편적인 이상과 목표에서는 공통점이 존재합니다. 그리고 그 공통된 염원은 구체화된 모습을 통해 유토피아 사상을 만들어 냈지요.

흔히 서양의 경우는 플라톤의 《국가》를, 동양의 경우는 유가의 대동사회(大同社會)를 유토피아 사상의 원류로 봅니다. 이 두 개의 사상은 대략 지금으로부터 2500여 년 전에 나온 것으로 서양과 동양 모두 비슷한 시기에 형성되었으며, 모두 당시 사회의 혼란 속에서 등장했습니다. 먼저 서양의 유토피아 사상의 흐름을 살펴볼까요?

플라톤의 《국가》는 아테네가 스파르타에 패배하고 아테네의 정치와 도덕이 혼란에 빠졌던 시기에 나온 것입니다. 그래서 플라톤이 제시한 이상적인 국가란 그 내용상 국가의 지도자들과 시민

모두가 가장 올바른 상태에 있는 국가를 의미합니다. 즉, 가장 현명하고 도덕적인 철학자에 의해 다스려지고, 재산만이 아니라 처자까지도 공유되는 완전한 정의가 실현된 국가를 말합니다.

플라톤이 제시한 이상 국가는 오늘날처럼 모든 구성원이 자유와 평등을 누릴 수 있는 민주 사회와는 달리 사회 구성원을 크게 시민(생산) 계급과 넓은 의미의 수호자 계급 두 개로 나누고, 이 수호자 계급을 다시 통치자 계급과 수호자(전사) 계급으로 나눕니다. 이렇게 세 개의 계급이 존재하는 이유는 사람에게 머리(지혜), 가슴(용기), 손발(절제)이 있듯이, 국가에도 이 세 가지가 필요하다는 생각 때문입니다. 다만 세 개의 계급은 처음부터 나뉘는 것이 아니라, 태어난 아이를 공동으로 기르고 교육하는 과정에서 그 아이가 어떤 자질을 갖고 있는지를 판별한 뒤에 아이의 자질에 맞는 계급으로 보내면서 정해집니다. 이 가운데 통치자 계급은 그 사회에서 가장 이상적이고 지적인 사람들, 즉 철학자들로 구성되는데, 이 철학자들 중에서 나이와 능력이 가장 탁월한 사람을 지도자(왕)로 삼아 일종의 집단지도 체제를 이루어 국가를 통치합니다.

이렇게 최초로 서양 유토피아 사상의 지평을 연 플라톤의《국가》는 정치 지도자로서의 철학자, 재산의 공동 소유 등의 이상적 제도들을 통해 이후 서양 유토피아 사상에 많은 영향을 미쳤습니다. 플라톤 이후 서양의 유토피아 사상은 중세에는 가톨릭 수도사들이 공동으로 생활하고 신앙심을 키웠던 신앙 공동체를 거쳐, 근대 초기로 와서 토마스 모어의《유토피아》로 이어졌습니다. 그 뒤 캄파넬라의 《태양의 나라》, 베이컨의 《뉴 아틀란티스》 등이 등장했죠.

모어의 《유토피아》는 당시 영국 사회의 권력층이 저지르는 부정과 부패를 비판하면서, 유토피아 섬을 이상사회의 대안으로 제시하였습니다. 모어는 이상사회의 조건으로 민주적인 지도자 선출과 지방자치제도, 자급자족하는 농업 중심의 경제체제와 공유재산제도, 일부일처제를 기본으로 하는 혼인제도, 공동 식당 및 무료 의료 시설 등을 갖춘 복지 제도, 정신적 쾌락을 중시하는 도덕주의 등을 제시하고 있습니다. 모어가 새로이 만들어 자신의 책 제목으로 이름 붙인 '유토피아'는 이상향을 뜻하는 보통명사로 자리 잡을 정도로 근대 유토피아 사상에 많은 영향을 미쳤습니다.

캄파넬라의 《태양의 나라》는 현실 정치와 사회체제에 대한 일종의 대안을 제시하는데, 평등과 공동체를 지향하는 강력한 중앙집권적 제정일치 사회를 주장합니다. 캄파넬라 자신도 사제 출신이었듯이, 이런 주장의 배경에는 17세기 초 일분의 사제들이 현실 정치와 교회의 잘못된 정책에 반대하고 이상적인 기독교 공동체를 이룩해야 한다는 주장에서 그 근원을 찾을 수 있습니다.

캄파넬라가 그린 '태양의 나라'에는 사유재산, 부당한 부의 축적, 빈곤 등이 존재하지 않고, 주민들은 4시간만 일하면서 필요에 따라 생산물을 분배받습니다. 또한 이곳에서는 일부일처제가 사유재산을 만드는 원인이라고 보고 플라톤이 《국가》에서 주장한 것과 비슷하게 처자의 공유와 공동 육아, 공동 교육을 실천합니다. '태양'이라 불리는 사제이자 통치자가 다스리는 제정일치의 사회에서 모든 사회 구성원들은 적성에 맞게 살면서 국가와 신에 대한 봉사를 통해 삶의 참된 행복을 느끼게 됩니다. 이렇게 캄파넬라의 《태양의 나라》는 플라톤과 모어가 주장한 내용들을 상당수 받아들이면서 이상적인 신앙 공동체를 제시한 것입니다. 또한 캄파넬라는 모어와는 달리 자유로운 토론을 통한 민주정치보다는 강제성을 띤 중앙집권 국가의 권위와 명령을 강조했는데, 이 점은 어느 정도 플라톤의 생각과 유사하다고 볼 수 있습니다.

베이컨의 《뉴 아틀란티스》는 과학자가 지배하는 엘리트 사회를 이상 국가로 제시하고 있습니다. 이 왕국에서는 한 사람의 현명한 입법자가 자연과학과 인간의 무한한 가능성을 탐구하는 '솔로몬의 전당'이라는 엘리트 과학자들의 기관을 설치하고, 이곳에서 자연과학과 기술을 연구하고 발전시켜 만든 풍요로운 사회를 이상사회로 추구하고 있습니다. 이곳에서는 과학자가 다른 관료나 왕을 능가하는 권위를 갖고 사회적인 존경을 받습니다. 모어가 사회구조와 분배에 중점을 두고 있는 데 비하여, 베이컨은 새로운 과학기술의 발전에 의해 인간의 물질적 생활이 풍요해지고 행복해질 수 있다고 본 것입니다. 정치·사회적 측면에 대한 변화보다 과학기술의 발전을 통한 물질적 생활의 풍요로움을 행복의 원천이라고 보았는데, 어떤가요? 이전 철학자들의 주장과 달리 매우 독특한 주장이죠? 베이컨의 이러한 주장은 물론 근대과학의 발전과 밀접히 연관되어 있다고 하겠습니다.

동양 사람들이 꿈꿔 온 이상사회는 어떤 모습일까요?

동양에서도 일찍부터 이상사회에 대한 생각이 사람들 사이에서 공유되었고, 유가와 도가와 같이 주요한 사상과 사상가에 의해 구체적인 이상사회의 모습이 제시되었습니다. 유가에서는 대동사회를, 도가에서는 소국과민(小國寡民) 사회를 이상사회로 제시했습니다.

대동사회는 '사람이 천지 만물과 서로 화합하여 모든 것이 하나가 되는 사회'를 뜻합니다. 다시 말해, 가장 도덕적이고 현명한 성인이 나라를 다스리되 왕위가 세습되지 않고 모두가 가족처럼 지내며, 재물 또한 왕이나 지배계급의 이익을 위해서만 사용되지 않는 사회입니다. 유가는 이런 이상사회의 대표적인 예로 요임금, 순임금 시대를 제시했는데, 이 시대에는 모든 백성들이 먹고사는 문제로 고민하지 않고 모두가 훌륭한 왕의 지도 아래 올바른 삶을 살아간다는 것입니다. 한마디로 말하면 개인과 사회가 공존하며 서로를 해치지 않는 공동체적인 이상 국가를 꿈꾼 것입니다. 맹자는 이런 사회를 이루기 위해 우물 정(井)자처럼 아홉 가구가 동일하게 토지를 공유하고, 가운데 토지는 공동 경작하여 세금을 내는 정전제(井田制)를 주장하였습니다.

도가에서 주장한 소국과민 사회는 '작은 나라에 적은 백성이 살아가는 사회'라는 의미인데, 문명과는 떨어져 인위적으로 어떤 일을 하거나 욕심내지 않는 무위와 무욕의 사회를 말합니다. 즉,

인간의 자유로운 삶을 제약하는 인위적인 사회제도와 질서를 거부하고 많은 땅을 소유하지도, 많은 노동을 하지도 않지만 스스로 자족하는 삶을 살면서 자연과 일치된 인간의 본성을 회복하는 사회를 지향하는 것입니다.

> 무릉(武陵)에 사는 한 어부가 배를 타고 가다가 복숭아꽃 숲 속에서 길을 잃었다. 어부는 배에서 내려 산속의 동굴을 따라 나아갔는데, 마침내 어떤 평화로운 마을에 이르렀다. 그곳에서는 논밭과 연못이 모두 아름답고, 닭 소리와 개 짖는 소리가 한가로우며, 남녀가 모두 외계인과 같은 옷을 입고 즐겁게 살고 있었다. 그들은 전란을 피하여 그곳까지 온 사람들이었는데, 수백 년 동안 바깥세상과의 접촉을 끊고 산다고 하였다. 그는 융숭한 대접을 받고 돌아오게 되었는데, 그곳의 이야기는 입 밖에 내지 말라는 당부를 받았다. 그러나 이 당부를 어기고 돌아오는 도중에 표를 해 두고 찾아갔으나 다시는 찾을 수가 없었다.

윗글은 도연명이 소국과민의 이상사회를 표현한 《도화원기》의 내용입니다. 이러한 소국과민의 사상은 오늘날 작은 공동체를 꿈꾸는 사람들, 자연으로 돌아가 소박한 삶을 살고자 하는 사람들, 혹은 모든 사회적인 제도를 거부하고 공동체적인 삶을 추구하는 사람들의 생각과 공통되는 부분이라고 할 수 있습니다.

우리나라에서는 조선 시대의 소설 《홍길동전》과 19세기 말 동학사상에서 이상사회의 모습을 찾아볼 수 있습니다. 조선 중기 허

균은 《홍길동전》을 통해 자신이 느끼는 세상의 부조리함과 그에
대한 대응 방식, 나아가 자신이 그리고자 하는 이상적인 세계의
모습을 보여 주었습니다. 그는 홍길동이라는 영웅적 인물이 적서
차별과 신분제도 등 봉건적 지배 체제의 여러 모순에 저항하고,
탐관오리들의 부패상을 규탄하며, 신분 차별과 부패가 사라진 율
도국을 이상사회로 제시하였습니다.

　　19세기 말 등장한 동학사상에서는 모든 인간에 대한 억압과

착취로부터 해방된 이상적인 사회를 '후천 개벽의 세상'이라고 정의했습니다. 이러한 사상을 실현하기 위해 동학 농민 운동이 일어났고요. 동학 운동가들은 인내천(人乃天), 즉 '사람이 곧 하늘'이라는 평등사상을 토대로 사회적으로는 신분이 해방된 평등 사회를, 경제적으로는 억압과 착취로부터 영세한 농민과 상인, 수공업자들이 자립할 수 있는 정의 사회를, 정치적으로는 왕정 체제의 개혁을 주장했습니다. 동학 농민들은 추천 개벽의 세상이 미래에 올 것이라고 생각했기 때문에 현실 세계에서 자신들의 이상을 실현하고자 농민 운동을 전개했던 것입니다.

이상사회의 가장 중요한 특징은 뭘까요?

자, 이제까지 서양과 동양으로 나누어 시대별로 이상사회의 모습이 어땠는지 살펴보았는데요. 혹시 이렇게 다양한 이상사회의 모습 속에서 공통된 것이 무엇인지 찾을 수 있었나요? 형태도 다르고 추구하는 제도도 다르지만 사람들이 원하는 사회의 모습은 한마디로 이렇게 정리할 수 있을 거예요.

첫째, 이상사회는 모든 인간이 인간으로서의 존엄성, 자유와 평등의 가치를 존중받을 수 있는 사회여야 합니다. 인간의 존엄성은 근본 가치에 해당하는 궁극적 목적입니다. 독일의 철학자가 강조했듯이, "인간은 그 자체가 수단이 아니라 목적으로서 대우받아야 하는 존재"인 것입니다. 여러분은 아마도 마틴 루서 킹이 1963년 링컨 기념관 앞에서 한 유명한 연설을 기억할 것입니다 "나에게는 꿈이 있습니다. 언젠가는 조지아의 붉은 언덕 위에 노예의 후손들과 노예 주인의 후손들이 형제애를 가지고 식탁 앞에 함께 앉을 수 있으리라는 꿈이 있습니다. 나에게는 꿈이 있습니다. 언젠가는 나의 네 아이가 그들의 피부색이 아니라 그들의 인격에 의해 평가받는, 그런 나라에서 살아가게 될 것이라는 꿈이 있습니다." 우리가 꿈꾸는 사회는 돈, 피부색, 학력 그 무엇으로도 차별받지 않고 누구나 인간으로서 존엄한 가치를 존중받는 평등하고 자유로운 사회입니다.

둘째, 이상사회는 육체를 지닌 인간이 생존권을 위협받지 않을 만큼 물질적 넉넉함을 가져야 할 뿐만 아니라 재화의 평등한 분배가 이루어지는 사회여야 합니다. "사흘 굶어 도둑질 아니 할 사람 없다."라는 속담이 있습니다. 아무리 착한 사람이라도 몹시 궁하게 되면 못하는 짓이 없게 됨을 이르는 말입니다. 사람이 인간으로서 살아가는 데 필요한 최소한의 조건인 의식주가 충족되지 않는다면, 그리고 소수의 사람들에게 부(富)가 편중되어 분배된다면 사회는 혼란해질 수밖에 없을 것입니다.

셋째, 이상사회에서는 정치가 안정되어 있습니다. 안정된 정치를 위해서 크게 두 가지 정치 형태가 제시됩니다. 그 첫 번째는 강력한 지도자가 이끌고 가는 형태입니다. 이때의 지도자는 동양의 '현명하고 능력 있는 사람', 서양의 '철학자(지혜로운 자)'입니다. 이 지도자상은 한 명의 통치자가 사회를 바람직한 방향으로 끌고 나갈 수 있다는 믿음을 반영합니다. 다른 하나는 그리스의 'Democracy'라는 말에서 연유한 국민에 의한 정치를 말합니다. 즉 지도자가 강조되기보다는 민주적인 정치 형태가 부각됩니다. 지도자의 힘보다는 전체 국민들의 의사가 존중되는 정치제도가 강조되는 것이지요. 어떤 형태이든 지도자와 사회의 일원들은 올바른 가치를 제시할 수 있는 지혜, 공동선을 추구하는 도덕성 등을 기본적으로 갖추어야 할 것입니다.

결국 다양한 이상사회의 공통점은 '인간의 존엄성이 지켜지고, 경제적으로 풍요로우며, 정치적으로 안정된 사회'라고 정리할 수 있을 것 같아요. 이런 사회에서는 폭력이나 전쟁 등으로 인간의 존엄성을 해치는 일도 없으며, 굶주림과 추위에 시달리는 사람도 없고, 독재자에 의한 억압과 핍박도 없이 모든 인간이 자유와 평등을 누릴 수 있겠지요?

왜 《유토피아》는 이상사회의 대명사가 되었을까요?

이런 내용을 토대로 이번엔 우리가 이상사회하면 바로 떠올리는, 토마스 모어의 《유토피아》에서 제시하는 이상사회의 구체적 모습을 살펴보도록 할게요. 대체 '유토피아'는 어떤 아름다운 제도를 가졌기에 사람들이 꿈꾸는 사회의 대명사가 되었을까요?

모어는 이상사회의 조건으로 우선, 민주적인 지도자 선출과 지방자치제도를 제안하였습니다. 유토피아의 각 도시에서는 민주적인 선거로 관료를 뽑는 지방자치를 실시하고 있습니다. 매년 한 번씩 각 도시의 관리 중 세 사람의 대표를 뽑아 그들을 수도에 보내 나라 전체에 관한 중요한 문제들을 토론하고 결정하도록 합니다. 500년 전 모어가 생각한 지방자치제도와 현대의 지방자치가 너무나도 닮아 있다는 것을 알 수 있습니다.

　둘째, 자급자족하는 농업 중심의 경제체제와 공유재산제도를 주장하였습니다. 유토피아는 모든 인간이 평등하며 누구나 예외 없이 노동에 종사하면서 먹고사는 문제로 시달리지 않는 자급자족의 공유제 사회입니다. 유토피아 사람들은 하루 6시간 일하고 8시간 자며, 나머지 시간은 각자의 취미에 따라 독서를 즐기거나 공개 강좌를 듣는 여가 시간으로 활용합니다. 이곳에서는 소수의 학자를 제외하고 남녀노소를 불문한 모두가 생산적인 노동에 참여하고 검소하게 살아가기 때문에, 하루 6시간씩만 일해도 물자가 남아돕니다. 여러분도 하루에 6시간만 공부한다면 얼마나 좋을까요?

　셋째, 공동 식당 및 무료 의료 시설 등을 갖춘 복지 제도를 제안했습니다. 유토피아의 각 도시에는 커다란 병원이 4개씩 있고 누구든 병이 들면 무료로 치료를 받을 수 있습니다. 식사는 공동 식당에서 함께하며 가정에 필요한 생활필수품은 무료로 받습니다. 따라서 화폐가 전혀 필요 없고, 모든 재물은 공동으로 보관하고 사용한답니다. 아마 현대사회에서도 모어가 생각한 만큼의 복

지가 이루어지는 나라는 찾아보기 힘들 것입니다. 하지만 생활필
수품과 의료 시설이 무료인 사회를 한번 상상해 보세요. 얼마나
마음이 편안할까요?

넷째, 근면과 검소는 물론이고 정신적 쾌락을 중시하는 도덕
주의를 제시하고 있습니다. 유토피아의 시민들은 착한 일을 한 사
람은 내세에 상을 받고, 악한 일을 한 사람은 벌을 받는다고 믿습
니다. 인간은 즐겁게 살아야 한다고 믿지만 진정한 쾌락은 올바른
덕성과 양심을 지켜 나가는 것이라고 생각합니다. 따라서 사치와
향락을 추구하거나, 황금이나 보석 등에 대한 탐욕이 없고 그것
들을 죄악시하기까지 합니다. 또한 절제되고 도덕적인 삶을 최상
의 것으로 여기고, 특히 이성에 따르는 정신적 쾌락을 중요시합니
다. 유토피아에서는 요강(오줌을 받는 실내용 용기)을 황금으로 만
든다고 합니다. 그만큼 탐욕이 없다는 얘기인데요, 이런 사회에는
'된장녀'나 '된장남' 같은 사람들은 없겠죠?

모어가 유토피아에서 주장한 민주제도, 공유재산제도, 복지 제
도, 도덕주의 등은 이상사회를 실현하기 위해 인류가 노력해 온
공통의 제도이며 가치입니다. 그중 공유재산제도는 20세기에 구
소련, 동유럽, 중국, 북한 등에서 시행한 바 있으나, 1989년 베를
린 장벽이 무너지면서 역사에서 점차 사라지고 있습니다. 하지만
여전히 유토피아가 매력적인 것은 인류가 아직도 꿈꾸고 있으며,
꼭 실현해야 할 가치인 높은 도덕성을 바탕으로 한 민주제도와 복
지 제도 때문일 것입니다.

상상해 봐요, 소유가 없는 세상, 세상을 공유하는 사람을

이상에서 살펴본 바와 같이 우리나라를 포함해서 동서양의 모든 사람들은 이상사회를 꿈꾸면서 그것을 현실 속에 건설하기 위해 끊임없이 노력해 왔습니다. 그중 공유재산제도에 근거한 공산주의 건설과 같이 실패한 아이디어도 있고, 민주주의나 복지처럼 다양한 방법과 제도로 현실에 실현하기 위해 지속적으로 노력하는 아이디어도 있습니다.

오늘날 사람들은 인간의 존엄성과 자유, 평등의 가치를 보편적 가치로 추구하는 바탕 위에 놀라운 과학기술의 혜택을 통해 물질적 풍요를 향유하고 있습니다. 그러나 그럼에도 불구하고 여전히 수많은 사람들이 빈곤에 시달리고 있고, 종교나 국가 간 갈등과 전쟁으로 사랑하는 가족을 잃고 난민이 되어 떠돌고 있으며, 자연재해로 인해 고통받고 있습니다.

다음은 존 레논의 노래 〈Imagine(상상해 봐요)〉의 가사입니다. 캄보디아 독재정권하에서 자행된 만행을 비판한 영화 〈킬링필드〉에 삽입되어 유명해졌죠. '킬링필드'는 대량 학살 현장이라는 뜻으로, 캄보디아에서 1975년부터 4년간 폴 포트의 급진적 공산주의 정권 크메르루주(붉은 크메르)가 일으킨, 20세기 최악의 사건 중 하나입니다. 캄보디아의 공산주의 무장단체이던 크메르루주 정권은 노동자와 농민의 유토피아를 건설한다는 명분 아래 최대 200만 명에 이르는 지식인과 부유층을 학살하였습니다.

천국도 없고, 우리 아래 지옥도 없고

오직 위에 하늘만 있다고 상상해 봐요.

노력해 보면 어려운 일이 아니에요.

오늘 하루 충실하게 살아가는 사람들을 상상해 봐요.

국가라는 구분이 없다고 생각해 봐요.

어렵지 않아요.

죽이지도 않고, 죽을 일도 없고, 종교도 없고

모든 사람이 평화롭게 살아가는 삶을 상상해 보세요.

날 몽상가라고 부를지도 몰라요.

하지만 나만 이런 생각을 가진 게 아니에요.

언젠가 당신도 우리와 같은 생각을 가지게 될 거예요.

소유물이 없는 세상을 상상해 봐요.

상상할 수 있나요?

탐욕을 부릴 필요도 없고,

굶주릴 필요도 없고, 인류애가 넘쳐 나요.

세상을 공유하는 사람들을 상상해 봐요.

존 레논은 〈Imagine〉에서 국가, 종교, 소유물로 인해 대립하고 전쟁으로 치닫는 현대사회에 대한 비판적 성찰을 통해 "모든 사람들이 평화롭게 살아가는 삶을 상상해 보"라며, 인류가 궁극적으로 지향하는 인류애를 노래했습니다.

킬링필드와 같은 반인륜적인 사건들이 여전히 반복되고 있는 현실에서 완벽하게 바람직한 상태의 이상사회가 존재할 수 있다고 생각하지는 않습니다. 인류가 추구해 온 이상사회가 가까운 미래에 실현될 수 있다고도 생각하지 않습니다. 하지만 우리는 이상사회를 현실에서는 이루어질 수 없는 공허한 상상일 뿐이라고 생각할 수는 없습니다.

사람들은 본래 오늘보다 나은 내일, 내일보다 나은 미래를 꿈꾸고, 그것의 실현을 위해 노력하는 존재입니다. 우리가 오늘도 '이상사회'를 꿈꾸는 것은 오늘의 현실 세계가 불합리한 측면을 가지고 있기 때문일 것이며, 보다 바람직한 사회를 이루고자 하는 열망이 있기 때문일 것입니다. 모어가 그린 《유토피아》는 바로 그 열망을 담고 있습니다. 우리는 이 책에서 현실에 대한 날카로운 비판의식과 인간에 대한 무한한 신뢰와 애정을 배울 수 있습니다. 오늘날과 같이 자연환경이 급속히 파괴되고, 기후와 환경 변화로 기아와 빈곤이 확산되고 있으며, 빈부격차가 심화되는 사회에서 이를 바꾸고자 하는 열망은 변화를 촉발시키는 불씨가 될 것입니다. 그러므로 유토피아는 '공허한 상상이 아니라 모두가 행복할 수 있다는 즐거운 상상'입니다.

3부

십대,
지금 여기에
모여
이렇게

13장

행복을
어떻게 만들어 가나요?

오늘 행복에게
친구하자고 말해 봐요

●

민경민

민경민

풋풋한 십대들과의 학교생활도 20여 년이 훌쩍 지났다. 교정의 학생들은 행복 수업을 담당하는 나를 '행복샘'이라 부르며, 꽃 망울 터뜨리듯 환한 미소를 듬뿍 선물한다. 감사하고 고마운 일들이 내 마음에 한 조각씩 행복으로 곱게 물들여지는 나날이다. 교사인 나는 행복한가, 행복을 잘 가르칠 수 있는 사람인가? 이렇게 묻고 곰곰이 돌아보면서, 나도 행복의 주인공이 되고 싶다. 교사가 행복해야 학생도 행복하다는 소신으로, 서울대학교 교사 행복대학에 입학하여 행복 이론을 전문적으로 배워 가고 있다. 교사인 나도 학생들도, 가르치는 이와 배우는 이의 구분 없이 모두 행복의 주인공이 되었으면 한다. 꽃이 져도 은은한 향이 남아 다음 해를 기다리게 하듯, 친절과 사랑으로 청소년들의 꿈과 행복을 이끌어 주며 향기로운 사람으로 살아가기를 소망한다.

행복하면 성공한다

이런 질문을 받는다면, 여러분은 어떤 대답을 하겠어요? 내가
행복했던 순간? 에이, 뭐 특별한 게 없었지. 내 삶에서 행복이라
고? 대학에 합격하면 행복해지려나. 내가 행복한 삶을 살아가냐
고? 별로 그렇지 않은데. 행복을 만들다니? 그런 바보 같은 질문

이 어딨어! 행복은 주어지는 거 아냐? 이렇게 되물을지도 모르겠습니다. 지금처럼 학교와 학원을 오가며 바쁘게 살아가는 여러분에게 '행복'이라는 질문 자체가 너무도 생뚱맞게 들릴지 모르겠습니다. 하지만 '인간의 삶의 목적은 행복'이라는 아리스토텔레스의 정의처럼 행복은 인류가 추구하는 영원한 화두였습니다. 누구든 불행한 삶을 원하지는 않지요. 다만 행복이 무엇일까라는 내용의 측면에서는 매우 다양한 의견들이 있습니다.

여러분이 만약 처음처럼, 지금 네가 행복한가?라는 질문이 어렵게 생각된다면, 행복이란 무엇인가?라는 질문에는 답을 할 수 있을까요? 아리스토텔레스는 진정한 행복을 인간의 고유한 이성이 탁월하게 발휘되는 영혼의 활동이라고 정의합니다. 행복은 짧은 시간에 달성되는 것이 아니라 생애 전체를 통해 성취되는 것이므로 지속적으로 훌륭하게 발휘되도록 노력해야 한다고 말합니다. 세상 사람들이 행복이라 여기는 부, 명예, 권력, 쾌락 등은 행복을 위한 수단은 될 수 있을지언정 진정한 행복이 될 수는 없다고요. 행복은 오로지 그 자체 때문에 추구하고 선택하는 것으로, 훌륭한 정신적인 존재가 되는 것이라고 합니다. 너무 옛날이야기를 했나요? 그러면 현대 학문에서 연구한 행복의 정의를 볼까요?

21세기에 긍정심리학을 연구하는 학자들은 지금까지 심리학이 주로 인간의 우울, 스트레스와 같은 부정적인 측면에 연구의 초점을 맞추었다면, 이제는 인간의 긍정적인 정서에 초점을 맞추어 행복을 과학적으로 탐구해야 한다고 합니다. 그래서 요즘에는

13장 | 행복을 어떻게 만들어 가나요?

그에 대한 여러 연구 결과를 확인할 수 있습니다.

긍정심리학의 창시자인 마틴 셀리그만(Martin E. P. Seligman) 교수는 긍정은 개인의 삶을 더 풍요롭게 하기 위한 절대적 덕목이라고 합니다. 진정한 행복이란 자신의 강점과 미덕의 가치를 삶 속에 실현하면서 얻는 긍정적 감정이라고 말하면서, 행복한 사람들의 특성 중 하나가 낙관주의라고 제시했습니다. 사람들이 실패와 어려운 역경에 놓여 있을 때 그것을 낙관적이고 긍정적으로 해석하는 사고방식이 불행을 극복하고 진정한 행복을 이끌어 내는 동력이 된다는 것이죠. 행복이란 삶에 부정적인 요소가 없다는 걸 뜻하기보다는 긍정적 측면을 더 많이 발견하는 것을 가리킨다고 합니다. 행복은 습관이자 삶을 살아가는 방법의 문제로, 인생을 긍정적으로 바라보는 습관을 길러야 한다는 것입니다.

긍정심리학자인 미국의 소냐 류보머스키(Sonja Lyubomirsky) 교수도 18년간 진행한 과학적 연구 결과에 따라, 행복은 단지 추구하는 것이 아니라 만들어 가는 것이라고 합니다. 성공이나 물질적인 부, 사회적인 지위, 명예 등의 환경적인 요인이 개인의 행복에 미치는 영향보다는, 행복에 대한 개인의 적극적인 태도와 마음가짐이 행복에 더 큰 영향을 줄 수 있다고 보는 것입니다. 즉 부단한 연습과 노력이 행복을 얻게 만든다는 것으로, 결국 노력한 만큼 더 행복해진다고 합니다.

행복과학 분야의 권위자인 미국의 에드 디너(Ed Diener) 교수는 행복은 주관적인 것이기 때문에, 사람들이 대체로 행복의 요소라고 칭하는 것을 얼마나 많이 소유하느냐에 따라 행복이 결정되는 것이 아니라고 합니다. 그는 행복을 '주관적인 안녕감(subjective well-being)'으로 표현하며, 사람들이 자신의 삶을 주관적으로 어떻게 평가하고, 무엇이 자신에게 중요하다고 생각하는가의 문제로 보는 것이라 합니다. '행복하다'는 느낌이나 만족은 일괄적인 잣대로 평가할 수 없는 개별적인 것이기에, 다른 사람들이 충분히 행복해 보인다고 해도 본인이 행복하지 않다고 느끼면 그 사람은 행복하지 않은 것입니다. 그는 "행복의 결정적인 요인을 사회적인 관계, 배움의 즐거움, 삶의 의미와 목적, 소소한 작은 일상에서 긍정적인 것을 인식하는 태도"라고 말하며, 경쟁의 결과나 사회적인 지위에 집착하지 말고 인간관계를 소중히 여기고 작은 것이라도 새롭게 배우는 내면의 즐거움에 주목해야 한다고 강조합니다.

위의 주장들을 종합해 보면, 행복이란 단순히 원하는 것을 얻었을 때, 예를 들어 높은 시험 점수, 대학 입학, 취업, 돈, 결혼 등 어떤 조건이 충족되었을 때 느끼다가, 그런 상황이 사라지면 함께 사라지는 것이 아님을 알 수 있습니다. 또한 막연히 기다리면 저절로 생기는 것도 부모님이나 선생님 등 나 아닌 누가 가져다주는 것도 아닙니다. 스스로 추구하고 노력하며 만들어 가야 하는 인생의 기초체력과도 같은 것이지요.

여러분도 잘 알고 있는 것처럼, 몇 년간에 걸쳐 우리 사회에 등장한 큰 문제는 청소년 폭력과 높은 자살지수입니다. 그것과 같은 연장선상에서 OECD 국가 중 우리나라 전체 국민의 행복지수가 하위권에 있다는 보고도 눈여겨볼 만합니다. 왜 겉으로 볼 때 사회는 계속 발전하고 경제적으로도 풍요로워지는 것 같은데 그 안에 살고 있는 사람들의 행복지수는 낮아지는 것일까요? 그것의 반증인지 요즈음 우리나라는 국민의 행복을 강조하고, 교육의 현장 또한 행복 교육, 인성 교육의 중요성을 외치고 있습니다.

자, 이런 변화의 움직임은 우리에게 중요한 것이 양적인 풍요로움이 아니라 개개인의 질적인 충족감이라는 각성이 일어나고 있음을 말하는 것이겠죠? GNP, GDP로 그 나라의 부강함을 측정하기보다는 GHP, 즉 행복지수로 진정한 삶의 부강함을 측정하는 게 필요하다는 각성 말이지요. 이제 행복은 경쟁력의 지표를 넘어 개개인의 권리 추구의 하나로 보아야 할 것입니다. 그래서 최근의 행복론의 초점은 '성공하면 행복하다'에서 '행복하면 성공한다'로 바뀌고 있는 것이지요. 건강, 돈, 지위, 외모 등 물질적 조건 위에 바로 마음의 행복이 자리한다는 것입니다.

행복에도 연습이 필요하다

그렇다면 행복한 삶을 살기 위한 우선적인 변화의 방법은 무엇일까요? 먼저 나 자신의 변화에 있습니다. 세상이 각박하고 성공하라고 강요해도 거기에 휘둘리지 않고 내가 내 삶을 평가하고 의미를 찾아가는 주체성 말이죠. 그러기 위해서는 긍정적으로 바라보는 사고와 긍정적인 사고방식을 놓치지 않으려는 끊임없는 연습과 노력이 필요합니다.

요즈음 학교 현장에서는 긍정심리학의 연구 결과를 바탕으로 행복 교육을 실시하고 있습니다. 행복 교육이 필요한 이유는 행복할 때 더 건강해지고 공부도 더 잘되며, 성격 또한 좋아지기 때문입니다. 그래서 행복을 어떻게 만들어 가야 하는지 가르치는 사람도 배우는 사람도 그에 대한 방법을 함께 노력하며 만들어 가자는 것이지요.

여러분, 여러분은 자전거를 잘 타기 위해서는 자전거 타는 연습을 해야 하고, 기타를 잘 치기 위해서는 힘들어도 꾸준한 연습이 필요하다는 것을 잘 알고 있지요? 그럼 행복한 나의 삶을 위해 여러분은 그동안 어떤 노력을 해 보았나요? 아니, 행복에도 연습이 필요하다는 생각 자체를 해 본 적이 있나요?

제가 학생들과 행복 수업을 진행하는 동안 학생들은 질문을 합니다. 선생님, 학교에서 수업 받고 학원도 가고 시험 준비하기에 바쁜데 언제 어떻게 행복을 연습하나요? 성적에 대한 부담, 부모님이 거는 기대, 친구 문제, 진로, 진학 등으로 지금 내가 처한 현실이 그다지 행복하지 않은데, 낙관적으로 긍정적으로 받아들인다고 행복해지나요? 웃을 일이 없는데 어떻게 웃어야 하나요? 행복을 연습하면 진짜 행복이 느껴지나요?

이와 같이, 우리는 행복을 연습하고 노력할 시간이 없다고 생각합니다. 게다가 어른들은 대학 진학과 대기업 취업, 공무원 합격을 인생의 목표처럼 이야기하니, 행복을 그 이외의 다른 것으로 생각할 필요도 여유도 없지요. 그리고 진짜 웃을 일이 없는데 어떻게 웃을 수 있겠어요? 행복 수업도 시험과 수행평가가 있느냐는 학생들의 질문에 여러분이 갖는 공부의 큰 부담을 이해할 수가 있었습니다.

제가 여러분들과 같은 청소년기를 보냈던 시절에는, 행복에도 연습이 필요하고 행복해지기 위한 여러 방법이 있으며 행복은 만들어 가는 것이라는 행복 수업을 특별하게 받지 않았답니다. 하지만, 제가 이 행복 수업을 시작하고부터 저 스스로 정말 행복하다는 느낌을 가졌다면 여러분은 믿을 수 있나요? 행복을 배워 연습하고 가르치며 학생들과 함께하는 과정에서 제가 먼저 행복해지고 행복이 이런 거구나 새삼 깨닫게 되었다는 걸요. 지금까지는 내게 일상적으로 일어나는 일들이 그저 지나치고 마는 하찮은 일이었지만, 행복이란 무엇인가를 배우고 깨달으며 아, 이런 것이 행복이구나, 참으로 나는 행복한 사람이구나, 이렇게 소중하게 느껴졌다는 것을요. 일상의 작은 것 하나하나에 감사하고 불행이라 여겨진 것들도 감사할 일로 바뀌었다는 걸요.

에이~, 선생님! 그냥 저희들 앞이니까 그러시는 거 아니세요? 그냥 솔직하게 말씀하세요. 여러분이 이렇게 받아들여도 할 수 없답니다. 이건 제 마음 안에서 일어난 신기한 기적이니 어떻게 증명해 보일 수는 없으니까요. 하지만 조금이라도 이러한 변화가 궁금하다면, 혹은 사실인지 아닌지 친구와 내기를 해서 떡볶이라도 얻어먹을 마음이라면, 제 이야기에 이제부터 귀를 기울여 보실래요?

자! 우리가 행복해지는 방법을 배워 볼까요?

여러분, 혹시 《행복교과서》를 아시나요? 또 물을 것 같네요, 행복에도 교과서가 필요하냐고요. 아마 우리가 행복을 제대로 알고 만들어 갈 수 있다면 이런 교과서가 필요 없겠지요. 이 책은 우리의 옆에 가까이 있으면서도 놓치고 있는 행복을 깨닫는 법을 알려 주고 어떻게 하면 더욱 행복해질 수 있는지를 알려 줍니다. 행복이 무엇인지에 대한 논의와 행복해질 수 있는 방법에 대한 책이지요.

서울대학교 심리연구소 행복연구센터에서 개발한 이 책을 읽으며 저 또한 행복을 추상적인 차원이 아니라 일상적이고 현실적인 차원에서 이해하고 실천할 수 있었습니다. 이번 기회를 통해 여러분에게 이 책이 전달하는 행복 연습 방법을 소개해 볼게요.

먼저 이 책은 행복해지는 방법을 크게 세 가지 범주로 나누고, 각각의 범주에 속하는 세 개의 구체적 방법을 소개하고 있습니다. 첫 번째 범주는 '어떤 마음으로'에 대한 것입니다. 행복한 마음 자세에 대한 것인데, 그 구체적 방법으로 관점 바꾸기, 비교하지 않기, 감사하기를 제안합니다. 두 번째 범주는 '삶의 모습'에 대한 것입니다. 그 구체적 방법이 목표 세우기, 몰입하기, 음미하기입니다. 세 번째 범주는 '누구와'에 대한 이야기입니다. 관계를 돈독히 하기, 나누고 베풀기, 용서하기가 그 내용이지요.

어떤가요? 들어 보니 다 알고 있는 내용이어서 시시하다고요? 그건 이미 초등학교 때, 아니 유치원 때부터 들어 본 것이라고요? 그렇습니다. 이 아홉 가지 제안은 우리가 이미 다 알고 있는 것이에요. 그런데 말이지요. 우리가 너무 잘 알아서 실천하지 않는 것, 안다고 느끼기 때문에 알지 못하는 것이 있습니다. '행복'이라는 단어 또한 그 대표적인 것이고요. 위의 아홉 가지 행복의 원리를 실천하면 행복해질 수 있다는 것 또한 우리가 미처 깨닫지 못했던 것이지요.

그럼 이번에는 이렇게 다 이론적으로는 알고 있지만 잘 몰랐던 실천하는 방법을 몇 가지만 골라 이야기해 볼게요.

관점 바꾸기 : 물컵에 물이 반이나 있네

여러분이 지금껏 살면서 정말 힘들고 고통스러울 때가 언제였나요? 어떤 친구는 어렸을 때 부모님이 이혼하는 과정을 지켜보며 마음의 고통을 느꼈다고 합니다. 어떤 친구는 집에서 가족처럼 지내던 애완견이 세상을 떠났을 때 세상이 무너지는 것 같은 아픔을 느꼈다고 해요. 또 어떤 친구는 제일 친한 친구와 이별할 때 가장 힘들었다고 얘기합니다. 이렇게 사랑하는 사람과 이별을 경험하며 사람들은 힘들어하지요.

그런데 이와 같은 일 이외에 여러분이 힘든 경험을 하는 경우는 대부분 학교에서인 것 같습니다. 더 정확히는 공부를 강요하는 사회에서 공부와 시험과 씨름하는 매일이 여러분에게는 고통그 자체라는 생각이 들어요. 그런 여러분을 지켜보는 저 또한 마음이 아프고 안타깝습니다. 선택의 길이 그리 많지 않은 정규 교육 과정을 밟아야 하고 그 과정 속에서 학교와 부모와 사회가 요구하는 경쟁의 길을 걸어야 하는 여러분이 얼마나 힘들게 살고 있는지 알고 있답니다.

하지만 바로 이런 힘든 삶을 살고 있기에 그런 삶을 대하는 여러분이 마음을 강하게 먹는 게 무엇보다 중요하답니다. 피할 수 없으면 즐기라!라는 말이 가장 필요한 태도인 거죠. 이렇게 한번 생각해 볼까요? 지금은 너무 힘들고 지루하고 짜증 나고 억지로 하는 공부일 수도 있어요. 그런데 대학만 들어가면 끝날 것 같은 공부가 실은 그때부터 더한 정도의 노력을 요구합니다. 취직을 위한 시험, 취직하고 나서도 승진을 위한 시험, 이직을 위한 시험 등 공부는 더 하면 더 했지 덜하지는 않답니다. '평생 공부'라는 말이 있듯, 우리 인생은 그것이 책이든 경험이든 공부를 하지 않고는 나아가지 않는 지난한 길과도 같습니다. 그렇다면 그래, 공부가 뭔지 한번 내가 해 보겠어, 어차피 하는 거 끌려가지 않고 내가 이끌어 보겠어, 이런 마음을 먹어 본다면 어떨까요? 그리고 지금의 이 공부가 더 나은 내일을 위한 과정이라 생각한다면 그렇게 억울하거나 회피하고 싶은 현실이 아닐 수도 있겠지요.

더 적극적으로는 이렇게도 생각해 볼 수 있을 겁니다. 꼭 공부를 잘해야 해? 난 공부 말고 춤을 잘 춰, 노래를 잘해, 그림 그리는 걸 좋아해, 기계 만지는 걸 좋아해, 꼭 공부 1등이 아니어도 내 인생의 1등이 되겠어. 이렇게 당당한 마음을 가지고 내 삶에 또 다른 도전장을 내밀어 볼 수도 있지요.

　서울대학교 심리학과 최인철 교수는 '프레임(Frame)'이라는 단어를 언급했습니다. 프레임이란 '세상을 바라보는 마음의 창'이라고요. 내가 프레임을 크고 넓게 만들어 깨끗하게 닦으면 세상은 나에게 크고 넓고 깨끗하게 보입니다. 하지만 언제나 커튼을 친 듯 프레임을 열어 놓지 않으면 세상은 어두울 뿐만 아니라 나와 분리된 다른 것으로만 느껴지는 것이지요. 이제 여러분의 프레임을 한번 점검해 보세요. 내가 세상을 향해 내 창을 활짝 열어 놓았는지, 창을 먼지가 쌓이면 쌓인 대로 지저분하게 놓아 둔 건 아닌지, 답답하고 외로울 때 창 너머 파란 하늘을 바라본 적이 있는지 말이지요. 내가 처한 상황이 얼마나 어렵고 힘들든 그걸 해결하기 위해 불평과 불만이 하는 일이란 아무것도 없지요.

　프레임은 바로 관점입니다. 흔히 쓰는 비유처럼 물이 반만큼 들어 있는 물컵을 보며 반이나 있네 혹은 반밖에 없네, 하고 동일한 상황을 다르게 해석하는 마음, 그것이 바로 관점이지요. 여러분의 관점이 여러분의 삶을 바꾸고 여러분 스스로를 변화시킨답니다.

　그럼 어떻게 관점을 바꿀 수 있을까요? 여러분의 마음에는 두 개의 수도꼭지가 달려 있습니다. 하나는 긍정의 마음 수도꼭지이고, 다른 하나는 부정의 마음 수도꼭지입니다. 이 수도꼭지는 어느 한쪽을 잠근다고 해서 다른 쪽이 저절로 열리는 건 아니랍니다. 그동안 어느 쪽을 더 많이 틀어 왔는지 생각지 말고 이제부터는 따뜻한 물이 나오는 첫 번째 수도꼭지를 먼저 눌러 보는 게 어떨까요?

비교하지 않기 : 거울아, 거울아, 세상에서 누가 제일 예쁘니?

"거울아, 거울아, 이 세상에서 누가 제일 예쁘니?"
"지금까지는 왕비님이 가장 아름다우셨지만…,
이젠 백설공주가 가장 아름다우십니다."

우리에게 마녀로 기억되는 〈백설공주〉 속 왕비가 제대로 마녀가 되는 비극의 날입니다. 이 세상에서 가장 아름답다는 거울의 말이 하루하루를 살게 하는 큰 힘이었는데, 어느 날 왕비는 청천벽력 같은 말을 듣게 되죠. 바로 '백설공주가 가장 아름답다'입니다. 이 이야기를 듣고 왕비는 백설공주를 죽일 계획을 세웁니다. 백설공주만 없다면 자신은 안정적으로 가장 아름다운 사람이니까요.

미안한 말이지만 혹시 여러분이 왕비와 같다는 생각을 해 본적 없나요? 저 친구만 없으면 내가 1등일 텐데, 그 애 때문에 내가 회장 자리를 놓쳤어, 형만 없으면 내가 부모님 사랑을 다 가질수 있을 텐데….

우리 삶을 가만히 돌아보면 남과 나를 비교하는 데 시간도 정신도 허비하고 있습니다. 백설공주를 죽일 생각까지 하는 왕비, '가장' 예쁜 것에 집착하는 왕비가 마녀로 인식되는 것은 그 마음이 터무니없이 쓸데없기 때문이지요. 하지만 우리도 그렇게 터무니없는 비교로 나 자신의 소중함을 잊고 있는 건 아닐까요?

나는 나죠? 나는 나로 태어났기 때문에 나입니다. 나로 태어

낳기에 난 소중한 것이죠. 영희보다 얼굴이 예뻐서, 철수보다 내가 공부를 더 잘해서, 광수보다 내 키가 더 커서 내가 소중한 것은 아닌 것처럼, 지석이보다 내가 공부를 못해서, 보라보다 내가 더 뚱뚱하고 키가 작아서 내가 소중하지 않은 게 아니랍니다. 난 나 그 자체로 의미 있고 소중한 존재입니다. 여러분 스스로 그렇게 생각해야만 다른 사람도 여러분을 다른 사람과 비교하지 않고 여러분 그 자체로 존중하는 거랍니다.

불행했을 때를 가만히 생각해 보세요. 엄마가 나

를 친구와 비교할 때, 선생님이 성적 좋은 아이를 칭찬하며 나를 혼낼 때 정말 속상하죠. 누군가가 다른 사람과 나를 비교하며 나를 평가하는 건 올바르지 않은 태도입니다. 하지만 스스로도 자기 자신을 그 누구와 비교하고 있지는 않은지요. 저 친구보다 공부를 못하는 나, 저 친구보다 얼굴이 큰 나, 저 친구보다 키가 작은 나, 저 친구네보다 가난한 우리 집, 이런 식으로 말이지요.

비교는 끝이 없답니다. 열심히 공부를 해서 저 친구를 따라잡았다 한들, 내가 정말 최고로 공부를 잘하는 사람인가요? 1등은 사실 무의미할 정도로 '잘하는' 사람은 이 세상에 너무도 많습니다. 내가 목표로 세우는 바가 그 누군가를 따라잡는 거라면 여러분은 영원히 행복할 수가 없을 것입니다. 지금의 나를 인정하고, 사랑하고, 존중할 때만이 진짜 행복을 얻을 수 있는 거지요. 행복의 비결은 내가 원하고 필요한 것을 얼마나 갖고 있느냐가 아니라, 불필요한 것에서 얼마나 자유로워져 있느냐에 달려 있는 것이라 합니다. 비교를 하는 여러분은 왕비와 다를 바 없는 마음을 가지고 있는 것입니다. '가장 나다운 나'를 찾아 행복의 주인공이 되어 보세요.

불행한 말을 본 적이 있는가?
우울한 새를 본 적이 있는가?
말과 새가 불행하지 않은 이유는
다른 말이나 새들에게 잘 보이려고 애쓰지 않기 때문이다.
-데일 카네기

13장 | 행복을 어떻게 만들어 가나요?

감사하기 : 엄마가 내 엄마여서 고마워요

오늘 아침 눈이 떠지지 않는 나를 깨워 주는
엄마가 있어 감사하다. 학교에 지각하지 않았다.
점심에 짝꿍 지민이와 나란히 앉아
내가 좋아하는 햄버거를 나눠 먹을 수 있어 감사하다.
수업 시간에 나도 모르게 졸고 있는데
나를 살짝 깨워 주고 가신 사회 선생님에게 감사하다.
집에 가는 버스를 타려고 정류장으로 향하는데
버스가 막 떠나려다가 헐레벌떡 뛰어오는 날
기다려 주었다. 운전기사 아저씨에게 감사하다.

혹시 이러한 감사 일기를 써 본 적이 있나요? 감사란 무엇일까요? 어떤 상황에서 감사를 느껴야 할까요? 이런 경우에 저절로 감사합니다, 하고 감사의 말이 튀어나올 것 같아요. 무심코 로또를 샀는데 그게 진짜 1등이 되었을 때요. 이럴 땐 교과서에 꼭 '감사하기'가 쓰여 있어서가 아니라 저절로 감사의 마음이 생기지요.

그런데 우리가 살면서 이렇게 로또 1등에 당첨될 경우가 과연 얼마나 자주 일어날까요? 아마 한 번도 그런 경우를 겪어 보지 않고 생을 마감하는 사람이 더 많겠지요. 그렇다면 평생 한 번도 감사의 마음을 가져 보지 못하고 우리는 살아야 하는 걸까요?

위의 감사 일기에 적힌 내용을 다시 볼까요. "오늘 아침 눈이 떠지지 않는 날 깨워 주는 엄마가 있어 감사하다." 대부분의 사람들은 부모님이 계시고 또 부모님과 함께 살고 있기 때문에 부모님의 존재가 감사하다는 생각을 하지 못할 수 있습니다. 우리가 공기가 있어 숨을 쉬면서도 공기가 늘 있기 때문에 감사하다는 생각을 하지 못하는 경우와 같은 것입니다. 하지만 부모님이 계시지 않는 사람들을 생각하면 아침에 나를 깨워 주는 다정한 엄마가 계시다는 게 얼마나 감사한 일인지 새삼스럽게 느끼지 않을 수 없습니다. 내가 팔다리를 자유롭게 사용해서 일상생활을 하는 것 또한 휠체어에 타고 다니는 다리가 불편한 사람을 보면 정말 감사할 일이지요. 그렇게 다리가 불편한 사람도 팔다리가 하나도 없는 사람을 생각하면 또 감사한 일이지요. 이런 식으로 생각하면 내가 태어난 그 자체가 이미 감사할 일이라는 걸 깨닫게 됩니다.

감사란, 우리가 일상에서 당연하게 받아들이던 그 모든 것을 당연하지 않은 걸로 생각하는 마음입니다. 아침에 억지로 눈을 떠서 오는 학교지만, 건강한 몸으로 학교에 올 수 있다는 사실만으로도 너무 감사한 일인 거지요. 무탈하게 하루하루를 살아가는 것, 그 자체가 어찌 보면 감사한 일이 아닐 수 없습니다. 무언가를 얻기 위해 노력하고 노력해서 원하는 걸 얻었을 때 느끼는 감정만이 감사가 아닙니다. 감사는 오히려 지금껏 내가 이루어 왔거나 지금 내게 주어진 모든 소소한 일들에 대해 소중히 대하는 마음입니다. 그건 잊었던 걸 상기하는 일이기도 하지요.

이렇게 감사를 잊지 않기 위해 우리는 생활 속에서 무엇을 할 수 있을까요? 먼저 지금처럼 매일매일 내 주변에서 일어나는 일들을 소중히 생각하며 감사한 마음을 갖는 것입니다. 그리고 그것들을 적어 보는 것입니다. 순간순간 그 느낌을 메모지에 적어 볼 수도 있고, 자기 전에 한꺼번에 일기로 써 볼 수도 있겠지요. 혹은 나 혼자 간직하지 말고 감사의 마음을 담은 편지를 다른 사람에게 써서 줄 수도 있습니다. 오늘 아침 나를 깨워 준 엄마에게 "엄마, 나를 깨워 줘서 고마워요. 엄마가 계셔서 감사해요. 엄마가 내 엄마여서 너무 감사해요." 이렇게 말이지요. 그건 꼭 어떤 형식이 필요하지 않습니다. 그저 마음을 전하기만 해도 된답니다.

이렇게 감사의 마음을 갖다 보면 그 마음이 사람에게서 범위가 더 넓어진답니다. 이른 아침 등굣길에 내 발걸음을 가볍게 했던 민들레, 벚꽃, 개나리꽃에게도 감사의 마음이 생기지요. 즐겁게 노래하는 새도 고마운 존재겠지요? 그런 감사를 통해 내 마음이 즐겁고 행복해지는 건 당연합니다. 그리고 그런 마음을 알게 모르게 전달 받은 주위의 마음도 덩달아 행복해질 거고요. 감정이란 보이지 않아도 전해지는 영향력이 매우 큰 것이니까요.

초등학교 때부터 거의 외톨이처럼 지냈던 한 학생이 있었습니다. 그 친구는 열등감이 컸고 자존감이 매우 부족했죠. 친구 관계도 학교생활도 그 친구에게는 너무도 힘든 일이었습니다. 그 친구가 중학교 2학년 때 행복 수업을 받고는 매일 감사 일기를 적었답니다. 그렇게 꾸준히 1년을 넘게 생활을 하면서 그 친구가 어떻게 바뀌었을 것 같나요? 우울하고 무표정이던 그 학생의 얼굴이 졸업할 때는 뒤센 미소(눈과 입의 근육이 움직이는 진짜 웃음)로 환해 졌답니다. 그동안 자신을 힘들게 하는 친구들을 용서하는 마음을 갖게 되었고, 친구 관계로 힘들어하는 후배들을 감사 편지로 도 와주는 멘토 역할을 하게 되었죠. 이제 학교는 오고 싶은 즐거운 곳이 되었고, 스스로는 멋진 선배로 우뚝 선 것이죠. 그렇게 변화 하는 그 학생을 바라보며 저 또한 행복에 전염되었답니다.

감사의 힘은 이렇게 큽니다. 여러분이 지금 처한 상황에 감 사하면 그때부터 여러분은 "사랑받기 위해 태어난 사람"이 되는 것입니다. 감사를 통해 긍정을 배우고, 긍정을 통해 행복을 느끼 는 이 과정에 여러분도 오늘부터 동참해 보세요.

나누고 베풀기 : 헬퍼스 하이와 마더 테레사 효과

'헬퍼스 하이(Helper's high)'라는 말이 있습니다. 도움을 받는 사람보다 도와주는 사람이 갖는 행복감, 만족감, 심리적 포만감이 크다는 것을 뜻합니다. 실제로 남을 도와주고 난 뒤에 그 사람의 신체적 변화를 측정해 보면 혈압과 콜레스테롤 수치는 눈에 띄게 낮아지는 데 반해, 엔도르핀은 정상치의 3배 이상 분비된다고 합 니다. 일주일에 8시간 이상 남을 돕는 자원 봉사자의 95%가 헬퍼 스 하이를 경험한다고 하네요. '마더 테레사 효과'라는 이론도 있 습니다. 이타적인 행동을 보는 것만으로도 신체에 긍정적인 영향을 미쳐 면역력이 높아진다는 이론이지요.

이쯤 되면 무엇을 이야기하려는지 아시겠지요? 돕는 행위는 누군가를 돕기보다 먼저 나 스스로를 돕는다는 것입니다. 아까 감사하기를 말하면서, 내가 누군가에게 감사의 마음을 전하면 그것이 내 행복을 만든다는 말을 했습니다. 내가 누군가에게 힘이 된다는 사실만으로도 내게 커다란 힘이 되어 돌아온다는 거 아시나요? 물론 돕는 행위를 나를 위한 이기심에서 시작해서는 안 되겠지요. 나누고 베푸는 선량한 마음이 내 행복을 위한 이기심으로 더럽혀져서는 안 되니까요. 중요한 것은 나눔의 힘이 나를 뺀 다른 사람에게만 가는 것이 아니라, 그것이 도리어 나 스스로를 위한 일이 된다는 점입니다. 그건 어떤 것으로도 살 수 없는 행복의 방법이지요. 나도 행복하고 남도 행복하게 하는 것, 그것이 진정한 행복 아니겠어요?

여러분이 할 수 있는 나눔이 무엇이냐고요? 어렵지 않습니다. 친구가 힘들어할 때 매점에서 같이 초코파이를 먹으며 친구의 고민을 들어 주는 것, 청소 시간에 귀찮다고 생각지 말고 쓸기도 닦기도 열심히 하는 것, 열려 있는 교실 문을 주변 대신 내가 먼저 일어나 닫고 오는 것, 이런 작은 일이 모두 나눔이 되는 것이지요. 나눔은 누가 이렇게 하라고 시켜서 하는 일이 아닙니다. 내 귀찮음을 잠시 누르고 내가 할 수 있는 일을 자발적으로 생각하는 것에서부터 출발한답니다. 지금 읽고 있는 이 책이 감명 깊게 느껴졌다면, 옆짝꿍에게 한번 보라고 빌려 주는 것도 나눔이 될 수 있겠죠?

행복과 친구가 되는 오늘

새 학기, 새봄의 따스한 기운이 감도는 학교 교정이 참 아름답습니다. 겨우내 하얀 눈 내리던 겨울의 언 땅을 뚫고 파릇한 새싹이 앞다퉈 돋아나고 있네요. 어김없이 찾아오는 자연의 신비로움에 선생님은 왠지 모르게 기분이 좋아져요. 해마다 똑같이 돋아나는 새싹이고 화사하게 피는 꽃이지만 역시나 똑같이 그걸 보며 싱그러움을 느낍니다. 여러분은 어땠나요? 점심시간에 점심을 먹고 남는 시간에 교정에 나가 연하게 푸르름을 내비치는 새싹이 대견하게 느껴지지 않았나요? 친구들과 손잡고 바람에 흩날리는 벚꽃을 맞아 보려고 하지 않았나요? 만약 그랬다면 여러분은 지금 충분히 행복한 거예요. 아름다움을 아름다움으로 보고 자연의 변화를 내 감정의 변화와 일치시키고 있기 때문이지요. 그 자체로 너무 행복한 것이지요.

친구들과 함께하는, 학교의 주인공인 여러분의 교실 풍경도 봄꽃들의 풍경과 다를 게 없습니다. 서로가 비슷하면서도 다양한 생각으로, 다양한 표정으로 개구쟁이 미소로 왁자지껄 웃고 떠들고 울고 즐기며 친구들과 마음 나누기에 여념 없는 여러분의 맑고 빛나는 눈빛에 분명 행복이 깃들어 있습니다. 중요한 건 그걸 여러분이 행복이라고 느끼지 못한 것뿐이죠.

무엇을 잘하기 위해서는 연습과 노력이 필요하듯, 우리가 추구하는 행복 또한 지금 현재 스스로 만들어 가는 연습이 필요한 것입니다. 링컨은 "사람은 행복하기로 마음먹은 만큼 행복하다."고 했지요. 진로나 진학 등 여러분을 힘들게 하는 문제가 있겠지만 그럴 때일수록 내가 가지고 있고 누리고 있는 현실의 재산을 아름답게 볼 필요가 있어요.

듣기 싫지만 수업 시간에 한번 선생님의 말씀에 귀 기울여 보세요. 자율학습 시간에 문제집 속 문제들과 씨름하며 몰입해 보세요. 쉬는 시간에 함께 아이스크림 사러 매점에 가는 친구에게 네가 있어 고맙다고 말해 보세요. 늘 여러분을 걱정하는 부모님에게 곁에 계셔서 감사하다고 말해 보세요. 꿈을 고민하는 내가 참 대견하다고 스스로를 칭찬해 주세요. 크게 달라지지 않은 생활이지만, 내가 마음의 안경을 분홍색으로 바꾸니 세상이 벚꽃처럼 아름답게 보이지 않나요?

자, 여러분! 지금부터 여러분의 삶에 소개드린 행복의 원리를 실천해 보세요. 우리 곁에 있지만 우리가 불러주지 않아 행복이라는 이름을 갖지 못한 그 행복을 이제 행복이라 이름 지어 주지 않겠어요? 그럼 행복은 여러분에게 가만히 다가와 속삭일 겁니다. 네가 있어 고맙다고, 네가 있어 내가 있다고, 네가 있어 너무 행복하다고, 이렇게 말이지요. 그럼 여러분이 행복을 힘들여 찾지 않아도 어느새 행복은 여러분의 친구가 되어 있을 겁니다.

14장

생각하는 힘을 키우는
방법이 있나요?

아는 것이 쓸모없는 세상,
내 문제의식으로 바꾼다

•

강방식

강방식

초등학교 때부터 중·고등학교 때까지는 '가바시007', '방자'라
는 별명이, 대학교 때부터 지금까지는 '아그리파', 'KBS'라는
별명으로 불린다. 인생 모토는 '인간·자유·사랑'이다. 홍명보가
졸업한 학교라는 이유만으로 동북고등학교를 지원하여 그곳에
서 윤리 및 통합논술을 가르치고 있다. 명함에 'Learning is
Obsolete'이라는 글귀를 새기고 다닌다. 네이버에도 검색되지
않는 주제를 연구하는 것에 흥미가 있다.

재성아, 이메일이 도대체 뭐냐?

　저는 군대를 아주 늦게 갔어요. 보통은 대학교 1학년, 혹은 2학년을 마치고 가는데, 저는 대학 4년을 마치고 2년의 석사 과정도 끝낸 후에 갔어요. 논산훈련소에서 기본 훈련과 후반기 교육을 마치고 나서 자대(실제로 군 생활을 해야 하는 부대)에 배치됐을 때 깜짝 놀랐어요. 저만 놀란 게 아니고 자대에 있는 고참들도 놀랐죠. 이제 며칠 후면 제대할 말년 병장이 저보다 5살 아래였고, 어느 소대장은 저하고 같은 나이였고, 또 다른 소대장은 제 친한 후배와 같은 대학교의 ROTC 동기였어요. 부대에서 유일하게 저보다 나이가 많은 사람은 중대장과 행정보급관뿐이었어요. 이런 것은 중요하지 않아요. 저는 군 생활을 제법 잘했으니까요. 시골 출신이기도 했거니와 대학 다닐 때는 공사판에서, 일명 노가다를 4년 동안 했었으니 삽질은 문제없었죠. 게다가 축구도 어느 정도는 했으니 군 생활은 다른 사람보다 어렵지 않게 했어요. 그러나….

군대가 적성에 맞는 사람이 얼마나 많이 있겠어요. 군대는 머리보다는 몸으로 부대끼는 일이 많거든요. 저는 석사 과정까지 마친터라 몸으로 하는 것보다는 머리로 하는 쪽이 편하고 좋았죠. 자대에 배치 돼서 제가 얼마나 활자로 된 인쇄 매체를 보고 싶었으면 면회 온 친구가 읽고 있었던 시집을 강제로 빼앗다시피 해서 부대 화장실에서 몰래 읽곤 했어요. 시를 읽고 싶었던 것이 아니라 종이에 쓰인 글자를 보고 싶었던 거예요. 국방부 홍보 매체를 보면 군대에서는 여가 시간에 공부도 하고 독서도 한다고 되어 있는데 실제 현실은 그렇지 않아요. 특히 군대에 갓 들어가서 3~4개월이 지날 때까지는 거의 아무런 취미 활동도 할 수 없었어요. 지금은 어떻게 변했는지 모르겠지만 당시 제가 근무했던 부대는 그랬어요.

군 생활 1년이 될 때까지 국방부에서 나온 〈국방일보〉와 군사용으로 제작된 교범 빼고는 읽은 적이 없었어요. 부대에서 구독하고 있었던 스포츠 신문을 가끔씩 곁눈질로 보았을 뿐이었죠. 부대 사정이 이렇다 보니 군 생활 1년 만에 저는 완전히 바보가 되어 가고 있었어요. 제일 먼저 피부로 와 닿았던 것은 고등학교 수학 시간에 배웠던 이차방정식의 근의 공식과 판별식이 생각이 안 나는 거예요. 대학원 때 논문 쓰면서 자주 봤었던 정치학자 이름도 가물가물해지기 시작했어요. 처음에는 프랑스 철학자인 장 자크 루소의 원어 이름인 Jean-Jacques Rousseau를 알고 있었는데 시간이 가면서 루소에서 s가 하나인지 두 개인지 헷갈리기 시작했고, 나중에는 아예 루소 이름조차 생각이 안 나는 거예요. 무서웠죠.

점점 퇴화하는 머리를 굴려야겠다는 결심을 했죠. 일요일 종교 활동 시간에 군대 내 절간에 갔었는데 거기에 반야심경이 있더라고요. 그것을 작은 종이쪽지에 모나미 검정색 볼펜으로 깨알처럼 베꼈어요. 그것을 꼬깃꼬깃 접어서 주머니에 넣어 두었다가 틈만 나면 암기하고 또 암기했어요. 처절한 싸움이었죠. 그런데 더 큰 문제는 제대한 이후에 나타났어요. 1997년 6월에 제대를 했는데 세상이 너무 많이 바뀐 거예요. 어느 날 대학 후배네 집에 저녁 먹으러 갔는데 후배가 "형, 이메일만 확인하고 올게." 하면서 자기 방으로 들어가는 거예요. '이메일? 도대체 이메일이 뭐지.' 후배는 컴퓨터 앞에 앉아서 1분간 키보드를 토닥토닥 치더니 '아무것도 없네.' 하면서 제 옆에 앉아서 저녁 먹을 준비를 하는 거예요. 그날 저녁은 소화가 전혀 안 됐어요. 머리에 털 나고 처음으로 들어 보는 말, '이메일!' 이메일의 정체를 알기 위해 후배에게 물어볼 수도 있었지만 당시는 창피했죠. 2~3개월 뒤에 견딜 수 없어서 또 다른 후배한테 터놓고 물어봤어요. "재성아, 이메일이 도대체 뭐냐?" 그때 후배는 1분간은 깔깔거리며 웃더니 "아, 형이 군대 가고 나서 이메일이 나왔지?" 그러면서 이메일 계정을 하나 만들어 주었어요.

　나도 이제 이메일을 알게 됐다는 기쁨도 잠깐이었고, 엄청난 두려움이 몰려왔어요. 뭔가 세상이 크게 변했구나, 도대체 뭐가 어떻게 변하는지 알아야겠다, 그러지 않으면 이 세상에서 살아갈 수가 없겠다는 이런 생각을 했어요. 당장 교보문고로 가서 세상의 변화에 관한 책을 찾았어요. 그때 눈에 들어온 책이 니콜라스 네그로폰테(1985년에 전 세계 융합교육의 핵심 연구소인 MIT미디어랩을 창설한 사람)가 쓴 《디지털이다(Being Digital)》라는 책이었어요. 당시는 신문이나 잡지, 혹은 텔레비전 뉴스에 디지털, 혹은 아날로그라는 단어가 자주 나왔거든요. 그 책을 읽고 저자와 관련된 정보를 찾아보던 중에 이해할 수 없는 말이 있었어요. 저자는 이렇게 이야기했어요. "앞으로 아는 것이 쓸모없는 세상이 온다." 저는 단순하게 생각해 봤어요. '아는 것? 그것은 정보와 지식이지. 정보가 쓸모없는 세상? 말도 안 돼. 지금은 정보혁명에 들어섰다는데 어떻게 아는 게 쓸모없어지겠어?' 이것이 당시 제 고민 수준이었어요. 그 이야기를 들은 지 17년이 지난 지금 그 뜻을 드디어 이해했어요. 이제 이 이야기를 여러분과 진솔하게 하고 싶어요.

2024년, 음바싸전자가 삼성전자를 인수합병하는 시나리오를 알고 있나요?

삼성전자는, 2013년 통계로 매출액(220조 원)이 서울시 1년 예산(23조 원)보다 10배나 크고, 대한민국 정부의 1년 예산(342조 원)의 3분의 2나 되는 엄청난 회사입니다. 앞의 소제목이 이해가 되나요? 우선 음바싸전자가 무엇인지 모르겠고, 다음으로 그 알지도 못하는 전자회사가 세계적인 다국적기업 삼성전자를 통째로 삼킨다는 설정이 말이 안 되는 거죠.

20여 년 전에 삼성전자 직원들이 회사 연수 프로그램 중의 하나로 일본 도쿄를 가서 거리의 시민들에게 삼성전자와 관련된 설문조사를 한 적이 있었어요. 첫 번째 질문은 '삼성전자를 아십니까?'이고, 두 번째 질문은 '20년 뒤에 삼성전자가 소니전자를 이길 것이라고 생각합니까?'였어요. 알고 보면 두 번째 질문은 앞의 소제목처럼 의미 없는 질문이에요. 왜냐하면 첫 번째 질문에서 도쿄 시민들 대다수는 삼성전자를 전혀 알지 못했거든요. 알지도 못하는 회사가 당시 세계에서 가장 큰 전자회사인 소니전자를 이길 거라고 상상할 수 없잖아요.

그 뒤 시간이 흘러서 어떻게 됐죠? 삼성전자가 소니전자를 이기는 데는 그 후로 20년도 채 안 걸렸어요. 다음 자료는 2009년 일본의 재계가 분석한 삼성전자의 힘을 상징적으로 보여 줍니다. 2009년 3/4분기 영업이익을 비교한 것인데 파란색은 삼성전자로

3260억 엔의 영업이익을 거두었고, 회색은 일본의 전자회사 1등 매출액 회사로부터 9등 회사까지의 영업이익을 보여 줍니다. 1등부터 9등까지 합친 영업이익이 1519억 엔인데, 이는 삼성전자 영업이익의 절반에도 못 미치는 수치입니다. 특이한 것은 소니전자는 일본에서도 2등 회사로 전락했고, 영업이익

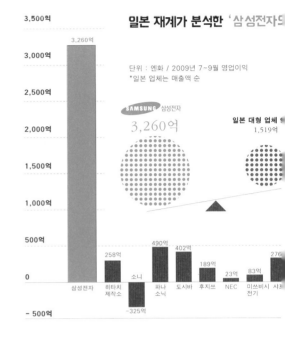

은 아예 325억 엔의 적자를 보고 있어요.

아마도 1980~90년대에 중·고등학교, 혹은 대학생활을 보낸 사람은 소니전자의 매력을 다 알고 있을 것입니다. 지금은 애플의 아이폰이 스티브 잡스의 혁신 제품으로 각광받는데, 당시는 소니전자의 워크맨이 최고의 히트작이었어요. 음악 감상의 혁신을 가져온 것인데 개인적으로 아이폰보다 더 혁신적이었다고 평가합니다. 워크맨이 나오기 전까지 음악은 혼자 듣는 것이 아니라 같이 듣는 것이었죠. 간혹 부잣집에는 큰 전축이 있어서 거실에서 혼자 음악을 듣기도 했지만 대부분의 사람들이 집 밖에서 음악을

14장 | 생각하는 힘을 키우는 방법이 있나요?

들을 땐 커다란 카세트를 들고 다니면서 함께 똑같은 음악을 들었고, 엉덩이도 함께 흔들었어요. 워크맨이 나타나면서 사람들은 작은 이어폰을 귀에 꽂고 자기가 좋아하는 음악을 걸어 다니면서 혼자서 들을 수 있었죠. 그야말로 워크(walk) 맨(man)이 된 거죠. 음악 감상의 패러다임 전환이었죠. 인류 탄생 이래로 이만한 혁신이 어디 있겠어요?

그렇게 잘나가던 소니전자가 이렇게 망할 줄 누가 알았습니까? 20년 전에 도쿄 사람들이 듣도 보도 못한 삼성전자가 이렇게 커질 줄 누가 알았습니까? 이제 그러한 변화가 일어나게 된 근본 원인을 교육학적으로 살펴보죠. 삼성전자의 쾌거는 삼성전자 직원들의 쾌거이고, 이는 훌륭한 인재를 직원으로 채용한 삼성전자 채용담당자의 쾌거이기도 합니다.

인재 채용의 패러다임은 크게 두 가지가 있어요. 첫째는 삼성전자가 소니전자를 벤치마킹하던 시절이고, 둘째는 삼성전자가 소니전자를 따돌리는 시절에 해당합니다. 첫째 시기에서 가장 훌륭한 인재는 두 가지 역량이 필요했어요. 하나는 뛰어난 암기력이고, 또 하나는 현저히 떨어진 도덕성입니다. 왜 그런지 이유를 간단히 분석해 보죠. 지금 삼성전자에서는 전 세계 전자업체 직원들이 연수를 받고 있어요. 그중에는 중국의 하이얼전자, 구글이나 네이버에도 검색이 안 되는 음바싸전자가 있죠. 이들은 삼성전자로부터 갤럭시폰과 관련된 기술을 배웁니다. 그런데 이들은 삼성전자의 극비 기술을 몰래 빼내려고 무진 애를 씁니다. 그럼 삼성전자는 이늘의 전략을 잘 알고 있음에도 왜 갤럭시폰의 기술을 가르쳐 줄까요?

케냐 국립공원에서 근무하는 직원의 갤럭시폰이 고장 나면 누가 수리할까요? 1번 삼성전자 직원, 2번 케냐의 ○○전자 직원. 정답은 2번입니다. 만약에 삼성전자 직원이 고친다면 우선 고장 난 갤럭시폰을 잘 포장해서 나이로비 공항으로 옮기고, 다시 인천공항으로 옮기고, 다시 수원 삼성공장으로 옮겨서 차세대 핸드폰을 연구하는 직원들이 고친 후에 다시 거꾸로 케냐 국립공원까지 배달해야 합니다. 이렇게 되면 엄청난 수리 비용으로 인해 사람들은 갤럭시폰을 구매하지 않을 겁니다. 제품을 전 세계에 파는 회사들은 수리는 현지인들을 최대한 활용해야 합니다. 그래야 비용을 절감할 수 있고, 자사 제품의 경쟁력을 높일 수 있어서 세계적인 기업이 되는 것입니다. 그래서 소니전자는 당시에 삼성전자 직원들을 연수생으로 받아 줍니다. 그럼 여러분이 삼성전자 CEO라면 어떤 전략을 쓰겠습니까? 소니전자의 핵심기술을 몰래 빼 와야 합니다. 소니 공장에 파견된 삼성 직원들은 근무하면서 우연히 보게 되는 자료, 혹은 의도를 가지고 보는 자료들을 보는 즉시 암기해야 합니다. 그래서 암기력이 필요했던 것입니다.

다음으로, 도덕성이 많이 떨어지는 인재를 뽑은 이유에 대해 설명해 드리죠. 제가 초등학교 다닐 때 텔레비전 프로그램 중에 기업에서 채용 면접을 할 때 어떻게 해야 하는지를 가르쳐 주는 내용이 있었어요. 이해할 수 없었던 것은 도덕적인 답변을 한 사람보다 비도덕적인 답변을 한 사람을 채용하는 것이었어요. 예를 들면, 이런 식이었죠. '만약에 당신이 퇴근했는데 2살 난 아이가 고열이 나서 응급실로 급히 가려고 합니다. 이때 회사에서 전화가 와서 급한 일이 생겼으니 빨리 회사로 돌아오라고 하면 당신은 어떻게 할 것입니까?'라는 질문에 '우선 응급실로 아이를 옮긴 후에 나머지는 아내에게 맡긴 후 바로 택시 타고 회사로 달려가겠습니다.'라는 답변을 한 사람이 불합격하더라고요. 그럼 누가 합격이 됐느냐? '당장 회사로 달려가겠습니다.'라고 답변한 사람이죠. 당시는 회사가 생존하기 위해서는 수단과 방법을 가릴 여유가 없었어요. 그러다 보면 비도덕적인 일들도 해야 하는데 그것을 감당할 수 있는 인재가 필요했던 것입니다.

시간이 흘러 삼성전자가 세계 전자업계의 5~7위 정도 될 때부터 채용 기준이 완전히 달라집니다. 암기 잘하는 인재, 도덕성에 문제가 있는 사람들은 더 이상 채용하지 않아요. 이제는 비판적 사고력, 창의력, 도덕성이 현저히 뛰어난 인재를 선호합니다. 왜냐하면 5위인 삼성전자가 1위인 소니전자를 계속 벤치마킹하면 삼성전자는 소니전자와 함께 망해 버립니다. 소니전자는 망해 가는 1등이기 때문이죠. 이제는 소니전자가 왜 망해 가는지 이유를 잘 분석해야 합니다. 이때 필요한 것이 비판적 사고력입니다. 소니전자와 삼성전자가 한 번도 만들어 보지 못한 독창적이고 혁신적인 제품을 만들어 내야 합니다. 이때 필요한 것이 창의력입니다. 이렇게 만들어 낸 기술을 중국의 하이얼전자나 음바싸전자는 몰래 빼 가려고 합니다. 뇌물을 주려고 삼성전자 직원을 만나기도 하겠죠. 이때 어떠한 유혹에도 넘어가지 않는 도덕성이 필요합니다. 창의적인 아이디어는 대부분 전공이 다른 직원들끼리 협업, 혹은 융합하는 노력을 통해 만들어 냅니다. 예전보다 팀 활동이 많아진 것입니다. 이때 다른 사람을 배려하는 능력, 원만하게 의사소통하는 능력, 팀 활동에 문제가 생겼을 때 잘 해결해 내는 리더십 등이 중요해집니다.

이제 여러분들은 대한민국이 세계 8대 무역 강국이 된 시대를 살고 있어요. 위에서는 삼성전자를 예로 들었지만, 대부분의 업종에서 한국의 기업들은 세계적인 기업과 경쟁하는 상황이기 때문에 모든 학생들은 비판적 사고력, 창의력, 도덕성을 향상시켜야만 먹고살 수 있는 세상이 되었어요. 만약에 이런 능력을 제대로 키우지 못하면 음바싸전자가 삼성전자를 인수합병하는 날이 올 수가 있다는 것을 명심해야 합니다.

자물쇠 달린 냉장고는 누가 사죠?

비판적 사고력과 창의력을 키우는 데 가장 중요한 방법 중의 하나인 융합 활동에 대해서 말씀드릴게요. 대학원 시절의 이야기입니다. 윤리교육과를 졸업한 뒤에 전공을 좀 더 열심히 공부하고자 대학원 과정에 입학했어요. 세부 전공은 정치이론 쪽이었어요. 지도교수님은 특이한 멘토를 해 주었어요. 조교를 하고 있어서 교수님 심부름을 하러 가면 저한테 수학 공부를 하라는 거예요. 그게 무슨 말인지 몰라 "교수님, 그럼 고등학교 때 공부한 정석(수학 참고서 이름)을 다시 공부해야 합니까?"라고 물었죠. 교수님은 깔깔 웃으시면서 〈Scientific American〉(미국의 대중과학 잡지)이라는 잡지를 보여 주시는 거예요. "네가 정치학 분야 논문을 국제학회에서 발표하고 싶으면 이 잡지에 나오는 과학 이야기를 충분히 이해할 수 있어야 한다. 자, 이번에 내가 참석한 국제정치학회에서 발표된 논문의 제목만 봐라." 봤더니 '무슨무슨 정치 문제를 생물학적인 어떤 차원에서 분석하기', '어떤 정치 현상을 수학적인 어떤 개념으로 모델로 만들기' 등과 같이 정치학을 수학, 생물학, 화학, 물리학 등의 다른 학문과 융합하여 연구하고 있었어요. 교수님은 저에게 학부생들과 일주일에 한 번씩 만나서 자연과학 책 한 권씩을 읽고 토론하는 모임을 조직하라고 했고, 저는 바로 실천했어요.

융합 노력의 효과를 언제 확인했는가? 그로부터 10년 후에 한국윤리와 관련된 수업을 하면서였어요. 이이와 이황의 이기론이라는 어려운 개념을 빅뱅이론 및 상대성 이론, 양자역학의 개념으로 설명했을 때 아이들은 매우 흥미로워했고, 저 역시도 재미있었어요. 2005년에는 동북고등학교 선생님 4분과 함께 인문사회와 자연과학이 융합된 통합논술 수업을 전국 최초로 시작했죠. 전국에서 100여 개 이상의 학교에서 이 수업을 참관하러 왔고, 지금은 융합교과서를 만드는 정부 정책에 많은 아이디어를 주고 있어요.

융합의 또 다른 사례로 대우일렉트로닉스의 자물쇠 달린 냉장고 이야기를 해 볼세요. 냉장고 만드는 회사는 어떤 냉장고를 만들어야 잘 팔릴 수 있을지 늘 회의를 하는데, 어느 날 어느 직원이 냉장고에 자물쇠를 달아서 팔자는 의견을 내놓았어요. 처음에는 다들 생뚱맞다고 했지만 그 이유를 들어 보고 난 후 한번 해 보기로 했죠. 그런데 어땠을까요? 대성공이었습니다. 과연 그 직원은 어떻게 해서 그런 아이디어를 생각해 냈는지 제가 상상해 본 것을 들어 볼래요?

그 직원은 고등학교 때 역사학과에 진학하고 싶어 했죠. 부모님은 역사학과를 나와서 어떻게 밥 벌어먹을 거냐면서 경영학과에 가라고 했어요. 어쩔 수 없이 경영학과에 들어갔지만 역사학에 대한 미련이 남아서 부전공으로 역사학을 공부했어요. 특히 인도 역사에 대한 관심이 있었고, 3학년 겨울방학에는 인도로 한 달간 여행을 떠났어요. 이 여행은 찍고찍고식의 여행을 탈피했죠. 여기서 말하는 찍고찍고식의 여행은 발로 최대한 많이 여기저기 찍고, 그곳을 사진으로 찍은 후에 귀국해서 사진으로 다른 사람들에게 자신의 여행 자취를 보여 주고 사람들은 부러워하고 자신은 우쭐해지는 여행을 말합니다.

대신 그 직원은 그곳의 삶을 체험할 수 있는 방법을 택했죠. 그는 뉴델리 인디라 간디 공항에 도착하기 1시간 전에 인도 지도를 펼쳐 놓고 눈 감고 빨간색 볼펜으로 한 곳을 찍었고, 공항에 내린 후에 그곳을 찾아 가서 한 달 동안 살았어요. 그곳은 가난한 사람들이 사는 곳이었고, 낮에는 부모들이 바쁜 일터로 나가고 어린아이들만 남았는데 그들과 재미있게 보냈어요. 저녁 6시 정도만 되면 아이들은 마을 어귀로 가서 엄마를 기다리는 것이었어요. 어느 엄마가 검정색 비닐 봉투에 계란 하나를 가지고 왔고, 아이들은 너무 좋아했으며, 엄마는 집에 가서 계란프라이를 해서 4명의 아이들에게 조금씩 나눠 주는 것이었어요. 다음 날은 검정색 봉투에 우유를 조금 넣어서 가지고 왔고, 아이들은 그것을 조금씩 빨아 먹으며 행복해했어요. 나중에 알고 보니 그 엄마는 부잣집에 가정주부로 일을 나가고 있었는데 부잣집 냉장고에서 계란과 우유를 몰래 가지고 온 것이었어요. 그 직원은 어렸을 때 가난하게 살았던 자신의 모습을 생각하면서 안타까워했고, 귀국할 때는 친한 집 몇 곳에 계란 한 판씩을 사 주고 왔어요.

그 직원은 대우일렉트로닉스에 입사시험을 봤는데 특이한 이력에 합격을 했어요. 여행은 가난한 사람 입장에서 했지만, 입사해서는 냉장고를 살 수 있는 소비자, 즉 부자 입장에서 생각한 후에 자물쇠 달린 냉장고 아이디어를 낸 것이죠. 즉, 어떤 냉장고를 만들 것이냐의 아이디어는 냉장고 만드는 공학적 지식만이 아니라 인도 역사에 대한 깊은 지식과 실제 경험이라는 또 다른 요소가 경영학적인 마인드와 융합해서 탄생된 것입니다.

나의 문제의식으로 세상을 바꿔 보지 않을래요?

앞에서 창의력이 너무 중요한 세상이라고 했는데 그러면 우리 학생들은 이러한 능력을 어떻게 키울 수 있을지 핵심적인 방법을 소개해 드릴게요. 교과서 공부를 하고, 신문을 읽고, 책을 읽는 것은 당연한데 방법을 약간 달리해야 합니다. 제가 10여 년 전에 고안해서 동북고 학생들과 꾸준히 수업을 하는 방법인데, 효과가 아주 좋아요. 나의 문제의식으로 세상을 탐구하는 것입니다. 나의 문제의식은 내가 현재 고민하고 있는 문제를 말합니다. 저는 이것을 크게 진로, 사회, 개인으로 나누었어요. 진로 문제의식은 앞으로 어떤 신로와 직업을 가질지 생각하는 것이고, 사회 문제의식은 한국이나 세계가 가지는 사회문제가 자신의 삶과 어떤 관련을 맺는지 고민하는 것이고, 개인 문제의식은 여드름을 어떻게 없앨까, 키는 왜 안 클까와 같은 개인적인 고충을 해결하는 것입니다. 여기선 진로에 대한 것만 얘기해 보죠.

우리가 어떤 책을 읽고 그 책의 전문적인 내용만 이해하는 것은 앞에서 얘기했듯이 삼성전자가 소니전자를 벤치마킹하면서 쫓아가던 시절의 독서법입니다. 신경숙의 《엄마를 부탁해》를 읽어 봅시다. 문제의식 없이 읽고 독후감을 쓰면 대부분 엄마의 사랑과 희생을 느꼈다는 식의 독후감을 쓸 것입니다. 나름대로 훌륭한 독후감이 될 수도 있지만 포털사이트에 검색해 보면 그런 종류의 독후감은 수백, 아니 수천 개가 넘습니다. 사고력 향상 측면에서는 거의 의미 없는 독후활동을 한 것이죠. 만약에 의사가 되겠다는 진로 문제의식을 가진 학생이 이 책을 읽는다면 주인공들이 어떤 병을 가지고 있고, 어떻게 진료 받는지에 대한 관심이 생길 것입니다. 실제로 소설에서 주인공 엄마가 심한 두통에 시달립니다. 대학병원에 가서 CT 촬영을 했지만 아무 이상이 없다고 의사는 말합니다. 집에 돌아갔을 때 딸이 엄마에게 전화를 걸어서 어떠냐고 물었을 때 머리가 너무 아프다고 얘기합니다. 의사는 엄마 두통의 원인을 제대로 찾아내지도 못했고, 치료도 못했어요.

소설을 읽다 보면 엄마가 시달린 두통의 원인을 찾을 수 있어요. 엄마가 처음 시집왔을 때 시동생이 갑자기 죽습니다. 그런데 친형인 자기 남편은 심드렁하게 지나갑니다. 아니 어떻게 친동생이 죽었는데 저렇게 태연할 수 있을까 엄마는 생각했죠. 정말 무심한 남편입니다. 그런 남편과 30~40년을 사는데 두통이 안 생길 리가 있겠습니까? 엄마는 중간에 그런 남편이 싫어서 잠시 바람 아닌 바람을 핍니다. 정을 주고 싶었던 것입니다. 이런 사실을 의사가 알고 있다면 과연 신경외과에서 CT 촬영한 결과만을 놓고 두통의 원인을 진단했을까요? 오히려 정신과 의사의 진단이 이 경우엔 더 필요한 것이죠. 이런 고민을 통해 아, 환자의 병은 적절한 협업을 통해 진단하고 치료해야 한다는 것을 깨달을 수 있어요.

만약에 성형외과 의사가 되겠다는 문제의식을 가지고 있다면 이렇게 자신의 진로를 개척할 수 있어요. '사람들이 성형을 통해 예뻐지면 과연 전부 만족할까? 부작용으로 문제가 생기지 않을까?

예쁘게 변한 모습이 정말 나의 모습이 될 수 있을까?'와 같은 환자의 정체성 고민이 있을 수가 있겠죠. 이럴 때 성형수술 받은 사람들을 심리적으로 안정시킬 수 있는 치료도 함께 해 준다면 환자들은 매우 만족할 것입니다. 보통의 학생들은 성형외과 의사가 되기 위해 수학, 화학, 생물 공부에 치중하지만, 이 학생은 앞으로 의사가 되기 위해서는 심리학과 관련된 책도 읽어야 한다는 것을 깨닫게 됩니다. 즉, 나의 문제의식으로 세상을 탐구하면 남다른 스펙을 가지게 되어 창의적인 삶을 개척할 수 있습니다.

이제 우리는 어떻게 살아야 할까요?

수가타 미트라의 '구름 속의 학교'라는 TED 강연이 있습니다. 저는 고등학교 선생님이라 이 강연을 정말 의미 있게 보고, 또 보았습니다. 미래 학교의 모습을 제안하는데 현재 학교 시스템을 전면적으로 개혁하자고 주장합니다. 선생님이 정보나 지식을 학생들한테 설명하는 교사 중심의 수업은 영국 제국주의 시절에 필요했던 것이고, 앞으로는 세 가지 차원에서 교육이 이루어져야 한다고 말합니다.

첫째는, 학생이 교사로부터 얻는 배움은 사라지고, 학생이 또 다른 학생으로부터 배우는 것이 진짜 교육이라는 것입니다. 교사는 학생들이 '협력'하여 학습할 수 있는 공동체를 만들어 주어야 한다고 말합니다. 이렇게 주장하는 이유는 지금 세상이 네그로폰

테가 이야기한 '아는 것이 쓸모없는 세상'이기 때문이에요. 이 말은 정보사회가 필요 없다는 것이 아니고 우리가 살아가야 할 정보사회는 교사로부터 학생이 일방적으로 배워서 아는 교육 시스템이 필요 없다는 것입니다.

앨빈 토플러의 《부의 미래》라는 책으로 설명해 드릴게요. 6장의 소제목이 '프로슈밍'인데 소비자(consumer)가 점점 생산자(producer) 역할까지 하는 신인간, 즉 프로슈머(prosumer)가 등장한다고 말합니다. 학교 현장에서 정보와 지식의 생산자는 교사였는데 이제는 학생들이 교사의 역할까지 한다는 것이죠. 저자는 이야기합니다. "앞으로 교육과 의학 분야에서 프로슈머들이 등장하고 그 분야에서 엄청난 부가 만들어질 것이다." 여러분은 이제 교육만 받는 피동적 존재가 아니라, 누군가를 교육시키는 능동적 존재입니다. 그동안 국어, 영어 사전 등은 전문가들이 만들었는데 이제는 네티즌들이 위키피디아 사전을 만들고, 중·고등학생들이 독후감을 쓰기 위해 네이버 지식인에 《엄마를 부탁해》를 요약해 달라고 급히 요청하면 한가한 초등학생들이 요약해 주는 세상이 되었어요. 이제는 여러분 자신의 가치를 좀 더 높이 평가해야 합니다. 프로슈머의 등장으로 십대의 거부가 등장할 날이 멀지 않았어요.

둘째는, 배움이 이루어지는 협력의 장이 마련되면 학생들은 서로 가르치고 배우게 된다는 겁니다. 학생들을 흥미 있게 이끌 주제와 열정이 필요한데 그것은 바로 '경이로운 질문'을 통해 가능합니다. 예전에는 과학 선생님이 암석에 대해서 설명할 때 화산암, 석

회암, 퇴적암에 대해서 설명을 하고 PPT로 영상을 보여 주곤 했는데 그럴 필요가 없다고 합니다. 교사가 이들 학생들에게 '운석이 지구와 부딪히면 어떻게 될까?'라는 질문을 던지면 됩니다. 그러면 어느 학생이 '운석이 뭐지?'라고 질문을 하고, 이미 알고 있는 학생이 대답해 줍니다. 학생들 중 그 누구도 모르면 인터넷에서 간단히 검색해 보면 되고요. 여러분이 사는 세상이 바로 그런 세상입니다.

보통 경이로운 질문은 어렸을 때 자연스럽게 나옵니다. 제 아들 준우는 7살입니다. 준우가 4살 때 "아빠는 왜 하나야? 엄마는 왜 하나야? 준우는 왜 하나지?" 5살 때 "아빠, 나 엄마하고 결혼해도 돼?" 6살 때 "왜 수성엔 사람이 살지 않아?" 이런 질문을 던졌어요. 저는 무척 당황스럽기도 했지만 덕분에 많은 것을 생각할 수 있었습니다. 여러분은 이제 어린 시절로 돌아가서 질문을 던져야 합니다. 그러면 여러분과 팀을 이룬 동료들이 자극되어 교육이 이루어지고 지식이 만들어지고 돈을 벌 수 있어요.

셋째는, 학생들끼리 학습하다 보면 교사를 비롯한 전문가가 집중적으로 가르쳐서 배우는 것보다 효율성이 떨어집니다. 이때 학생들의 실제 성적을 올릴 수 있는 마법이 바로 세 번째입니다. 교사는 열심히 자기들끼리 공부하는 학생들에게 '격려'를 해 주면 됩니다. 수가타 미트라는 첫 번째와 두 번째 방법을 써서 학생들을 객관적으로 평가했는데, 결과는 학생들이 평균적으로 100점 만점에 30점을 받습니다. 이때 세 번째 방법을 사용했더니 평균 50점을 받습니다. 교육석 효과가 있다는 점이 증명된 셈이죠. 칭찬은 고래도 춤추게 만들기 때문에 스스로 칭찬하는 것을 즐기고, 친구들을 칭찬하고, 심지어 선생님들도 칭찬해 드리고, 엄마 아빠도 칭찬해 드리면 돌고 돌아 여러분이 행복해집니다. 선생님이 실력 없다고 불평하지 말고, 넥타이가 멋지다고 말해 주세요. 오늘부터 밤새워 수업 준비하실 겁니다.

위 세 가지는 교사 입장에서 말한 것입니다. 여러분은 학생 입장에서 받아들이고, 또 다른 영역에서 활용하면 됩니다. 예를 들어 여러분이 학급 회장인데, 급우들과 새 활동을 시작하기로 했습니다. 이때 위 세 가지에서 아이디어를 얻으면 됩니다. 무조건 내가 회장이니 이렇게 저렇게 하라고 말하기보다 다양한 생각을 가진 친구들이 자신의 장점을 살려 자발적으로 협력할 수 있는 팀을 꾸리고, 팀원들이 질문을 던질 자유로운 분위기를 만들고, 그들을 칭찬하면 됩니다. 그러면 새로운 활동은 멋진 결과에 도달할 수 있게 되지요. 이것이 바로 아는 것이 쓸모없는 세상에서 살아가는 노하우입니다.

마지막으로 하나 더. 자기 인생을 성찰하여 꿈을 현실로 만들고 세상을 바꾸고 싶으면, 책을 읽어야 합니다. 혼자서 읽어서는 안 되고 함께 읽어야 합니다. 이왕이면 서로 다른 관심사를 가진 친구들끼리 모일수록 시너지 효과가 더 크죠. 함께 읽는다는 건 한자리에 모여 독서의 시간을 함께한다는 건 아닙니다. 동일한 책을 읽고서 그에 대해 자유롭게 자신의 의견을 이야기하고, 상대방의 이야기를 들은 후 서로의 생각을 공유하고 인정하는 것이 바로 함께 읽는다는 것이죠. 이런 과정을 반복하면 자기 우물에 빠지지 않고 더 넓은 시각으로 세상을 포용하면서 변화의 불씨를 발견할 수 있답니다. 이렇게 자신을 표현하고 다른 사람을 포용하며 함께 어울리고 만들어 가는 세상, 너무 멋지고 황홀하지 않나요? 이제부터 시작해 보죠. Let's go!

15장

어떻게 하면
책을 재미있게 읽을 수 있나요?

함께 읽고 토론하면
배움도 즐거움도 두 배가 된다

•

최송일

최송일

SAP라는 회사에서 컨설턴트로 일하면서 주말마다 재능 기부 형태로 청소년독서토론동아리 에르디아를 7년째 운영하고 있다. 나에게 '청소년'이란 가슴을 두근거리게 하는 대상이다. 내 심장을 뛰게 하는 청소년들과 대화하고 질문하기를 좋아한다. 전국에 1000개의 에르디아 동아리를 세우는 것이 현재의 꿈이다. 그 꿈을 펼쳐 청소년들이 마음껏 토론하고 즐겁게 배울 수 있는 환경을 만들고 싶다. 지금은 청소년들이 부담 없이 토론에 참여하여 생각이 다른 사람들과 재미있게 토론할 수 있는 다양한 토론 방법을 연구하고 있다.

"처음 에르디아를 만난 기억이 오늘까지 생생합니다. 독서에 대한 즐거움을 몰랐기 때문에 당연히 토론에 대한 기대도 없었습니다. 언니의 강요로 처음 참가했던 토론은 제게 충격이었습니다. 당시 중학교 3학년이었던 제게 조금은 어려웠던 책으로 토론하는 자리였지만 그때 느꼈던 두근거림과 벅차오름은 잊지 못했고, 그것 때문에 고등학교 2학년인 지금까지 발걸음을 옮기는 것이 아닐까 생각합니다.

학교 선생님들께서 일방적으로 설명하는 것을 그대로 공책에 받아 적고 열심히 외우던 수동적인 지식 습득이 아니었습니다. 참여한 학생들은 자신감을 가지고 자신의 생각을 표현했고, 생각이 다른 사람의 의견도 경청하고 수용하면서 능동적으로 배울 수 있는 자리였습니다. 한 번도 그러한 경험이 없어서인지 저에게 그날은 가슴 떨리는 기억으로 남아 있습니다." (고2 여학생)

'토론' 하면 어떤 것이 떠오르나요?

많은 학생들이 긍정적인 것보다 부정적인 것을 더 많이 떠올립니다. 가령, 내 생각을 표현하기가 어렵다, 말하는 것이 두렵다, 어려운 이야기를 하는 것이 지겹고 따분하다와 같은 느낌들을 가집니다. 어떤 학생들은 '싸움'이 떠오른다고 합니다. 아마도 100분 토론을 많이 시청한 모양입니다. 이렇게 보면 토론은 친해지기가 참 어렵습니다. 하지만 위에서 소개한 여고생은 토론에 대해 조금 다른 경험을 가지고 있습니다. 이 학생이 느낀 것은 '떨림', '두근거림', '벅차오름'입니다. 이 학생에게 토론은 재미있고, 즐거운 것입니다.

송일샘은 이 여고생의 고백처럼 여러분도 토론과 친해질 수 있도록 도와주려고 합니다. 자, 지금부터 송일샘과 함께 토론에 대해서 맛있는 대화를 해 볼까요?

선생님, 요즘 토론이 중요하다는 말을 많이 듣는데,
토론이 왜 중요한가요?

대답하기 전에 먼저 토론에 대한 정의부터 내려야 합니다. 대부분 토론 하면 찬반토론(Debate)을 떠올립니다. 하지만 토론에는 찬반토론만 있는 것이 아닙니다. 자신의 생각을 말하고, 상대방의 생각을 듣는 대화 형식의 토론(Communication)도 있습니다. 토론의 사전적 정의를 보면 "어떤 문제에 대하여 여러 사람이 각각 의견을 말하며 논의함"이라고 되어 있습니다. 이렇듯 토론에는 우리가 흔히 생각하는 찬반토론만 있는 것이 아니라 대화 형식의 토론도 있습니다. 대화 형식의 토론을 '비경쟁 토론'이라고 부르겠습니다. 토론을 할 때 경쟁하면서 내 의견을 고집하고 상대방의 의견을 반박할 필요가 없습니다. 그냥 편하게 자신의 생각을 말하고, 상대방의 생각을 듣는 것으로 충분합니다.

비경쟁 토론에서는 생각이 다른 사람이 많을수록 나에게 도움이 됩니다. 내가 미처 생각하지 못했던 것을 생각해 보게 되고, 나와 다른 생각을 가진 사람들의 관점에서 한 번 더 생각해 볼 수 있습니다. 또한, 혼자서 생각할 때는 머릿속이 복잡하다가도 다른 사람과 이야기하면 내 생각을 정리하기가 쉬웠던 경험을 한 번씩은 가지고 있습니다. 상대방의 생각이나 경험이 나 자신을 비추는 거울이 되어, 판단을 하거나 결정을 내릴 때 그것의 도움을 받기도 합니다. 이렇듯 토론은 생각을 보다 분명하게 정리할 수 있고, 다양한 관점에서 생각하는 힘을 길러 줍니다. 이것이 바로 토론이 중요한 이유이면서 동시에 토론이 주는 선물입니다.

그럼 어떻게 하면 재미있게 토론할 수 있나요?

재미있게 토론하려면 먼저 경청을 잘해야 합니다. 친한 친구와 이야기하는 것이 재미있는 이유가 있습니다. 그것은 바로 그 친구가 여러분의 말을 잘 들어 주기 때문입니다. 만약 그 친구가 딴짓을 하고 있거나 여러분의 이야기를 듣지 않는다고 생각해 보세요. 아마도 평소와 달리 이야기가 재미없을 것입니다. 누군가가 내 이야기를 잘 들어 주면 편안하게 말을 할 수 있는 반면에 내 이야기를 듣지 않을 때는 말을 계속 이어 가기가 쉽지 않습니다. 내 말에 귀 기울여 주고 호응해 주는 친구가 있다면 토론은 재미있습니다. 그래서 재미있는 토론을 위해 첫 번째로 필요한 것이 바로 경청입니다.

경청을 잘하려면 어떻게 해야 하나요?

보통 사람들은 경청은 잘 듣기만 하는 거라고 생각합니다. 하지만 경청은 잘 듣는 것만으로는 부족합니다. '청'의 한자어 聽을 자세히 들여다보면 경청을 어떻게 해야 하는지 알 수 있습니다. 聽(들을 청)을 다시 한 번 볼까요? 어떤 글자들이 보이나요?

대부분 왼쪽에 있는 耳(귀 이)를 찾아냅니다. 맞습니다. 경청은 잘 듣는 것에서부터 시작합니다. 오른쪽 아래에 보면 心(마음 심)이 보입니다. 다른 사람의 말을 들을 때는 마음을 열고 들어야 합니다.

나와 생각이 다르다고 쉽게 판단하지 않습니다. 대신 끝까지 들어 봅니다. 왜 그런 말을 하는지 마음을 열고 들어야 상대방의 의견을 잘 들을 수 있습니다. 오른쪽에 目(눈 목)이 가로로 누워 있는 것을 볼 수 있습니다. 다른 사람과 대화할 때는 눈을 보고 대화해야 합니다. 눈을 마주치기 어렵다면 최소한 몸은 그 사람을 향해 있어야 들을 준비가 된 겁니다. 마지막으로 왼쪽 아래에 보면 王(임금 왕)이 보입니다. 상대방을 임금님처럼 대하듯 경청하라는 뜻입니다.

누군가와 대화를 할 때 이런 마음과 자세로 듣는다면 그 사람은 신이 나서 계속 이야기를 하고 싶어 할 것입니다. 여러분이 말을 할 때도 다른 사람이 이렇게 들어 준다면 재미있게 말을 할 수 있습니다. 가끔씩 내가 말을 할 때, 상대방이 잘 듣고 있는지 확인하고 싶을 때가 있습니다. 이때, 상대가 고개를 끄덕이고 추임새까지 넣으며 맞장구를 쳐 준다면 잘 듣고 있다는 것을 이내 알게 됩니다. 경청을 잘하려면 고개를 끄덕이고, 추임새를 넣는 것도 필요합니다.

처음부터 경청을 잘하는 사람은 없습니다. 처음엔 고개만 끄덕이며 듣다가 조금 익숙해지면 눈을 마주치면서 들어 봅니다. 이것이 익숙해지면 입으로 추임새(아~, 음~, 그렇구나!)까지 넣으며 맞장구치면서 들어 줍니다. 경청을 잘하는 상대를 만나면 대화가 편해지고 재미있습니다. 편하게 대화를 하다 보니 내가 평소에 잘 생각하지 못했던 것도 찾아내게 되고 생각하게 됩니다. 경청은 상대방의 이야기를 잘 듣게 되는 것은 기본이고 상대방으로 하여금 다양한 생각을 할 수 있도록 도와주는 역할까지 하게 됩니다.

재미있게 토론하려면 또 무엇이 필요한가요?

재미있게 토론하려면 좋은 질문이 필요합니다. 어떤 질문을 하느냐에 따라 토론은 달라지기 때문입니다. 책을 읽고 난 다음 이야기하고 싶은 주제나 궁금한 것이 있다면 그것을 질문으로 만들어 봅니다. 그 질문들 중에서 한 가지를 정해서 이야기를 하다 보면 또 다른 궁금증이 생겨 새로운 질문들이 만들어집니다. 이렇게 서로 질문하고 서로 대답하다 보면 자연스럽게 배움이 일어납니다. 대부분의 청소년들은 선생님으로부터 일방적으로 지식을 전달받습니다. 하지만 토론에서는 친구와 함께 질문하고 대답하면서 지식을 쌍방향으로 전달받고 또 전달하게 됩니다. 일방적으로 지식을 전달받는 것보다 대화하면서 상호간에 지식을 주고받는 것이 더 많이 배우게 하고 재미도 있습니다. 가만히 앉아서 수업을 듣는 것보다 직접 참여하면서 배우는 것이 더 재미있는 것처럼 말입니다. 좋은 질문은 재미있게 토론하기 위한 토양입니다.

어떤 질문이 좋은 질문인가요?

토론에서 좋은 질문은 다양한 관점에서 생각하게 해 주는 질문입니다. 평소에 내가 생각해 보지 못했던 것을 생각할 수 있게 이끌어 주는 질문입니다. 또한 좋은 질문은 다양한 대답이 나올 수 있도록 만드는 질문입니다. "예" 또는 "아니요"라는 대답이 나오게 하는 질문을 닫힌 질문이라고 합니다. 반대로 열린 질문은 그걸 통해 다양한 대답이 나올 수 있습니다. 예를 들면, "주인공의 행동은 정당한가요?"라는 질문에는 "예" 또는 "아니요"라는 단답형 대답을 하는 반면에, "왜 주인공은 그렇게 행동했을까요?"라고 묻는다면 여러 가지 이유들을 찾으면서 다양하게 생각할 수 있게 됩니다. 이렇게 다양한 대답을 이끌어 내고, 다양한 관점에서 생각해 보게 하는 열린 질문이 토론에서 좋은 질문입니다.

좋은 질문을 만들려면 어떻게 해야 하나요?

청소년들은 주로 질문을 하기보다는 질문을 받는 입장에 있었습니다. 그래서 질문을 만드는 것이 쉽지 않습니다. 하지만 여럿이 함께 하다 보면 보다 쉽게 질문을 만들 수 있습니다. 이때, 중요한 원칙들이 있습니다. 처음부터 좋은 질문을 만들려고 하다 보면 어려워서 질문이 잘 만들어지지 않습니다. 그래서 처음에는 질보다는 양으로 질문을 많이 만들어 냅니다. 질문을 만들 때는 좋은 질문인지 아닌지 판단하지 않고 만듭니다. 판단하게 되면 질문 만들기가 어려워집니다. 마지막으로 내가 만든 질문을 다른 사람들도 쉽게 참조할 수 있도록 공유합니다. 다른 사람이 만든 질문을 보고 떠오르는 질문이 있으면, 그 질문에 도움 받아 새로운 질문을 만듭니다. 이렇게 여럿이 함께 질문을 만들다 보면 집단 지성의 힘으로 좋은 질문들이 만들어집니다.

또, 질문을 만들 때 가정법을 활용하면 좋은 질문을 쉽게 만들 수 있습니다. 예를 들면, "만약 내가 주인공이라면?" "만약 주인공이 죽지 않았다면?" "만약에 주인공이 다치지 않았다면?" 이런 종류의 질문은 토론의 재미를 더해 줍니다. 상상력을 보태서 재미있는 이야기 세계에 빠지게 만듭니다. 이렇게 질문하며 토론하고, 질문하며 책을 읽다 보면 책 읽기도 재미있어집니다. 가정법 질문을 통해 다양한 이야깃거리를 만들어 보길 바랍니다.

**어떻게 하면 내 의견을 잘 전달하고,
또 상대방의 의견을 정확하게 이해할 수 있을까요?**

가끔 토론을 하다 보면 상대방이 내가 이야기한 것을 제대로 이해하지 못하고 있다고 느낄 때가 있습니다. 거꾸로 내가 상대방의 의견을 정확하게 알아듣기 힘들 때가 있습니다. 이럴 때는 어떻게 해야 할까요? 제일 좋은 방법은 바로 '질문'하기 입니다.

먼저 상대방의 의견을 정확하게 이해하지 못했을 때는 이렇게 물어보는 겁니다. "당신이 말하고자 하는 것은 OOO입니다. 제가 이해한 것이 맞습니까?" 이렇게 한 번 더 확인하며 물어보면 상대방의 의견을 정확하게 이해할 수 있습니다. 상대방의 의견을 가장 잘 알고 있는 사람은 말을 한 당사자이기 때문에 당사자에게 직접 물어보는 것이 가장 정확합니다.

의외로 간단한 해답임에도 불구하고 실제로는 쉽게 행동으로 옮겨지지 않습니다. 대게 "이럴 거야."라고 추측하면서 토론을 계속 진행하게 됩니다. 그렇게 되면 서로 다른 이야기를 하다가 점점 답답함을 느끼게 됩니다. 따라서 중간에 상대방의 의견을 한 번씩 확인하는 것은 중요합니다. 상대방이 내 의견을 제대로 이해했는지 알기 위해서 같은 방식으로 질문을 하면 됩니다. "제 말이 이해되나요?"라고 먼저 물어보고 이해가 잘 안 된다고 한다면 간단하게 요약해서 정리해 주면 됩니다. 정확한 의사소통을 위해서는 확인용 질문을 적절하게 사용하는 것이 필요합니다.

상대방과 토론할 때
다른 생각을 기분이 안 나쁘게 이야기하는 방법이 있나요?

내 생각을 강요하지 않으면 됩니다. 이렇게 생각해 볼 수 있다는 여운만 남겨 놓고 판단은 상대방에게 맡기는 겁니다. 그렇게 하면 상대방은 자기 자신의 의견과 내 의견을 조용히 놓고 생각해 볼 여지가 생깁니다. 만약 내 생각을 강요하게 되면 상대방은 방어하게 되고 내 생각이 틀렸다는 이유를 찾으려고 할 것입니다. 이렇게 되면 대회는 점점 어려워지고 기분이 나빠질 수도 있습니

다. "이렇게 생각해 볼 수도 있을 것 같아." 정도로만 내 생각을 표현하고 판단은 상대방에게 넘겨 주세요. 그러면 상대방도 여러분의 의견을 좀 더 열어 두고 생각해 볼 것입니다.

토론을 하고 나서 결론은 어떻게 내야 하나요?

토론을 하고 나서 결론을 어떻게 내야 되는지 종종 질문을 받습니다. 저는 거꾸로 이렇게 질문합니다. "결론을 꼭 내야 하나요? 만약에 그렇다면 어떻게 결론을 내시겠어요?" 결론은 개인의 몫입니다. 굳이 결론을 내지 않아도 됩니다. 최종 결론은 개인에게 주어진 자유입니다. 지금까지 논의했던 많은 이야기들을 종합해서 스스로 생각을 정리하게 기회를 주는 겁니다. 각자 최종 결론이 달라도 괜찮습니다. 각자 다른 관점에서 생각하기 때문이지 무엇이 옳고 그른 문제는 아닙니다. 결론이 없는 것이 결론입니다. 최종 결론은 개인의 몫으로 남겨 두세요.

토론을 할 때 쉽게 말을 꺼내기 힘들어요.
무엇부터 시작하면 좋을까요?

사람마다 생각의 차이가 있듯이 생각의 속도도 차이가 납니다. 어떤 사람은 천천히 오랫동안 생각한 다음에 말을 시작합니다. 이처럼 사람마다 생각의 속도 차이가 존재하기 때문에 생각을 천천히 하는 사람은 대화에 쉽게 끼어들기가 어렵습니다. 모두가 즐겁게 참여하는 토론을 만들고 싶다면 생각이 느린 사람들을 배려해 주어야 합니다. 그래서 토론하기 전에 조용히 자신의 생각을 글로 표현할 수 있는 시간을 가지길 권합니다. 누군가가 말을 시작하기 전에 모두가 자신의 생각을 먼저 글로 표현하고 나서 공평하게 발표할 기회를 가진다면, 참여하는 사람 모두가 즐겁게 토론할 수 있습니다.

토론을 하다가 할 말이 없거나 잊어버리는 경우가 있어요.
그럴 때는 어떻게 하나요?

보통 이런 경험은 한두 번씩 가지고 있을 겁니다. 대개 할 말이 길어지거나 복잡할 때 종종 겪게 되는 경험입니다. 한 번에 너무 많은 이야기를 하려고 하지 말고 그중에서 핵심만 줄여서 이야기해 보세요. 또, 말하기 전에 자신의 말을 미리 요약해서 정리해

15장 | 어떻게 하면 책을 재미있게 읽을 수 있나요?

보세요. 그렇게 된다면 어느 정도 문제는 해결할 수 있습니다. 이는 다른 사람의 참여도 배려하는 행동입니다.

책을 읽고 토론을 하고 싶은데 어떻게 시작해야 하나요?

먼저 책을 읽고 난 후 책에 대한 내용을 공유합니다. 이때, 몇 명이 대표로 나와서 발제를 하게 된다면 발제 내용을 집중해서 듣는 것도 어렵고 시간도 많이 걸립니다. 그래서 발제보다는 '느낌 표현하기'를 첫 활동으로 제안합니다. 각자 사람마다 경험이 다르고 가치관도 다르기 때문에 책에 대한 느낌(가장 인상 깊은 장면이나 대사)이 다르게 나타납니다. 각 사람마다 책에 대한 느낌을 한 가지씩만 이야기한다면 다양한 경험에서 나온 이야기들로 채워질 것입니다. 이때, 인상적인 장면이나 대사를 긴 문장 대신에 짧은 문장 또는 핵심 키워드로 표현하는 것이 좋습니다. 짧은 문장과 키워드는 사람마다 다르게 해석될 수 있어서 다양하고 재미있는 해석들로 채울 수 있는 여지가 생기기 때문입니다.

느낌 표현하기 활동을 마치면, 두 번째로 '질문 만들기' 활동을 합니다. 책을 읽고 함께 이야기하고 싶은 주제나 궁금한 내용들을 질문으로 만들어 봅니다. 집단 지성의 힘으로 다양한 질문을 만들고 난 다음 가장 이야기하고 싶은 질문을 다수결로 직접 선택하게 합니다. 두세 가지 질문을 뽑은 다음에 한 가지씩 정해서 토론을 시작합니다.

세 번째 활동인 '토론'에서는 바로 말을 시작하는 것보다 자신의 생각을 먼저 글로 적고 난 다음 표현할 수 있도록 시간을 줍니다. 이때, 가급적 다양한 생각들을 표현할 수 있도록 편안한 분위기를 만들어 주는 것이 중요합니다. 뿐만 아니라 경청을 통해 다양한 의견들이 표출될 수 있도록 도와줍니다. 토론을 하면서 궁금한 것이 있으면 질문하고 대답하기를 반복하면서 충분히 의견을 나눕니다.

마지막으로 '성찰' 활동입니다. 책과 토론을 통해서 배운 점, 느낀 점 그리고 실천할 점을 찾아서 함께 나누는 활동입니다. 이렇게 느낌 표현하기 – 질문 만들기 – 토론하기 – 성찰하기 4가지 단계를 이용하여 토론을 한다면 재미있는 비경쟁 토론을 진행할 수 있습니다. 가끔 토론 주제가 찬반토론을 요하는 경우가 있습니다. 그때는 4단계 토론 방식을 과감하게 버리고 자유롭게 찬반토론을 진행하면 됩니다. 다만 무조건 이기려고 하는 토론보다는 상대방의 생각을 충분히 듣고 내 생각을 잘 정리하는 시간으로 가진다면 모두가 재미있는 토론이 될 것입니다.

토론을 하면 어떤 점에서 즐거움을 얻나요?

시험을 볼 때 친구는 경쟁자이지만 토론에서는 함께 배우는 훌륭한 협력자입니다. 협력하면서 배우는 즐거움이 그 첫 번째 즐거움입니다. 혼자 배울 때보다 훨씬 많은 것을 배우고 느낄 수 있습니다. 경청과 질문을 배우면서 삶에 변화가 찾아옵니다. 다른 사람의 말에 귀 기울일 줄 알고, 다른 사람들에게 질문을 던지는 사람이 되어 갑니다. 주변에 영향을 미치는 리더로 성장해 가는 것입니다. 이것이 바로 두 번째 즐거움입니다. 다양한 관점에서 생각해 보는 것도 즐거움이 될 수 있습니다. 미처 생각해 보지 못한 것을 깨달을 때 느끼는 감정, 이것이 세 번째 즐거움입니다. 이것 덕분에 혼자서 책 읽고 정리할 때보다 책 읽기가 훨씬 재미있습니다. 끝으로 말의 힘이 생깁니다. 누군가에게 말을 할 때, 설득력 있게 전달하게 됩니다. 내 생각을 잘 전달할 수 있게 됩니다. 토론을 하면서 찾아온 변화이자 즐거움입니다.

독서토론과 친구하는 방법은 멀리 있지 않습니다. 오랜 친구와 밤새 이야기하는 장면을 상상해 보세요. 생각만 해도 기분이 좋아집니다. 이 느낌으로 토론을 하게 된다면 금세 독서토론과 친구할 수 있습니다. 편하게 대화하는 느낌으로 토론을 합니다. 여기다가 경청과 질문을 양념으로 넣게 되면 훌륭한 독서토론 모임으로 확대되어 나갈 것입니다.

가정에서도, 학교에서도 어디서든 독서토론을 할 수 있습니다.

두 명이 모이면 토론은 가능합니다. 독서토론과 친구하기로 마음을 먹었다면 바로 행동으로 옮기세요. 여러분들에게 다양한 경험을 선물로 가져다줄 겁니다.

독서토론이 조금 익숙해진다면 '독서토론 재능 기부' 활동에 도전해 보세요. 여러분의 친구 또는 후배들을 위해 독서토론 모임을 만들어 줍니다. 친구나 후배들이 스스로 독서토론을 해 나갈 수 있을 때까지 도와주는 겁니다. 누군가를 가르칠 때 제일 많이 배우는 사람은 바로 가르치는 자신입니다. 독서토론 재능 기부 활동을 통해 또 다른 배움이 선물로 다가가길 바랍니다.

이런 커다란 기쁨을 주는 독서토론 모임을 전국에 1000개 이상 만드는 것이 저의 간절한 꿈입니다. 여러분들이 독서토론 모임과 친해지고 곳곳에 크고 작은 독서토론 모임들이 활성화되도록 돕겠습니다. 독서토론을 통해 배움의 즐거움을 누리길 희망합니다.

비행청소년
02

질문하는 십대, 대답하는 인문학

초판 1쇄 발행 **2014년 5월 20일**
초판 7쇄 발행 **2021년 3월 11일**

지은이 **정창우·박영하·김선희·홍석영·송재범·조수형·하승우**
　　　이진희·마현준·진현종·허우성·정순미·민경민·강방식·최송일
펴낸이 **홍석** | 기획위원 **채희석** | 이사 **홍성우**
책임편집 **박월** | 일러스트 **송진욱** | 디자인 **노승환**
마케팅 **이가은·이송희·한유리** | 관리 **최우리·김정선·정원경·홍보람**

펴낸 곳 **도서출판 풀빛** | 등록 **1979년 3월 6일 제8-24호**
주소 **03762 서울특별시 서대문구 북아현로 11가길 12 3층**
전화 **02-363-5995**(영업), **02-362-8900**(편집) | 팩스 **070-4275-0445**
홈페이지 **www.pulbit.co.kr** | 전자우편 **inmun@pulbit.co.kr**

ⓒ 정창우·박영하·김선희·홍석영·송재범·조수형·하승우·이진희·
　마현준·진현종·허우성·정순미·민경민·강방식·최송일, 2014

ISBN 978-89-7474-749-7 44190
ISBN 978-89-7474-760-2 44080(세트)

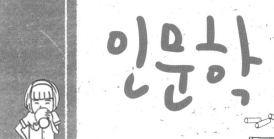

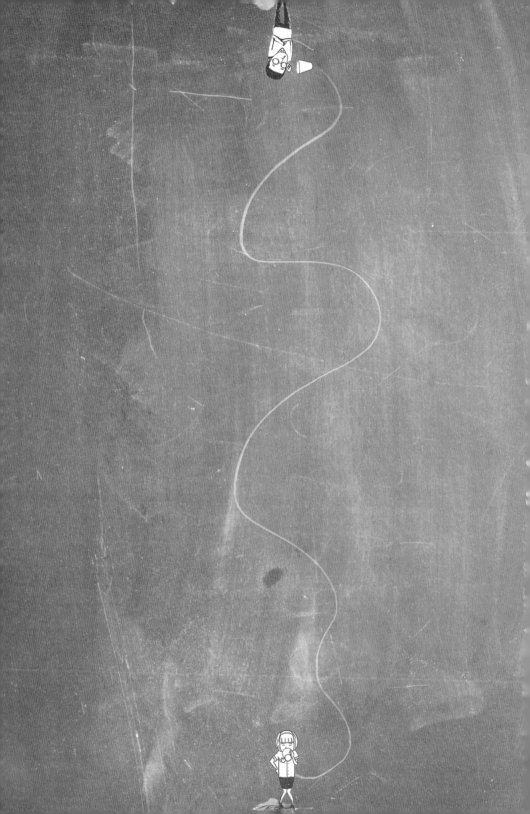